李西霞 著

自由贸易协定劳工标准的最新发展

THE LATEST DEVELOPMENT OF
LABOR STANDARDS IN FREE TRADE AGREEMENTS

社会科学文献出版社
SOCIAL SCIENCES ACADEMIC PRESS (CHINA)

序言一

陈国平*

党的十一届三中全会以来，我国确立了对外开放的基本国策，独立自主参与经济全球化进程。从党的十八大开始，中国特色社会主义进入新时代，开启高质量新一轮对外开放，加快建设开放型经济新体制，推动形成全面开放新格局。党的二十大提出，推进高水平对外开放，稳步扩大规则、规制、管理、标准等制度型开放，维护多元稳定的国际经济格局和经贸关系。在对外开放进程中，中国加入世界贸易组织和实施自由贸易区战略，国际经贸规则发挥了重要作用，中国继续推进高水平对外开放离不开国际经贸规则的保障。相对于多边贸易体制，区域贸易体制一体化程度更高，待遇更为优惠且仅为域内国家享有。我国推进高标准自由贸易区建设，与不同经济体谈判签署自贸协定，涉及货物贸易、原产地规则和知识产权等诸多议题，目前自贸协定纳入劳工标准已成为不可阻挡的趋势。

自贸协定劳工标准对推进高水平对外开放具有重要意义。党的十七大把自由贸易区建设上升为国家战略，党的十八大提出加快实施自由贸易区战略，形成面向全球的高标准自由贸易区网络。加快实施自由贸

---

* 陈国平，中国社会科学院法学研究所和国际法研究所联合党委书记，主持国际法研究所所务工作。

区战略是我国新一轮对外开放的重要内容。党的二十大指出，实行更加积极主动的开放战略，扩大面向全球的高标准自由贸易区网络。这些关于建设高标准自由贸易区的纲领性文件，均要求我国对全球范围内自贸协定纳入劳工标准的态势作出应对。就此，我国已取得重大进展，完成《中欧全面投资协定》谈判并正式申请加入《全面与进步跨太平洋伙伴关系协定》，这均涉及国际协定纳入高劳工标准的问题。因而，立足中国国情，提出和构建自贸协定劳工标准愈加重要。从深层次看，自贸协定劳工标准议题设置和劳工规则创设，是国家参与全球经济贸易治理和劳动治理的一个核心问题，也是我国推进高水平对外开放的重要体现。

相较于国外 20 世纪 90 年代中期开始出现的自贸协定劳工标准专门研究和系列成果，我国于 21 世纪初期在加入世贸组织的背景下才逐渐开始对自贸协定劳工标准进行研究，虽然在相关方面已有深入探讨，但系统性研究尚未形成，对自贸协定劳工标准最新发展规则（如《美墨加协定》汽车原产地规则纳入劳动价值含量）的研究也相对滞后。深层次的理论问题，如自贸协定劳工标准如何影响劳动力成本差异带来的不同竞争力，在自贸协定中如何重新平衡资本和劳动力之间的关系，自贸协定纳入国际劳工组织核心劳工标准与全球劳动治理有何种关系等，均有待深入研究。此外，与自贸协定劳工标准密切相关的国际劳动法也需高度关注。最为重要的是，对自贸协定劳工标准重要性及复杂性的认识亟待提高。

李西霞副研究员近年来跟踪研究自贸协定劳工标准，发表了系列作品并主持相关项目，研究内容涉及主要经济体美国、欧盟和加拿大的自贸协定劳工标准，以及我国自贸协定纳入的劳动条款。我受邀参加她主持的公开研讨会和内部专家咨询会，并分享了学界和实务界专家对相关问题的真知灼见。相关研究成果和学术研讨，显示了李西霞副研究员紧跟法学理论前沿并关注现实中的重大法律问题，表明其具有敏锐的观察力和自觉的责任担当，本书在一定程度上弥补了国内在此研究领域的相对不足。

本书以自由贸易劳工标准的最新发展为选题，从国际法的视角跟进研究 2018 年以来该领域的最新发展，是李西霞副研究员继 2017 年出版《自由贸易协定中的劳工标准》（独著）之后的又一重要研究成果。本书深化了关于自贸协定劳工标准的理论研究，揭示了该领域的最新发展实践，对我国应对新的形势并掌握制度话语权提出学术建议，是一部具有较高创新性的专著，将对我国国际贸易与劳工标准法律问题的深入研究产生积极推动作用。相关研究成果有助于我国把握利用自贸协定谈判创建劳工规则的最新发展动态，提升我国参与国际制度发展的能力和话语权，进而对全球贸易治理和全球劳动治理的发展走向产生影响，并对构建我国自贸协定劳工标准产生积极影响。

当今世界处于百年未有之大变局。立足中国国情，为我国处理国际贸易与劳工标准的关系提供法理依据和实践借鉴，为解决贸易全球化进程中的社会发展问题提出中国方案，是国际法研究面临的重大现实课题。希望李西霞副研究员在已有研究的基础上，持续跟进该领域的发展，对相关深层次理论问题进行深入研究，取得更多的研究成果。

序言二

莫纪宏[*]

  中国特色社会主义进入新时代，推进高水平对外开放，落实党的十八大提出的加快实施自由贸易区战略，落实党的二十大提出的实行更加积极主动的开放战略，扩大面向全球的高标准自由贸易区网络，积极应对自贸协定纳入劳工标准这一不可阻挡的趋势是一项重大的理论和现实课题。就此，中国已有重大进展，在与智利、新西兰、秘鲁、瑞士和冰岛签署的双边自贸协定中纳入劳动、社会保障和就业合作的促进性条款，完成《中欧全面投资协定》谈判，正式申请加入《全面与进步跨太平洋伙伴关系协定》，这两个国际协定涉及自贸协定或投资协定劳工标准问题，这些表明我国承认国际贸易或国际投资与劳工标准之间存在不同程度的关系，以及将做好对我国相关理论和制度进行调整的准备。对此，完善我国利用国际法律的机制，基于公认的国际法规则参与制定国际经贸规则和区域经贸规则，完善和改革我国相关劳动法律制度，统筹推进劳动法领域的国内法治与涉外法治，发出中国声音，表明中国立场，构建我国主张的自贸协定劳工标准和我国关于国际贸易与劳工标准关系的话语体系是题中应有之义。

  《自由贸易协定劳工标准的最新发展》一书跟进研究 2018 年以来自

---

 * 莫纪宏，中国社会科学院法学研究所所长、研究员。

贸协定劳工标准的最新发展，从国际法视角对自贸协定劳工标准法律机制进行系统研究，提出具有较高创新性的学术观点。这些理论分析丰富了国内学界和实务界对该问题的理论认识，有助于解决长期以来困扰我国关于国际贸易与劳工标准关系的理论和实践问题，具有重要的理论和现实意义。

在国际法上，世贸组织多边贸易体系拒绝纳入劳工议题，但实践中自 1994 年《北美自由贸易协定》首次纳入劳工标准以来，主要经济体如美国、欧盟和加拿大已在一系列自贸协定中纳入劳工标准，实现了国际贸易与劳工标准不同程度的挂钩，呈现出不同的构建依据、制度模式和发展特征。在此国际背景下，应依据本国现实国情和现行法律制度，利用自贸协定劳工标准的可设定性，遵循国际法上的国家合意原则，与不同协定方主张对己有利的自贸协定劳工标准。自贸协定劳工标准不仅涉及自贸协定劳工议题设置，而且关涉具体劳工规则创建。美国在此领域不断创建新规则，如《美墨加协定》不仅在汽车原产地规则中新增劳动价值含量，推动全球汽车产业链转向区域产业链，增加本地就业和劳工工资，而且建立快速反应机制，对该协定劳动争端解决机制形成补充。因此，应有效利用区域自贸协定谈判，创建国际劳工新规则，提升自身在国际制度建构领域的参与度，进而对全球经济治理和全球劳动治理体制的形成产生影响，在自贸协定规则快速形成和产业链重构的当下对具体劳动规则的创建给予高度关注。

越来越多的自贸协定纳入国际劳工组织确立的核心劳工标准，加强了核心劳工标准的实施。1998 年国际劳工组织确立了 4 类核心劳工标准，标志着在国际劳工组织体系内从实施普遍性国际劳工标准转向聚焦于核心劳工标准，同时自贸协定等其他国际机制纳入核心劳工标准则进一步加强了核心劳工标准的实施。2022 年国际劳工组织将"安全和卫生的工作环境"确立为第 5 类核心劳工标准，同时宣布 1981 年《职业安全与卫生公约》和 2006 年《促进职业安全与卫生框架公约》为基本劳工公约，经此扩张了核心劳工标准的权利内容。充分认识国际劳动治理重点转向核心劳工标准以及自贸协定纳入核心劳工标准的要义，有助于理解劳动、贸易和经济政策之间存在的各种强劲、复杂和重要联系，以及准确实施核心劳工标准，并有利于增强我国对外交往中贸易与投资政策中的劳动治理话语权。

从国际法学科体系看，自贸协定劳工标准是国际劳动法的一个重要渊源，国际贸易与劳工标准关系的深入研究涉及国际劳动法，主要包括国际劳工组织建立的国际劳工标准体系，同时涉及国际层面与区域层面其他劳工规制问题。完成《中欧全面投资协定》谈判，申请加入《全面与进步跨太平洋伙伴关系协定》，实施基本劳工公约，统筹推进劳动法领域的国内法治和涉外法治，促进体面就业和社会正义的实现等，均关涉国际劳动法议题。从法教义学的视角研究自贸协定劳工标准，将促进国际劳动法的系统研究和对国际劳动法学科建设的思考，对国际贸易与劳工标准关系问题研究产生积极推动作用。

目 录
CONTENTS

导　言

　　中国特色社会主义进入新时代。在新时代提升对外开放水平，推动形成全面开放新格局，完善我国利用法律手段处理国际关系的机制是一项重大的理论和现实课题。目前，西方发达国家转向利用自贸协定创制的国际规则日趋增多，其中自贸协定劳工规则是一个重要领域，以美国和欧盟为代表的西方发达经济体，通过自贸协定实现了国际贸易与劳工标准不同程度的挂钩，并持续推动劳工规则朝着对其各自有利的方向发展。我国在此领域也有重大进展，完成《中欧全面投资协定》（EU-China Comprehensive Agreement on Investment）谈判并正式申请加入《全面与进步跨太平洋伙伴关系协定》（Comprehensive and Progressive Agreement for Trans-Pacific Partnership，CPTPP），这两个国际协定均纳入了劳工标准议题。这些进展不仅关涉国际法问题，也涉及国内劳动法问题，还关涉国际贸易与劳工标准的关系问题，尤其是国际贸易与强迫劳动问题。因此，要统筹推进我国劳动法领域的国内法治和涉外法治，自贸协定劳工标准亟待持续深入研究。

　　继《自由贸易协定中的劳工标准》（独著，社会科学文献出版社2017年版）后，本书从国际法的视角跟进研究2018年以来自贸协定劳工标准的最新发展。主要内容包括以下方面。

　　第一，自1994年《北美自由贸易协定》（North American Free Trade Agreement，NAFTA）率先纳入劳工标准以来，美国在一系列自贸协定中纳入劳工标准，实现了劳工问题与国际贸易不同程度的挂钩。2020年7

月 1 日生效的《美墨加协定》（United States-Mexico-Canada Agreement，USMCA）被认为向劳动者提供了高劳工标准的劳动保护，并在特定领域发展了自贸协定劳工规则。研究美国自由贸易协定（简称"自贸协定"）劳工标准规则的最新发展（第一章、第二章和第三章），既包括实体性权利内容，如加强强迫劳动方面的义务、在汽车原产地规则中纳入劳动价值含量，也关涉程序性规则，尤其是美国针对其在"美国与危地马拉劳动争端案"（U. S. -Guatemala Labor Dispute）中的不利后果，修改程序性规则从而确立举证责任倒置，同时设立劳动争端快速反应机制，这些都极大加强了劳动权利的实施。

第二，研究 CPTPP 以及中国如何应对 CPTPP 劳工标准问题（第四章）。虽然美国不是 CPTPP 缔约方，但 CPTPP 由美国主导制定是不争的事实，基本上体现了美国自由贸易协定有执行力的劳工标准之模式。因此，接受 CPTPP 有执行力的劳工标准，意味着我国不仅要考虑对国内相关法律制度作出重大改革，而且要在事实上承认劳工标准与国际贸易的关系，这对我国来说是一个巨大挑战。

第三，探讨国际劳工组织确立的核心劳工标准（core labour standards）在不同领域的劳动治理框架中的实施（第五章）。相当数量的自贸协定纳入核心劳工标准，这显示出核心劳工标准实施的加强和国际层面劳动治理重点的转向。深入研究有助于把握国际劳工标准体系的要义，准确实施自贸协定纳入的核心劳工标准。

第四，从比较法的视角探讨欧盟、美国和加拿大这三个具有代表性的经济体的自由贸易区劳工标准的构建（第六章），涉及其构建依据、制度模式和发展特征，对我国实施自由贸易区战略，构建可接受的自由贸易区劳工标准并积极推进加入 CPTPP，具有重要的启示价值。

第五，研究国际劳动法（第七章）。从国际法学科体系看，自贸协定劳工标准属于国际劳动法。在国外，国际劳动法已形成一个专门的研究领域，既涉及国际层面上确立的劳动实体性规范及程序性规则，也探讨国际劳动法的渊源、法律冲突的解决，以及监督机构就所涉劳工标准在适用过程中作出的法理解释与判例。因此，深入研究自贸协定劳工标准，离不开对国际劳动法理论的研究。同时，我国继续推进"一带一路"建设，积极推动构建人类命运共同体，完成《中欧全面投资协定》谈判并正式申请加入CPTPP，这些均关涉国际劳动法议题和统筹推进我国劳动领域的国内法治和涉外法治。

通过对上述内容进行研究，本书力图阐明以下三方面的主要观点。

第一，在现阶段自贸协定频繁用于创建国际经贸规则的大背景下，应最大限度把握国际法上的劳工议题设置和劳工规则创设趋势，积极提升我国相应能力。国际劳工议题设置和劳工规则创设，是全球经济贸易治理和劳动治理的一个核心问题，这既体现在自贸协定中劳工议题的设置上，也包括具体劳工规则的创设，还体现在美国持续推动劳工规则朝着对其有利的方向发展方面。其一，在国际劳工议题设置方面，WTO多边贸易体系拒绝纳入劳工议题。但从1994年美国主导的《北美自由贸易协定》首次设置劳工议题到2019年，全球范围内已有85个自贸协定纳入劳工议题，这足以显示自贸协定对劳工议题的接受程度。其二，在具体劳工规则创设方面，美国不断推新，如《美墨加协定》汽车原产地规则新增劳动价值含量和时薪标准的规定，这在全球范围内是首例，它有可能演变为未来自贸协定领域的一项新的国际规则，具有国际规则创建意义。这项规定实质性地影响美国、加拿大和墨西哥三国的汽车产业发展，尤其推动三国从关注全球产业链转向关注区域产业链，以及本地生产、就业和工资增长。其三，美国还持续推动劳工规则朝着对其有利的方向发展，如《美墨加协定》加强在消除强迫劳动方面的义务，完善劳动争端解决机制，并新建快速反应劳工机制（Rapid Response Labor Mechanism）。美国有效利用区域自贸协定谈判创建国际劳工新规则，并借此增强自身在国际制度建构领域的掌控权，进而对全球劳动治理体制产生影响。鉴于此，在新一轮国际经贸规则重塑背景下，应对上述趋势加强研究并积极提升我国在劳工领域的国际规则创设能力。

第二，目前我国已签署 19 个自贸协定，其中与智利、新西兰、秘鲁、瑞士和冰岛签署的双边自贸协定中纳入了劳动、社会保障和就业合作的内容。此外，我国已完成《中欧全面投资协定》谈判，并于 2021 年正式申请加入 CPTPP，这些均涉及国际协定纳入劳工标准问题。纳入可执行的劳工标准为我国加入 CPTPP 以及参与全球化发展带来了一定挑战，这涉及如何设计和构建我国主张的自由贸易协定劳工标准等深层次问题。对此，在制定措施、建立我国可接受的自贸协定劳工标准时，应高度关注趋同性下存在的差异性，因为其体现的是自贸协定劳工标准的可设定性以及国际法上的国家合意原则。决策者在选择将劳工标准纳入自由贸易协定时应该认识到协定的内容本无理想和固定的模板，只能期许特定背景下的良好设计与构建。就此而言，在学术思想理论方面，本书的目标在于将研究成果有效转化为学术价值，为解决长期以来困扰我国的关于劳工标准与国际贸易挂钩的理论和实践问题提供理论支撑和实践参考，并力图构建和确立我国关于劳工标准与国际贸易关系的话语体系和主张。

第三，自贸协定劳工标准是国际劳动法的一个重要内容，其深入研究涉及国际劳动法以及国际劳动法学科体系的建立和发展。相较于国际层面 1921 年即出现国际劳动法专门研究，我国国内对国际劳动法的研究相对有限。直到 1985 年，我国才出现以"国际劳工法"为主题的研究，其后的相关研究则是在特定方面涉及国际劳动法内容，虽然在相关领域已有深入探究，但都没有对国际劳动法进行系统和全面的研究。因此，我国对国际劳动法的体系化研究有待深入发展。此外，还有一个重要方面，就是国际劳动法学在国内法学学科体系中的地位问题。国外有学者提出，国际劳动法应被视为与国内劳动法相对的独立法律分支，就像国际刑法和刑事诉讼法与国内刑法和刑事诉讼法的关系。但从学科建设、发展状况和学术话语体系来看，与我国国内劳动法学相对应的国际劳动法学在我国尚未发展成一个专门学科，其研究相对有限的现状，不利于我国劳动法学学科的发展，同时也会给劳动法领域的国际学术交流和学术发展带来困难和障碍。因此，应从学科建设的高度对国际劳动法给予重视。

　　此外，在研究方法上，本书从历史的视角和比较法的视角出发，基于协定文本和法律文本，结合案例实证和缔约实践，持续跟进研究并揭示该领域的最新发展，以期为我国在新时代应对劳工问题提供实践参照和法理借鉴。在论证过程中，力争使理论建立在大量的自贸协定文本分析的基础上。本书不同程度地涉及美国的 13 个纳入劳工标准的自贸协定、欧盟的 18 个纳入劳工标准的自贸协定、加拿大的 12 个纳入劳工标准的自贸协定、中国的 5 个纳入劳动条款的自贸协定，其中包括被普遍认为建立了 21 世纪高劳工标准的 CPTPP 和《美墨加协定》。对这些协定文本的大量引用，使论证具有了坚实的实证基础，有关论点获得了丰富的实践支持，说服力明显增强。本书对认识和处理国内法与自由贸易协定关系的理论和实践具有重要的参考价值，并有助于揭示自贸协定的规则创制功能对国际劳工规则重构的重要意义，此外，对构建我国可接受的自由贸易协定劳工标准以及实施党的十八大提出的加快实施自由贸易区战略具有理论和现实意义。

第一章

《美墨加协定》劳工标准及其潜在影响

《美墨加协定》劳工标准在一定程度上体现了区域自由贸易协定劳工标准的发展动向，被认为向劳动者提供了高标准的劳动保护，其相关劳动条款存在演变成未来其他区域自由贸易协定劳工标准蓝本的可能性，亦有可能对多边贸易体制中劳工标准规则的确立产生一定的撬动效应。从深层次上观察，《美墨加协定》赋予国际贸易与劳动关系新的特征。鉴于此，研判《美墨加协定》劳工标准的发展动向及潜在影响，能够为建立我国可接受的自由贸易协定劳工标准提供实践参考。只有相关方对其潜在影响高度关注，才会尽早启动研究和制定应对其负面影响之策，构建符合各自主张的自由贸易协定劳工标准。

　　美国、墨西哥和加拿大于 2018 年 11 月 30 日签署的《美墨加协定》①已为三国各自国内立法机关批准，并于 2020 年 7 月 1 日生效，取代自1994 年 1 月 1 日起实施的《北美自由贸易协定》及其附属协定。《美墨加协定》被视为《北美自由贸易协定》的现代化版本（modernized agreement），它一方面保留了北美自由贸易关系中无关税市场准入（tariff-free market access）这一关键要素，另一方面又纳入了更新后的章节（如第23 章 "劳动"）和新章节（如第 33 章 "宏观经济政策和汇率事项"），

---

① 2019 年 12 月 10 日，美国、墨西哥和加拿大对《美墨加协定》相关内容作出了进一步修订，根据已公开的信息，修订后的《美墨加协定》进一步加强了对工人的劳动保护，主要体现在如下几个方面：（1）对工人的暴力方面，取消了 "通过持续的或反复的作为或不作为" 才构成实施违法行为的要求；（2）规定了举证责任由被申诉方承担，因为未履行协定义务已被推定为 "以某种方式影响了缔约方之间的贸易或投资"；（3）修改了国家之间争端解决程序性规则，强化了对工人的劳动保护。参见 https://www.international. gc. ca/trade-commerce/trade-agreements-accords-commerciaux/agr-acc/cusma-aceum/ summary_ outcomes-resume_ resultats. aspx? lang = eng，最后访问日期：2019 年 12 月 15日。本章研究对象为《美墨加协定》签署文本及随后所作的修订内容，而非该协定的生效文本，特作说明。

以应对新的贸易挑战。① 基于《美墨加协定》对《北美自由贸易协定》的承继性，比较分析两个协定劳工标准的变化仍具现实适用性。相较于《北美自由贸易协定》通过其附属协定《北美劳工合作协定》（North American Agreement on Labor Cooperation，NAALC）纳入的劳工标准，②《美墨加协定》的劳工标准加强了可执行性，不仅新增了"采纳和维持"（adopt and maintain）1998 年《国际劳工组织关于工作中基本原则和权利宣言》（以下简称"国际劳工组织1998 年《宣言》"）界定的核心劳工标准的义务，而且增加了关于暴力侵害工人、工作场所基于性别的歧视等的全新规定，被认为向劳动者提供了高标准的劳动保护。

在当前的区域经贸合作中，将劳工标准与国际贸易挂钩渐成一种趋势，③ 所以在更广泛的国际背景下观察，《美墨加协定》劳工标准相对于既有的自由贸易协定中的劳工标准有保持一致的方面，但作为最新的国际法律实践，其反映了劳工标准发展的代表性趋向，极有可能演变成未来其他区域自由贸易协定劳工标准的蓝本。从深层次上剖析，在区域自由贸易协定中设置劳工标准会带来两方面的影响：一方面是从国际层面推动国际劳工标准的实施，进一步保护劳工权益；另一方面也蕴含着协

---

① 参见 "A New Canada-United States-Mexico Agreement，" http：//international. gc. ca/trade-commerce/trade-agreements-accords-commerciaux/agr-acc/usmca-aeumc/summary-sommaire. aspx？lang = eng，最后访问日期：2019 年 12 月 19 日。

② 《北美劳工合作协定》规定了 11 项劳工原则（labor principles）：结社自由和保护组织权、集体谈判权、罢工权、禁止强迫劳动、对童工和青年工人的劳动保护、最低就业标准、消除就业歧视、男女同工同酬、预防职业伤害和职业病、对遭受职业伤害和职业病患者给予补偿、保护移徙工人。此外，《北美劳工合作协定》仅要求缔约国实施与 11 项劳工原则相关的国内劳动法，并未为缔约国设置共同的最低劳工标准。参见《北美劳工合作协定》附录 1。

③ 国际劳工组织研究信息显示，从 1994 年美国主导的《北美自由贸易协定》首次设置劳工议题到 2019 年，已有 85 个自贸协定纳入劳工议题。参见 Marva Corley and Elizabeth Echeverria Manrique，*Labour Provisions in G7 Trade Agreements：A Comparative Perspective*，Geneva：International Labour Office，2019，pp. 15 – 16。

定各方的利益选择，旨在通过为协定相关产业就业者提供所设定的劳动保护标准来影响劳资关系，进而影响国际贸易的发展走向。

因《美墨加协定》谈判受到美国的主导和影响，故其劳工标准的发展动向及潜在影响将可能波及世界较大范围，亟须关注与深研。需要说明的是，有关"自由贸易协定劳工标准"的术语，本书采用的是国际劳工组织（International Labour Organization，ILO）于 2016 年在其出版物中给出的"国际贸易和投资协定中劳工标准"的定义，即"它是指关于劳动关系或最低工作条件、监督机制或合规机制和/或合作框架的任何标准"。① 这也是其他一些学者认同和采用的定义。② 该定义至少包含两个方面的内容：一是强调自由贸易协定中劳工标准的可设定性，即由贸易谈判协定方协商达成，体现国际法上的国家合意原则；二是提供一个理解和研究自由贸易协定劳工标准的宽广视角，不仅包括实体性权利和程序性规则，还涵盖监督机制和合作框架。囿于篇幅，本章仅侧重于研究其规范性权利和义务以及争端解决机制。

第一节 《美墨加协定》劳工标准相对于《北美自由贸易协定》的升级和发展

《美墨加协定》使北美自由贸易区区域贸易制度得到大幅升级。具

---

① "Labour provisions are defined as any standard which addresses labour relations or minimum working terms or conditions, mechanisms for monitoring or promoting compliance, and/or a framework for cooperation." ILO, *Assessment of Labour Provisions in Trade and Investment Arrangements*, Geneva: ILO, 2016, p. 11.

② 参见 Jonas Aossi, Rafael Peels and Daniel Samaan, "Evaluating the Effectiveness of Labour in Trade Agreement: An Analytical and Methodological Framework," (2018) 157 (4) *International Labour Review*, p. 671。

体到劳工标准方面，它使贸易与劳动关系呈现以下新的特征。

一　《美墨加协定》劳工标准的纳入模式以及与国际劳工组织 1998 年《宣言》的联系

与《北美自由贸易协定》劳工标准相比较，《美墨加协定》劳工标准发生了如下显著变化。其一，劳工标准采取纳入模式，要求缔约国在其国内法律和实践中纳入可执行的劳工标准，否则将构成违反协定义务，其他缔约国可请求当事方履行该义务，这加强了劳动权利的可执行性。其二，与国际劳工组织 1998 年《宣言》建立起直接联系。在国际劳工组织的发展史上，国际劳工组织 1998 年《宣言》具有里程碑意义，它是后冷战时代国际劳工组织确定的优先发展事项，[1] 其核心劳工标准[2]以基本劳工公约（fundamental convention）中权利与义务之规定的形式体现和发展，[3] 无论是否批准这些基本劳工公约，国际劳工组织所有成员国都有义务促进实现该宣言所载核心劳工标准。[4]《美墨加协定》施以缔约国在其国内法律和实践中纳入国际劳工组织核心劳工标准的义务，一来回应了国际劳工组织关于优先发展事项的要求，二来客观上扩大了国际劳工组织 1998 年《宣言》所载核心劳工标准的实施范围。其三，增加了工人免于暴力、保护工人免受基于性别的就业歧视等新规定。

首先，《北美自由贸易协定》通过其附属协定《北美劳工合作协定》

---

[1] 参见 Erika de Wet, "Governance Through Promotion and Persuasion: The 1998 ILO Declaration on Fundamental Principles and Rights at Work," (2008) 9 (11) *German Law Journal*, pp. 1434 – 1435。

[2] "核心劳工标准"通常也称为"工作中的基本权利"或"基本劳工权利"，本研究依据上下文语境的不同，在同一意义上选择性使用这些术语。

[3] 参见国际劳工组织 1998 年《宣言》第 1 (b) 条。

[4] 参见国际劳工组织 1998 年《宣言》第 2 条。

来处理劳工与贸易问题。《北美自由贸易协定》是第一个明确涉及劳工权益的贸易协定，它通过《北美劳工合作协定》规定了 11 项劳工原则，要求缔约国实施与 11 项劳工原则相关的国内劳动法，但未为缔约国设置共同的最低劳工标准。① 而且，这 11 项劳工原则也没有援引国际劳工组织的任何劳工标准，也就是说，《北美劳工合作协定》劳工标准未与国际劳工标准建立起联系。与此不同，《美墨加协定》在主协定中纳入劳动章节，对劳工标准作出全面规定。其中一个重要方面就是要求缔约国国内法律和实践纳入有执行力的劳工标准，对制定和施行有关工作中的基本原则和权利的政策和法律作出承诺，为美国、墨西哥和加拿大在北美地区的劳动标准和工作条件提供一个公平的竞争环境。也就是说，《美墨加协定》施以缔约方在其国内法律和实践中"采纳和维持"国际劳工组织 1998 年《宣言》界定的核心劳工标准的义务，② 通过这种具有执行力的义务设定，与国际劳工组织核心劳工标准直接建立起联系，这扩大了核心劳工标准的实施范围。除此之外，《美墨加协定》劳动章节还通过增加脚注注解，明确规定了结社自由与罢工权的关系，即"罢工权与结社自由相关，如果不保护罢工权，就无法实现结社自由"，③ 体现出协定方对结社自由与罢工权相关的肯定。与此同时，还对"最低工资方面的可接受的工作条件"的法律适用进行了界定，即"缔约方关于'最低工资方面的可接受的工作条件'的劳动法包括根据各自法律规定向工人提供与工资有关的福利（如利润分享、奖金、退休金和医疗服务）的任何条件"。④

其次，相较于《北美劳工合作协定》劳工标准，《美墨加协定》增

---

① 参见《北美劳工合作协定》附录 1。

② 参见《美墨加协定》第 23.3.1 条和第 23 章脚注 3。

③ "For greater certainty, the right to strike is linked to the right to freedom of association, which cannot be realized without protecting the right to strike." 《美墨加协定》第 23 章脚注 6。

④ 《美墨加协定》第 23.1 条和第 23 章脚注 1。

加了关于强迫劳动、暴力侵害工人、移徙工人和工作场所基于性别的歧视的全新规定，要求缔约方消除一切形式的强迫或强制劳动，并要求其禁止"从其他来源进口全部或部分通过强迫或强制劳动（包括强迫或强制童工劳动）生产的产品";[①] 保障工人和劳工组织在行使劳动权利时免于暴力、威胁和恐吓;[②] 确保移徙工人受劳动法保护，无论他们是国民还是非国民;[③] 要求缔约国实施保护工人免受基于性别的就业歧视政策，并明确规定了保护范围，具体包括消除基于怀孕、性骚扰、性取向、性别认同和照顾责任的就业歧视，提供产假/收养假和照顾家庭成员假，以及消除工资歧视。[④]

最后，全面理解《美墨加协定》劳工标准还应注意其他相关规定。比如，关于墨西哥集体谈判中工人代表的规定，要求墨西哥承诺进行劳工法改革。[⑤] 又如，汽车零部件中的40%（乘用车）和45%（轻重型卡车）由时薪不低于16美元的工人生产。[⑥]

二 《美墨加协定》劳动争端解决受制于主协定争端解决机制

依据《北美劳工合作协定》劳工标准，缔约国应有效实施与11项劳工原则相关的国内劳动法,[⑦] 若未能有效实施，将构成违反协定义务并成为他

---

① 《美墨加协定》第23.6条。

② 参见《美墨加协定》第23.7条。

③ 参见《美墨加协定》第23.8条。

④ 参见《美墨加协定》第23.9条。

⑤ 参见《美墨加协定》第23章附件A。

⑥ 参见 USMCA, Chapter 4, Annex 4 – B, Appendix, Provisions Related to the Product-Specific Rules of Origin for Automotive Goods, Article 7.3。

⑦ 参见《北美劳工合作协定》第3条和附录1。

方诉诸争端解决机制的理由。《北美劳工合作协定》将 11 项劳工原则归为三个层级的主题，并据此设置了不同的解决程序，[①] 具体如下：（1）适用磋商程序，即采用合作方式解决与 11 项劳工原则相关的争端问题；（2）成立独立的专家评估委员会，对与 8 项劳工原则（排除结社自由和保护组织权、集体谈判权、罢工权）相关的劳动争端进行评估，并据评估结果提出解决问题的建议（建议不具约束力）；（3）成立仲裁小组解决争端，但仅适用于与 3 项劳工原则（对童工和青年工人的劳动保护、最低就业标准、预防职业伤害和职业病）相关的争端，该仲裁小组可要求当事方制定补救行动计划，并被允许对未能实施该行动计划的行为处以罚款或中止利益。[②]

这显示出《北美劳工合作协定》建立了单独的劳动争端解决机制，并将特定劳动事项与贸易利益建立起联系，但是劳动事项不受主协定争端解决机制的约束。与之相较，《美墨加协定》则是在主协定的劳动章节中规定了劳动争端解决程序，并进一步明确规定了相关劳动事项受主协定争端解决机制的约束，从而强化了争端解决程序。申言之，根据《美墨加协定》劳动章节的规定，缔约一方可向缔约另一方提出书面请求，就该章下任何事项请求与被请求方进行劳动磋商。[③] 如果在规定时间内未能通过磋商解决问题，可诉诸主协定争端解决专家组程序，[④] 但是劳动磋商程序为其前置程序。[⑤] 关于专家组最终报告的效力，《美墨加

[①] 参见《北美劳工合作协定》第 21 ~ 37 条；Tamara Kay, "Legal Transnationalism：The Relationship Between Transnational Social Movement Building and International Law," (2011) 36 (2) *Law and Social Inquiry*，p. 432。

[②] 参见《北美劳工合作协定》第 32 条和第 41 条。

[③] 参见《美墨加协定》第 23. 17 条。

[④] 参见《美墨加协定》第 23. 17. 8 条。

[⑤] 《美墨加协定》第 23. 17. 12 条规定了劳动磋商作为前置程序，"任何缔约方不得在未首先寻求根据本条解决事项的情况下，将本章下产生的事项诉诸第 31 章（争端解决）的争端解决程序"。

协定》第 31.19.1 条明确规定："如果争端所涉缔约方在收到最终报告之日后的 45 日内，不能接受依据第 31.18 条（最终报告的实施）达成的争端解决方案，则申诉方可中止向被申诉方提供与不符合协定或使自身利益丧失、减损等效的利益，直至争端所涉缔约方就争端解决方案达成一致。"这表明专家组报告具有约束力，如果争端所涉缔约国不实施专家组在最终报告中提出的解决方案，那么另一当事缔约国可直接中止其在协定下的相关利益。很显然，《美墨加协定》劳动争端解决受制于主协定争端解决程序的制度安排，使得主协定争端解决程序适用于该协定劳动章节所规定的所有事项，从而加强了该协定下劳动事项与贸易利益的联系，增强了劳工标准的可执行性。

三 《美墨加协定》贸易制裁适用范围的扩大

《北美劳工合作协定》规定的 11 项劳工原则所涉劳动争端解决的救济措施有三种：一是达成补救行动计划，弥补未有效实施相关劳工标准造成的影响；① 二是罚款（monetary assessments）；② 三是中止利益（suspension of benefits）。③ 但需指出的是，在《北美劳工合作协定》的争端解决机制下，只有关于保护童工、最低工资以及职业安全与健康的技术性标准是可执行的，如若违反，将处以罚款和中止利益，④ 这实际上是

---

① 参见《北美劳工合作协定》第 38 条。
② 如果仲裁庭裁定一缔约国持续地未能有效实施其国内法中和保护童工、最低工资以及职业安全与健康的技术性标准相关的法律和法规，该国将被处以一定数额的罚款。参见《北美劳工合作协定》第 39 条和附录 39。
③ 当缔约一方不缴纳罚款时，缔约另一方可中止给予其在《北美自由贸易协定》下的利益，中止利益的总额不得超过罚款的数额。参见《北美劳工合作协定》第 41 条和附录 41B。
④ 参见《北美劳工合作协定》附录 39 和附录 41B。

在限定的劳工标准领域把贸易制裁措施与劳工问题联系起来,利用贸易制裁措施来解决特定的劳工问题。相形之下,《美墨加协定》劳动争端的救济措施更加多样化,不仅包括消除不符合协定或使利益丧失、减损的情形(elimination of the non-conformity or the nullification or impairment),或者提供双方可接受的赔偿(provision of mutually acceptable compensation),或者争端方可能同意的任何其他补救措施(any other remedy the disputing Parties may agree),① 还包括中止利益(suspension of benefits),② 而且扩大了该协定下贸易制裁的适用范围,使核心劳工标准、最低工资、工作时间、职业安全与健康皆为可执行的劳工标准,如若违反,将施以缴纳赔偿金和中止贸易利益的制裁。同时,《美墨加协定》还明确规定了违反这些劳动权利的证明标准,③ 从而在更广泛的劳工标准领域把贸易制裁措施与劳工问题联系起来,利用贸易制裁措施来解决劳工问题。

综合上述分析,我们可将《美墨加协定》劳工标准的升级和发展概括为如下四个方面:一是采取纳入模式,要求缔约国在其国内法律和实践中纳入可执行的劳工标准;二是与国际劳工组织核心劳工标准建立起直接联系;三是劳动争端解决受制于主协定争端解决机制;四是贸易制裁适用于更广泛的劳工标准领域。不可否认,这些升级和发展成果有诸多深层次背景,如《北美劳工合作协定》劳工标准的执行力不强、美国和加拿大意图对墨西哥以低工资吸引投资和贸易进行遏制等,但这些不是本章讨论之重点,故不予展开和赘述。

---

① 参见《美墨加协定》第31.18.2条。

② 参见《美墨加协定》第31.19条。

③ 参见《美墨加协定》第23章脚注4。

第二节 《美墨加协定》劳工标准与其他自由贸易协定劳工标准的比对

承前所述,《美墨加协定》劳工标准具有采用纳入模式、与国际劳工组织核心劳工标准建立起联系、劳动争端解决受主协定争端解决机制约束、更广泛地利用贸易制裁解决劳动问题等发展特征,这一方面体现了《美墨加协定》劳工标准对《北美劳工合作协定》劳工标准的升级,另一方面还体现出其与其他自由贸易协定劳工标准的趋同性。

研究《美墨加协定》劳工标准与其他自由贸易协定劳工标准的趋同性,可以明晰可执行的劳工标准在多大范围内适用,这有助于预判其在世界范围内的影响力以及对国际劳动力市场和国际贸易的影响程度。比对目前纳入劳工标准的其他自由贸易协定,可以发现《美墨加协定》劳工标准不仅与《全面与进步跨太平洋伙伴关系协定》劳工标准趋同,而且延续了美国和秘鲁、巴拿马、哥伦比亚、韩国签订的自由贸易协定的劳工标准的特征。在趋同性下,也存在些许差异,需要留意。

一 《美墨加协定》劳工标准与其他自由贸易协定劳工标准的趋同性

(一) 与《全面与进步跨太平洋伙伴关系协定》劳工标准的趋同性

2018 年 12 月 30 日, 11 个国家①签署的《全面与进步跨太平洋伙伴

---

① 这 11 个国家是澳大利亚、文莱、加拿大、智利、日本、马来西亚、新西兰、墨西哥、秘鲁、新加坡和越南。

关系协定》正式生效,成为世界上最大的自由贸易协定之一,并大幅扩大亚太主要市场准入。《全面与进步跨太平洋伙伴关系协定》第 19 章专章规定了劳工事项,其劳工标准与《美墨加协定》劳工标准在以下方面存在一致性:(1)采取纳入模式,要求缔约国在国内法律和实践中纳入劳工标准;① (2)与国际劳工组织 1998 年《宣言》的核心劳工标准建立起联系;② (3)劳动争端解决受主协定争端解决机制约束(设置前置程序);③ (4)可采用贸易制裁措施。④ 然而,在权利内容方面,《全面与进步跨太平洋伙伴关系协定》没有《美墨加协定》中防止暴力侵害工人和消除工作场所基于性别的歧视这些规定。

《全面与进步跨太平洋伙伴关系协定》的前身《跨太平洋伙伴关系协定》(Trans-Pacific Partnership Agreement,TPP),是 2017 年 1 月美国退出协定后由其他 11 个国家签订的自由贸易协定。虽然美国退出了《跨太平洋伙伴关系协定》,但包括劳工标准在内的该协定所有内容皆由其主导进行谈判,劳工标准的设置受制于美国关于纳入可强制执行的劳工标准的要求。《全面与进步跨太平洋伙伴关系协定》劳工标准实质性地延续了《跨太平洋伙伴关系协定》劳工标准(同时删掉了与美国相关的内容)。由是可见,美国关于在自由贸易协定中纳入可强制执行的劳工标准的要求已为《全面与进步跨太平洋伙伴关系协定》11 个缔约国所接受,发展成了跨太平洋自由贸易区贸易体系中的劳工标准规则。

(二)基本上延续了美国与秘鲁、巴拿马、哥伦比亚、韩国自由贸易协定的劳工标准

除与《全面与进步跨太平洋伙伴关系协定》劳工标准特征趋同外,

---

① 参见《全面与进步跨太平洋伙伴关系协定》第 19.3 条。
② 参见《全面与进步跨太平洋伙伴关系协定》第 19.3 条。
③ 参见《全面与进步跨太平洋伙伴关系协定》第 19.15.12 条和第 19.15.13 条。
④ 参见《全面与进步跨太平洋伙伴关系协定》第 28.20 条。

《美墨加协定》劳工标准还与美国和秘鲁（其协定于 2009 年 2 月 1 日生效）、巴拿马（其协定于 2012 年 10 月 31 日生效）、哥伦比亚（其协定于 2012 年 5 月 15 日生效）、韩国（其协定于 2012 年 3 月 15 日生效）签订的自由贸易协定的劳工标准有一致性。

《美国与秘鲁自由贸易协定》第 17 章对劳工问题作出了专门规定，其特征包括：劳工标准采取纳入模式，① 与国际劳工组织 1998 年《宣言》的核心劳工标准建立起联系，② 劳动争端解决受主协定争端解决机制约束（要求前置程序），③ 可适用贸易制裁措施。④ 但与《美墨加协定》劳工标准和《全面与进步跨太平洋伙伴关系协定》劳工标准不同的是，美秘自贸协定仅要求纳入国际劳工组织 1998 年《宣言》的核心劳工标准，不包括有关最低工资、工作时间、职业安全与健康的可接受的工作条件。

同样地，美国与巴拿马、哥伦比亚和韩国签订的自由贸易协定的劳工标准也采取纳入模式，⑤ 与国际劳工组织 1998 年《宣言》的核心劳工标准建立起联系，⑥ 相关劳动争端解决受主协定争端解决机制约束（要求前置程序），⑦ 允许实施贸易制裁措施。⑧

---

① 参见《美国与秘鲁自由贸易协定》第 17. 2 条。

② 参见《美国与秘鲁自由贸易协定》第 17. 2 条。

③ 参见《美国与秘鲁自由贸易协定》第 17. 7. 6 条和第 17. 7. 7 条。

④ 参见《美国与秘鲁自由贸易协定》第 21. 16 条。

⑤ 参见《美国与巴拿马自由贸易协定》第 16. 2 条、《美国与哥伦比亚自由贸易协定》第 17. 2 条、《美国与韩国自由贸易协定》第 19. 2 条。

⑥ 参见《美国与巴拿马自由贸易协定》第 16. 2 条、《美国与哥伦比亚自由贸易协定》第 17. 2 条、《美国与韩国自由贸易协定》第 19. 2 条。

⑦ 参见《美国与巴拿马自由贸易协定》第 16. 7. 6 条和第 16. 7. 7 条、《美国与哥伦比亚自由贸易协定》第 17. 7. 6 条和第 16. 7. 7 条、《美国与韩国自由贸易协定》第 19. 7. 4 条和第 19. 7. 5 条。

⑧ 参见《美国与巴拿马自由贸易协定》第 20. 15 条、《美国与哥伦比亚自由贸易协定》第 21. 16 条、《美国与韩国自由贸易协定》第 22. 13 条。

这些特征均在《美墨加协定》劳工标准中得到体现。因此可以说，《美墨加协定》劳工标准基本上是美国与秘鲁等国签署的自由贸易协定的劳工标准的延续和发展，这体现了美国坚持在国际贸易协定中纳入可强制执行的劳工标准的贸易政策，通过对协定方施加强制性义务，在劳工标准与国际贸易之间建立起有约束力的关系。①

二 《美墨加协定》劳工标准与其他自由贸易协定劳工标准的差异性

《美墨加协定》劳工标准与其他自由贸易协定劳工标准相比，也存在一定的差异。

其一，在全球背景下，可执行的劳工标准模式在规则影响力和适用范围上有了相当大的发展，但也应看到，提倡促进性劳工标准、拒绝采用贸易制裁来解决劳动问题的欧盟自由贸易协定的劳工标准模式也有一定的影响力。②

其二，上述自由贸易协定劳工标准尽管有一致性，但由于纳入方法不同和国家背景各异，劳工标准的内容或多或少地存在差异。③ 比如，《美墨加协定》劳工标准与国际劳工组织 1998 年《宣言》的核心劳工标

---

① 参见 David A. Gantz, C. Ryan Reetz, Guillermo Aguilar-Alvarez and Jan Paulsson, "Labor Rights and Environmental Protection Under NAFTA and Other US Free Trade Agreements [with Comments]," (2011) 42 (2) *The University of Miami Inter-American Law Review*, pp. 341 – 342。

② 参见李西霞《欧盟自由贸易协定中的劳工标准及其启示》，《法学》2017 年第 1 期；ILO, *Assessment of Labour Provisions in Trade and Investment Arrangements*, Geneva：ILO, 2016, p. 39。

③ 参见 Jonas Aossi, Rafael Peels and Daniel Samaan, "Evaluating the Effectiveness of Labour in Trade Agreement：An Analytical and Methodological Framework," (2018) 157 (4) *International Labour Review*, p. 672。

准相比，并不完全一致，增加了"禁止最恶劣形式的童工"这项内容，还纳入了其他权利，如工人免受暴力威胁，这也是其他自由贸易协定所没有的。进一步审视美国与其他国家的双边自由贸易协定关于劳工标准的规定，劳工标准的内容也或多或少地存在差异。这也是国际劳工组织对自由贸易协定劳工标准进行界定的原因所在，劳工标准可以是关于劳动关系或最低工作条件、监督机制或合规机制和/或合作框架的任何标准，以体现协定方之间的合意和选择。

　　研究认为，以贸易为基础界定（核心）劳工标准的方式，显示出界定（核心）劳工标准的相关主体的利益。此际，即使对于国际上普遍承认的劳动权利，协定方也有必要对其贸易协定是否将之纳入劳工标准进行选择。比如，《美墨加协定》劳动标准中"禁止最恶劣形式的童工"的规定，还有关于汽车工人时薪至少16美元的规定，都凸显了美国保护其国内劳动力和国内产业发展的利益诉求。因此，从深层意义上言，根据所处体制的不同，自由贸易协定（核心）劳工标准的选择是多样化的，并无一定之规，最终达成的协定是各方利益博弈之结果。[①]

第三节　《美墨加协定》劳工标准对未来自由贸易协定的潜在影响

　　我们应对《美墨加协定》劳工标准的潜在影响给予高度重视，尽早制定因应之策，预防和消除其可能带来的负面影响。

---

　　① 参见 Philip Alston and James Heenan, "Shrinking the International Labor Code: An Unintended Consequence of the 1998 ILO Declaration on Fundamental Principles and Rights at Work," (2004) 36 *New York University Journal of International Law and Politics*, pp. 244 – 245。

一 《美墨加协定》劳工标准对国际劳工组织 1998 年《宣言》的核心劳工标准的实施加强

以上分析显示，《美墨加协定》劳工标准纳入国际劳工组织 1998 年《宣言》的核心劳工标准，使其具有可执行性，这体现出对国际劳工组织核心劳工标准价值的尊重，符合国际劳工组织后冷战时代优先促进核心劳工标准实现的目标，[①] 从客观上加强了国际劳工组织 1998 年《宣言》的核心劳工标准的实施。

截至目前，在自由贸易协定中纳入国际劳工组织 1998 年《宣言》的核心劳工标准已为美国和欧盟等主要经济体所接受和采纳，《美墨加协定》则进一步加强了这种趋势。但是，由于纳入方式不同，协定方承担的义务也有本质差别。比如，以《美墨加协定》为代表的美国自贸协定纳入可强制执行的核心劳工标准，此时，核心劳工标准具有执行力，而欧盟则以促进性方式纳入核心劳工标准，不具有执行力。从法理上分析，国际劳工组织 1998 年《宣言》的核心劳工标准将 8 项基本劳工公约作为表达方式，即使尚未批准有关公约，国际劳工组织成员国也有义务促进实现这些核心劳工标准。对此，加拿大[②]和墨西哥[③]因均批准了 8 项基本

---

① 参见 Philip Alston and James Heenan, "Shrinking the International Labor Code: An Unintended Consequence of the 1998 ILO Declaration on Fundamental Principles and Rights at Work," (2004) 36 *New York University Journal of International Law and Politics*, pp. 221 – 264。

② 参见 ILO, "Ratifications for Canada," https://www.ilo.org/dyn/normlex/en/f? p = 1000: 11200: 0:: NO: 11200: P11200_ COUNTRY_ ID: 102582，最后访问日期：2022 年 3 月 15 日。

③ 参见 ILO, "Ratifications for Mexico," https://www.ilo.org/dyn/normlex/en/f? p = 1000: 11200: 0:: NO: 11200: P11200_ COUNTRY_ ID: 102764，最后访问日期：2022 年 3 月 15 日。

劳工公约，故无法律上的障碍，而美国只批准了 2 项基本劳工公约，^① 于此情形下，其在《美墨加协定》这一国际协定中要求纳入国际劳工组织 1998 年《宣言》的核心劳工标准，采取的路径是通过国内立法即通过贸易促进授权来提供法律依据。^②

中国已经批准的基本劳工公约有 7 项，^③ 但需要指出的是，全国人大常委会于 2022 年 4 月 20 日决定批准 1930 年《强迫劳动公约》和 1957 年《废除强迫劳动公约》，不过应按《国际劳工组织章程》^④ 的规定将正式批准书送请国际劳工局局长登记，^⑤ 这两项公约将在批准书交存于国际劳工组织一年后在中国生效。^⑥ 在此情形下，可否援引国际劳工组织

---

① 参见 ILO，"Ratifications for United States，"https：//www.ilo.org/dyn/normlex/en/f？p = 1000：11200：0：：NO：11200：P11200_COUNTRY_ID：102871，最后访问日期：2022 年 3 月 15 日。

② 参见 David A. Gantz，C. Ryan Reetz，Guillermo Aguilar-Alvarez and Jan Paulsson，"Labor Rights and Environmental Protection Under NAFTA and Other US Free Trade Agreements［with Comments］，"（2011）42（2）*The University of Miami Inter-American Law Review*，p. 341。

③ 需要说明两点。其一，2022 年 4 月 20 日，第十三届全国人民代表大会常务委员会第三十四次会议决定批准 1930 年《强迫劳动公约》（第 29 号公约）和 1957 年《废除强迫劳动公约》（第 105 号公约）。2022 年 8 月 12 日，我国向国际劳工组织交存强迫劳动两项公约批准书。这两项劳工公约将于 2023 年 8 月 12 日对中国生效。这意味着我国批准的基本劳工公约从 4 项增加到 6 项。其二，2022 年 5 月 27 日至 6 月 11 日，第 110 届国际劳工大会召开，大会决定增加第五类基本劳工公约（职业安全与健康），1981 年《职业安全与卫生公约》（第 155 号公约）和 2006 年《关于促进职业安全与卫生框架的公约》（第 187 号公约）必须被视为《经 2022 年修正的〈1998 年国际劳工组织关于工作中基本原则和权利宣言〉》意义上的基本劳工公约。我国已于 2007 年 1 月 25 日加入 1981 年《职业安全与卫生公约》，这使得我国批准的基本劳工公约又从 6 项增加到 7 项。参见 ILO，"Ratifications for China，"https：//www.ilo.org/dyn/normlex/en/f？p = 1000：11200：0：：NO：11200：P11200_COUNTRY_ID：103404，最后访问日期：2023 年 1 月 18 日。

④ 参见《国际劳工组织章程》第 19.5（d）条。

⑤ 参见 1930 年《强迫劳动公约》第 27 条、1957 年《废除强迫劳动公约》第 3 条。

⑥ 参见 1930 年《强迫劳动公约》第 28.3 条、1957 年《废除强迫劳动公约》第 4.3 条。

1998 年《宣言》的核心劳工标准来界定我国自由贸易协定中的劳工标准？回答此问题依赖于厘清我国对于劳工标准究竟是采用"纳入"方式还是"促进"方式。如果是采取欧盟的促进方式，那么不会存在太大的法律障碍，因为其不具有执行力。但是，《全面与进步跨太平洋伙伴关系协定》劳工标准采取纳入模式，如果我国有意加入该协定，该如何处理其劳工标准与国际劳工组织 1998 年《宣言》的核心劳工标准的关系？对此，美国的缔约实践值得我们研究和借鉴。笔者建议考虑两个途径。其一，通过立法明确我国签订的自由贸易协定纳入的核心劳工标准之内容。其二，明确规定劳工保护水平，如我国在批准《经济、社会及文化权利国际公约》时，对该公约第 8 条第 1 款（甲）项作出声明："中华人民共和国政府对《经济、社会及文化权利国际公约》第八条第一款（甲）项，将依据《中华人民共和国宪法》、《中华人民共和国工会法》和《中华人民共和国劳动法》等法律的有关规定办理。"① 也就是说，我国承认参加工会的权利，但保护水平仅限于我国现行法律规定之水准。

二 《美墨加协定》劳工标准对多边贸易体系劳工标准规则确立的撬动效应

《美墨加协定》劳工标准与《全面与进步跨太平洋伙伴关系协定》劳工标准在纳入模式及强制执行方面保持一致。在《美墨加协定》生效后，可执行的劳工标准适用于更大范围的自由贸易区，不仅包括《美墨加协定》的 3 个签署国（2016 年，北美自由贸易区内三国国内生产总值

---

① 《全国人民代表大会常务委员会关于批准〈经济、社会及文化权利国际公约〉的决定》，2001 年 2 月 28 日，中国人大网，http://www.npc.gov.cn/wxzl/gongbao/2001 - 06/01/content_5136874.htm，最后访问日期：2019 年 3 月 6 日。

之和占全球的 28%①），而且包括《全面与进步跨太平洋伙伴关系协定》
（2018 年，该协定自由贸易区内各国国内生产总值之和占全球的 13.5%②）
的 11 个缔约国，如果再加上韩国等与美国签订纳入可执行的劳工标准的
双边自由贸易协定的国家，那么全球范围内适用可强制执行的劳工标准
的国家扩展至 15 个。

　　进一步言，《美墨加协定》纳入模式的劳工标准有可能演变成未来
其他区域自由贸易协定劳工标准的蓝本。《全面与进步跨太平洋伙伴关系
协定》生效后，缔约国于 2019 年 1 月 19 日举行首次部长级会议，讨论
哥伦比亚、印度尼西亚、韩国、泰国和英国等有意加入该协定的相关议
题。③ 还有报道称，美国贸易代表办公室向国会提出，在《美墨加协定》
达成后，其将以该协定为范本，开始与欧盟、英国和日本等贸易伙伴进
行自由贸易协定谈判。④ 依此推断，在这样大的贸易区范围内，无论是
以《美墨加协定》还是以《全面与进步跨太平洋伙伴关系协定》为范
本，这些商签的自贸协定的劳工标准在很大程度上都将不得不遵循上述
发展特征，即劳工标准采用纳入模式，与国际劳工组织 1998 年《宣言》
的核心劳工标准建立起联系，劳动争端解决受制于主协定争端解决机制
约束，可使用贸易制裁方法。这种发展趋势将会极大地扩展可执行的劳

---

① 参见 "Canada-United States-Mexico Agreement： Economic Growth & Prosperity，" https：//
www. international. gc. ca/trade-commerce/trade-agreements-accords-commerciaux/agr-acc/cus-
ma-aceum/index. aspx？ lang = eng，最后访问日期：2019 年 10 月 6 日。

② 参见 "What is the CPTPP，" https：//www. international. gc. ca/trade-commerce/trade-agree-
ments-accords-commerciaux/agr-acc/cptpp-ptpgp/index. aspx？ lang = eng，最后访问日期：
2019 年 10 月 6 日。

③ 参见《没有美国的 TPP 要扩容 中国要不要加入？》，新浪财经网，http：//finance. sina. com.
cn/roll/2019 - 01 - 09/doc-ihqhqcis4633371. shtml，最后访问日期：2019 年 8 月 8 日。

④ 参见《特朗普急于对欧英日启动贸易谈判 欧盟：准备都没开始》，新浪财经网，http：//
finance. sina. com. cn/roll/2018 - 10 - 17/doc-ihmhafis2944604. shtml，最后访问日期：2019
年 8 月 8 日。

工标准的适用范围。将可执行的劳工标准纳入贸易协定和国际贸易体系的实质是将劳工保护置于国际监督之下，相关缔约国和公司如违反相关义务将面临来自国际层面的对侵犯权利的审查。① 同时，这种可执行的劳工标准也会为协定方诉诸争端解决程序提供法律依据，使其掌控解决国际贸易劳动纠纷的主动权。②

我国历来排斥在自贸协定中纳入有执行力的劳工标准并拒绝采用贸易制裁措施来解决劳工问题。2021 年 9 月 16 日，我国正式申请加入《全面与进步跨太平洋伙伴关系协定》，③ 如何在国家层面作出战略安排无疑是一个要先行解决的现实问题。

无论是从适用的国家范围看，还是从适用的未来发展趋势看，可执行的劳工标准均透出整合之迹象。因此，对于《美墨加协定》劳工标准，我们有必要将其上升到多边贸易体系劳工标准规则的高度审视和研判。在历史上，美国惯有以区域贸易规则撬动多边贸易规则的做法，④ 因此其有可能会基于《美墨加协定》劳工标准对未来的多边贸易制度改革施压，以在劳工与贸易关系问题上有所突破，撬动多边贸易体制中劳工标准的重构。对于这种撬动的影响，我们必须保持高度的警醒，及早展开相关研究，找寻应对之策。

---

① 参见 Lance Compa，"Trump，Trade，and Trabajo：Renegotiating NAFTA's Labor Accord in a Fraught Political Climate，"（2019）26 *Indiana Journal of Global Legal Studies*，p. 296。

② 参见 David A. Gantz，C. Ryan Reetz，Guillermo Aguilar-Alvarez and Jan Paulsson，"Labor Rights and Environmental Protection Under NAFTA and Other US Free Trade Agreements［with Comments］，"（2011）42（2）*The University of Miami Inter-American Law Review*，p. 350。

③ 参见中华人民共和国商务部《中方正式提出申请加入〈全面与进步跨太平洋伙伴关系协定〉（CPTPP）》，中华人民共和国商务部网站，http://bn. mofcom. gov. cn/article/jmxw/202109/20210903200092. shtml，最后访问日期：2021 年 9 月 23 日。

④ 参见樊勇明、沈陈《TPP 与新一轮全球贸易规则制定》，《国际关系研究》2013 年第 5 期。

三　《美墨加协定》劳工标准对国际贸易的多重影响

毫无疑问,《美墨加协定》劳工标准代表着一类自由贸易协定劳工标准,其对国际贸易的潜在影响可能是多方面的。

其一,最直接的影响就是如果不按纳入模式建立可执行的劳工标准,则无法加入相关自由贸易协定,如《全面与进步跨太平洋伙伴关系协定》,进而也无法享有相关协定下的贸易利益,如零关税或贸易优惠。

其二,这类自由贸易协定劳工标准允许采取贸易制裁措施,如缴纳赔偿金或中止贸易利益。这会影响协定下的产业关系和劳资关系,最终对国际贸易产生影响。

其三,这类自由贸易协定劳工标准的设定蕴含着相关参与方的利益选择,会通过为进出口行业就业者提供其所设定的劳动保护标准来影响产业关系,进而影响国际贸易的发展走向。一个典型的例子就是《美墨加协定》对汽车产业工人最低时薪的规定。《美墨加协定》第4章(原产地规则)附件中关于"劳动价值含量"(Labor Value Content)的规定,要求40%(乘用车)或45%(轻重型卡车)的汽车零部件必须由时薪不低于16美元的工人生产,[1] 这远高于墨西哥工人的平均时薪水平,客观上迫使墨西哥提高其工人工资,以解决墨西哥与美国、加拿大这两个发达国家之间的巨大工资水平差异以及由此引发的劳动力成本问题。[2]

---

① 参见 USMCA, Chapter 4, Annex 4 – B, Appendix, Provisions Related to the Product-Specific Rules of Origin for Automotive Goods, Article 7. 3。

② 参见 Francisco E. Campos Ortiz, "Labor Regimes and Free Trade in North America: From the North American Free Trade Agreement to the United States-Mexico-Canada Agreement," 2019 (10) *Latin American Policy*, p. 277。

这一关于时薪标准的规定还可能会影响某些汽车产品的生产地的转移，符合特朗普政府利用《美墨加协定》鼓励美国汽车产业海外生产线迁回美国本土的意图，同时有利于保持美国目前的汽车零部件生产规模（这实质上限缩了原产地原则的适用）。在《美墨加协定》尚未生效时，这项规定即已经产生了一定影响，美国领头汽车公司扩大在其国内的投资，① 这引发了投资和贸易转移。

其四，《美墨加协定》第 23.6.1 条要求缔约方采取合适措施，禁止从其他来源进口全部或部分通过强迫或强制劳动（包括强迫或强制童工劳动）生产的产品进入其领土。"其他来源"（other sources）指所有国家，而非仅指缔约方，这实质上扩大了《美墨加协定》的适用范围，很可能成为三个协定方随意拒绝从非协定方进口产品的法定理由，或演变为谋求不当贸易利益的借口。

为了消除其对国际贸易的潜在负面影响，我国应尽早研究制定指导准则，为我国企业或个人与《美墨加协定》缔约方进行贸易或投资提供遵循相关劳工标准的指南，尤其是制定措施应对该协定第 23.6.1 条的规定，以避免在现实中适用该规定。此外，应深入分析我国有关劳工标准的立法和实践现状，研究我国加入《全面与进步跨太平洋伙伴关系协定》在劳工标准方面的可行办法，比如先行纳入我国可接受的劳工标准，对于现阶段达不到的劳工标准，制定阶段性标准或例外条款，以尽早加入《全面与进步跨太平洋伙伴关系协定》并应对其劳工标准带来的负面影响。

---

① 参见万军《〈美墨加协定〉对北美三国投资的影响》，《拉丁美洲研究》2019 年第 2 期；刁大明、宋鹏《从〈美墨加协定〉看美国特朗普政府的考量》，《拉丁美洲研究》2019 年第 2 期。

第四节　结语

《美墨加协定》纳入的可执行的劳工标准，与国际劳工组织1998年《宣言》的核心劳工标准建立起联系，一则加强了国际监督，二则通过贸易制裁措施来解决劳工问题，对劳资关系和国际贸易产生了影响。目前，纳入可执行的劳工标准的《美墨加协定》《全面与进步跨太平洋伙伴关系协定》，以及美国与秘鲁、巴拿马、哥伦比亚、韩国等的自贸协定的区域性或双边贸易体系已经形成，这种趋势很可能会对多边贸易体制下劳工标准规则的确立产生撬动效应。纳入可执行的劳工标准模式给中国未来加入《全面与进步跨太平洋伙伴关系协定》以及参与全球化发展带来了巨大挑战，涉及如何设计和构建我国主张的自由贸易协定劳工标准等深层次问题。对此，在制定措施应对上述潜在影响、设立我国可接受的劳工标准时，应高度关注趋同性下存在的差异性，因为其体现的是自贸协定劳工标准的可设定性以及国际法上的国家合意原则。决策者在选择将劳工标准纳入自由贸易协定时应该认识到协定的内容本无理想和固定的模板，只能期许特定背景下的良好设计与构建。

第二章

《美墨加协定》劳工
规则的最新发展

在世界贸易组织第 12 届部长级会议于 2022 年 6 月 12 ~ 17 日举行前，世界贸易组织多边谈判处于长期停滞状态。这产生的后果之一就是自贸协定谈判被频繁用以设立国际经贸新议题和创建国际经贸新规则。美国在此领域的一个重要表现，就是在自贸协定中纳入劳工规则，并持续推动规则朝着对其有利的方向发展，对世界经济和区域经济发展走向产生影响。自 1994 年《北美自由贸易协定》首次纳入劳工议题，美国不断升级其自贸协定劳工规则，于 2020 年 7 月 1 日生效的《美墨加协定》体现了劳工规则的最新发展。

长期以来，在自贸协定谈判中，是否纳入劳工标准以及纳入什么样的劳工标准存在诸多争论。实践中，世界贸易组织多边贸易体系拒绝纳入劳工议题，而美国自 1994 年《北美自由贸易协定》首次设置劳工议题以来，在一系列自贸协定中纳入劳工标准并逐渐建立了自贸协定有执行力的劳工标准模式，对违反劳工标准的行为采取措施直至实施贸易制裁。《美墨加协定》是 1994 年《北美自由贸易协定》的升级版，是美国贸易政策在新时期发展的产物。唐纳德·特朗普当选美国总统使美国的贸易政策发生了重大转变，其致力于重建美国利益优先、以美国工人利益为首位的贸易政策。[①] 相较于美国其他纳入劳工标准的自贸协定，《美墨加协定》包括了迄今为止内容最广泛的劳工条款。[②] 它不仅沿袭了美国自贸协定可执行的劳工标准模式，并对这一模式作出突破性升级改造，这可能会对未来自贸协定产生规则构建意义。从总体上看，这些突破性发

[①] 参见 White House, Donald J. Trump Inaugural Address, 20 January 2017, https://www.whitehouse. gov/briefings-statements/the-inaugural-address/，最后访问日期：2022 年 3 月 23 日。

[②] 参见 Francisco E. Campos Ortiz, "Labor Regimes and Free Trade in North America: From the North American Free Trade Agreement to the United States-Mexico-Canada Agreement," 2019 (10) *Latin American Policy*, pp. 281 – 282；李西霞《〈美墨加协定〉劳工标准的发展动向及潜在影响》，《法学》2020 年第 1 期。

展体现在以下三个方面：其一，在劳动章节（第 23 章）规定的实体性权利方面，加强消除强迫劳动方面的义务；[1] 其二，通过劳动章节和争端解决章节（第 31 章），创新劳动争端解决的程序性规则，降低了诉诸劳动争端解决程序的门槛，并建立美墨和加墨快速反应劳工机制（United States-Mexico Facility-Specific Rapid Response Labor Mechanism and Canada-Mexico Facility-Specific Rapid Response Labor Mechanism）；[2] 其三，首次在劳动章节之外的原产地规则章节（第 4 章）附件中新增"劳动价值含量"的条款，[3] 规定汽车特定产品生产的时薪标准，使其成为享有优惠关税待遇的资格条件。在我国正式申请加入《全面与进步跨太平洋伙伴关系协定》和加快实施自由贸易区战略的背景下，我国应高度关注美国自贸协定劳工标准的模式、本质特征及影响等，并加快应对策略的制定，以下探讨这几方面的最新发展。首先简要介绍美国自贸协定劳工标准模式的主要体现。

第一节　美国自贸协定劳工标准模式的主要体现

一　美国自贸协定可执行的劳工标准模式

美国主导的自贸协定劳工标准模式具有明显的可执行性特征。[4] 自 1994

---

① 参见《美墨加协定》第 23.6.1 条。

② 参见《美墨加协定》第 23 章、第 31 章附件 A 和附件 B。

③ 参见《美墨加协定》第 4 章、《关于〈美墨加协定〉第 4 章（原产地规则）和第 6 章（纺织品和服装）相关规定的解释、适用和管理的统一条例》。

年到 2019 年，美国已在 13 个自贸协定中纳入有执行力的劳工标准，[①] 其主要特征体现在以下四个方面。其一，通常在自贸协定主协定中纳入劳动章节，并对劳动事项作出规定。[②] 其二，要求缔约国把所要求的劳动权利（通常为国际劳工组织 1998 年《宣言》载明的 4 项基本劳工权利，以及有关最低工资、工作时间、职业安全与健康的可接受的工作条件）纳入其各自国内法中。若缔约一方未能按规定在其国内法中纳入特定劳动权利，则意味着其构成违反协定义务，其他缔约方可请求当事方履行该义务。其三，劳动争端的解决适用主协定争端解决机制（劳动磋商为前置程序），是劳动权利可执行性的一个重要体现。美国自贸协定基本都规定了多元化的劳动争端解决程序，既包括劳动章节规定的劳动磋商、调解、调停等，也包括争端解决章节规定的专家组程序等，为劳动争端的解决提供多种途径。同时，从技术层面看，相关协定中劳动争端解决机制的操作性非常强，具体规定了劳动磋商的步骤、各种时限和相应条件等，以及仲裁程序规则如专家组职权范围、组成、议事规则等，体现了劳动争端解决机制的制度化和具体化。其四，允许使用制裁措施解决劳动争端，是劳动权利可执行性的另一个重要体现。美国自贸协定规定的劳动争端解决的救济措施，不仅包括消除不符合协定的情形，还包括实施制裁措施、中止利益和罚款。对违反劳工标准的行为实施作为强制

（上页注④）参见李西霞《试论 TPP 劳工标准、其影响及中国的应对策略》，《法学杂志》2017 年第 1 期；Marva Corley and Elizabeth Echeverria Manrique, *Labour Provisions in G7 Trade Agreements：A Comparative Perspective*, Geneva：International Labour Office, 2019, pp. 15 – 18。

① 参见 Marva Corley and Elizabeth Echeverria Manrique, *Labour Provisions in G7 Trade Agreements：A Comparative Perspective*, Geneva：International Labour Office, 2019, p. 15。

② 只有《北美自由贸易协定》在其附属协定《北美劳工合作协定》中规定劳动事项，其他纳入劳工标准的自贸协定都是在主协定中进行专章规定。

执行手段的贸易制裁，主要来源于美国的做法，① 但已被日本、越南等11 个《全面与进步跨太平洋伙伴关系协定》的缔约国接受。

二　《美墨加协定》劳工标准对美国自贸协定可执行的劳工标准模式的沿袭和突破性发展

　　《美墨加协定》劳工标准基本上沿袭了美国自贸协定可执行的劳工标准模式。② 首先，该协定劳动章节包含相关可执行的关键要素：关于劳动权利，采用义务性规范的立法表述。③《美墨加协定》第 23.3 条要求缔约国在其法律中"采纳和维持"两类劳工权利（labour rights）：第一类是国际劳工组织 1998 年《宣言》载明的 4 项基本劳工权利，即结社自由和集体谈判权、消除强迫劳动、废除童工、消除就业和职业歧视，协定凭此与该宣言中的基本劳工权利建立起联系；第二类是有关最低工资、工作时间、职业安全与健康的可接受的工作条件。

　　其次，通过劳动章节和争端解决章节，建立多元化劳动争端解决机制，明确规定劳动争端的解决可适用主协定争端解决机制，并规定劳动磋商为前置程序。

　　最后，对劳动争端的解决，提供多种救济措施，不仅包括消除不符

---

① 参见 ILO, *Assessment of Labour Provisions in Trade and Investment Arrangements*, Geneva: ILO, 2016, pp. 42 – 44；Alvaro Santos, "The Lessons of TPP and the Future of Labor Chapters in Trade Agreements," in Benedict Kingsbury et al. （eds.）, *Megaregulation Contested Global Economic Ordering After TPP*, Oxford: Oxford University Press, 2019, p. 140；Aneta Tyc, *Global Trade, Labour Rights and International Law: A Multilevel Approach*, London: Routledge, 2021, p. 174。

② 参见李西霞《〈美墨加协定〉劳工标准的发展动向及潜在影响》，《法学》2020 年第 1 期。

③ 如"缔约国应采纳和维持"（Each Party shall adopt and maintain）。《美墨加协定》第23.3 条。

合协定或使利益丧失、减损的情形，或者提供双方可接受的赔偿，或者争端方可能同意的任何其他补救措施，① 还包括中止贸易利益，② 而且扩大了该协定下贸易制裁的适用范围，使核心劳工标准、最低工资、工作时间、职业安全与健康皆为可执行的劳工标准，如若违反，将施以缴纳赔偿金和中止贸易利益的制裁。同时，《美墨加协定》还明确规定了违反这些劳动权利的证明标准。③

　　上述概述显示，《美墨加协定》沿袭了美国自贸协定可执行的劳工标准模式。除此之外，《美墨加协定》在消除强迫劳动、加强劳动争端解决程序性规则，以及原产地规则章节纳入"劳动价值含量"条款方面均作出突破性升级改造，以下逐一讨论。

第二节　《美墨加协定》加强在消除强迫劳动方面的义务及其适用分析

　　加强在消除强迫或强制劳动（包括强迫或强制童工劳动）方面的义务，是指《美墨加协定》第23.3条规定的劳动权利已经包括消除强迫劳动，但该协定第23.6.1条进一步规定在消除强迫劳动方面的义务："各缔约方承认消除一切形式的强迫或强制劳动（包括强迫或强制童工劳动）的目标。因此，各缔约方应采取其认为合适的举措，禁止从其他来源进口全部或部分通过强迫或强制劳动（包括强迫或强制童工劳动）生

---

① 参见《美墨加协定》第31.18.2条。
② 参见《美墨加协定》第31.19条。
③ 参见《美墨加协定》第23章脚注4。

产的产品进入其领土。"① 为实施该条款,《美墨加协定》规定,缔约方应根据该协定第 23.12.5 (c) 条,② 就识别和转移通过强迫劳动生产的产品建立合作关系。③ 这意味着,就该条款适用而言,有两方面值得重视。一方面,如何识别"全部或部分通过强迫或强制劳动(包括强迫或强制童工劳动)生产的产品"是个问题;另一方面,"其他来源"指所有国家,而非仅指协定方,因此在国家间建立强迫劳动产品的识别和转移合作机制显得极为重要。以下首先分析这两方面的问题。

一　如何识别通过强迫劳动生产的产品?

（一）识别依据应由国家间的强迫劳动产品的识别和转移合作机制确定

识别"全部或部分通过强迫或强制劳动(包括强迫或强制童工劳动)生产的产品",实质上涉及将哪一个国家的劳动标准作为识别依据的问题。首先,《美墨加协定》第 23.6.1 条规定的强迫劳动与该协定第 23.3.1 条规定的强迫劳动不同,因为前者的识别有待缔约国商定,而后者则是指国际劳工组织 1998 年《宣言》中规定的基本劳工权利之一;④ 其次,对于确定识别标准,是依据缔约国(美国、加拿大和墨西哥)中进口国的法律规定,还是依据出口国的法律规定,《美墨加协定》没有作出规定,而是要求在国家间建立强迫劳动产品的识别和转移合作机制。

---

① 《美墨加协定》第 23.6.1 条。

② "The Parties may develop cooperative activities in the following areas: … (c) identification and movement of goods produced by forced labor…"《美墨加协定》第 23.12.5 条。

③ 参见《美墨加协定》第 23.6.2 条。

④ 参见《美墨加协定》第 23.3.1 条。

（二）关于禁止强迫劳动的国际劳工标准能否作为识别依据？

在此情形下，关于禁止强迫劳动的国际劳工标准能否作为识别依据？对此，本部分审视国际劳工公约的相关规定。截至目前，国际劳工组织通过了 2 项关于强迫劳动的劳工公约和 1 项议定书，即 1930 年《强迫劳动公约》（第 29 号公约）、1957 年《废除强迫劳动公约》（第 105 号公约）和《关于 1930 年强迫劳动公约的 2014 年议定书》（第 29 号公约的议定书）。

1. 国际劳工公约关于禁止强迫劳动的规定

首先，第 29 号公约禁止一切形式的强迫或强制劳动，并要求各缔约国将非法实施强迫或强制劳动作为刑事犯罪予以惩处。[①] 第 29 号公约对"强迫或强制劳动"作出明确界定，它是指"以任何惩罚相威胁，强行要求任何人从事的非本人自愿提供的一切工作或服务"；[②] 同时，它明确排除不属于强迫劳动的 5 种例外情形：（1）兵役例外，即根据义务兵役法，为纯军事性质的工作而被强行要求从事的任何工作或服务；（2）公民义务例外，即完全自治国家公民的正常公民义务一部分的任何工作或服务；（3）服刑例外，即根据法院定罪的结果强制任何人从事的任何工作或服务，前提是这些工作或服务在政府机构的监督和控制下进行，且此人不得被私人、公司或团体雇用或安置；（4）紧急情况例外，在紧急情况下，即发生战争、灾害或灾害威胁，如火灾、水灾、饥荒、地震、恶性流行病或动物流行病、动物或昆虫或植物害虫的入侵等，总之，在一切可能危及全部或部分人口生存或健康的情况下强制进行的工作或服

---

① 参见 1930 年《强迫劳动公约》第 1 条和第 25 条。

② "For the purposes of this Convention the term 'forced or compulsory labour' shall mean all work or service which is exacted from any person under the menace of any penalty and for which the said person has not offered himself voluntarily." 1930 年《强迫劳动公约》第 2.1 条。

务；（5）社区服务例外，即社区成员为其社区直接利益所进行的，因此被视为社区成员应履行的正常公民义务的小型社区服务，前提是社区成员或直选代表有权就此类社区服务是否必要进行协商。①

其次，第 105 号公约是对第 29 号公约的补充，它要求成员国立即废除该公约第 1 条规定的 5 种特定情形的强迫劳动：（1）作为一种政治压迫或教育的手段，或者作为一种对持有或发表政治观点或在意识形态上同既定的政治、社会或经济制度对立的观点的惩罚；（2）作为一种动员和利用劳动力以发展经济的方法；（3）作为一种劳动纪律的手段；（4）作为一种对参加罢工的惩罚；（5）作为一种实行种族、社会、民族或宗教歧视的手段。②

最后，第 29 号公约的议定书是一项新的具有法律约束力的关于强迫劳动的议定书，旨在推进预防、保护和赔偿措施，并加紧努力消除一切形式的强迫劳动，包括贩运人口，③ 同时第 29 号公约第 1.2 条和第 1.3 条以及第 3~24 条的过渡性规定须删除。④

2. 国际劳工公约关于禁止强迫劳动的国际劳工标准能否作为识别依据？

依据一般国际法原理，主权国家仅对其批准或加入的国际公约履行实施义务。从《美墨加协定》三个缔约国批准关于强迫劳动的劳工公约的情况看，加拿大已批准 2 项公约和 1 项议定书，即第 29 号公约（2011 年 6 月 13 日批准）、第 105 号公约（1972 年 3 月 23 日批准）和第 29 号公约的议定书（2019 年 6 月 17 日批准）；墨西哥已批准 2 项公约，即第

---

① 参见 1930 年《强迫劳动公约》第 2 条。
② 参见 1957 年《废除强迫劳动公约》第 2 条。
③ 参见 ILO, International Labour Standards on Forced Labour, https://www.ilo.org/global/standards/subjects-covered-by-international-labour-standards/forced-labour/lang--en/index.htm, 最后访问日期：2023 年 1 月 16 日。
④ 参见《关于 1930 年强迫劳动公约的 2014 年议定书》第 7 条。

29 号公约（1934 年 5 月 12 日批准）和第 105 号公约（1959 年 6 月 1 日批准）；美国只批准了第 105 号公约（1991 年 9 月 25 日批准）。这意味着，三个缔约国之间可以适用第 105 号公约，将该劳工公约中关于强迫劳动的国际劳工标准作为识别依据，但也不排除不适用的可能性，因为《美墨加协定》对此没有作出明确规定。

中国于 2022 年 4 月 20 日决定批准的第 29 号公约和第 105 号公约，一年后在中国生效。[①] 这意味着，在第 105 号公约对中国生效后，《美墨加协定》三个缔约国和中国可以选择也可以不选择将该公约中的劳工标准作为识别依据。

然而，如果缔约国或其他非缔约国均未批准关于强迫劳动的劳工公约（截至 2022 年，在国际劳工组织 187 个成员国中，有 179 个成员国批准了第 29 号公约，[②] 有 59 个成员国批准了第 29 号公约的议定书，[③] 有 176 个成员国批准了第 105 号公约，[④] 这些尚未批准相关劳工公约的成员国在强迫劳动方面实行的仍然是各自国家的法律），如何判定行为是否构成强迫劳动或如何识别强迫劳动产品？对此，《美墨加协定》规定，缔约方应根据该协定第 23.12.5（c）条的规定，就识别和转移通过强迫劳动生产的产品建立合作机制。这种合作机制下的识别标准是基于国际劳工标准，还是基于相关当事方谈判，尚不明确。但该机制对于非缔约国

---

① 参见 1930 年《强迫劳动公约》第 28.3 条、1957 年《废除强迫劳动公约》第 4.3 条。

② 参见 ILO，"Ratifications of C029 – Forced Labour Convention，1930（No. 29），" https：//www. ilo. org/dyn/normlex/en/f？p＝NORMLEXPUB：11300：0：：NO：11300：P11300_INSTRUMENT_ID：312174：NO，最后访问日期：2022 年 6 月 22 日。

③ 参见 ILO，"Ratifications of P029 – Protocol of 2014 to the Forced Labour Convention，1930，" https：//www. ilo. org/dyn/normlex/en/f？p＝NORMLEXPUB：11300：0：：NO：11300：P11300_INSTRUMENT_ID：3174672：NO，最后访问日期：2022 年 6 月 22 日。

④ 参见 ILO，"Ratifications of C105 – Abolition of Forced Labour Convention，1957（No. 105），" https：//www. ilo. org/dyn/normlex/en/f？p＝NORMLEXPUB：11300：0：：NO：11300：P11300_INSTRUMENT_ID：312250：NO，最后访问日期：2022 年 6 月 22 日。

而言极为重要，因为它提供了一个当事方沟通交流的机会，为确定识别标准提供充分和有效的国家法律依据和辅助信息，以排除该协定缔约国单方面确定识别依据的可能性。

二　如何界定"其他来源"？

如何界定《美墨加协定》第 23.6.1 条规定的"其他来源"也是一个非常重要的问题，因为该条款未使用"缔约方"（the Parties）这种表述。对此，在美国主导《跨太平洋伙伴关系协定》谈判的过程中，美国贸易代表办公室曾发布 TPP "劳工章节摘要"，摘要明确指出，"各缔约方承诺禁止从其他来源进口全部或部分通过强迫或强制劳动（包括强迫或强制童工劳动）生产的产品进入其领土，无论这种产品的原产国是不是 TPP 缔约国"。[1] 这表明，《跨太平洋伙伴关系协定》关于禁止进口全部或部分通过强迫劳动生产的产品的规定，同时适用于《跨太平洋伙伴关系协定》缔约国和非缔约国，通过这个条款，该协定被扩大适用到非缔约国。《全面与进步跨太平洋伙伴关系协定》取代《跨太平洋伙伴关系协定》后，保留了类似规定。[2] 《美墨加协定》第 23.6.1 条关于"其他来源"的规定显然承袭了《全面与进步跨太平洋伙伴关系协定》的逻辑。这条规定，有两方面不妥。首先，它加重了禁止进口使用强迫或强

---

[1]　Labour Chapter Summary，https://ustr.gov/trade-agreements/free-trade-agreements/trans-pacific-partnership/tpp-full-text，最后访问日期：2016 年 7 月 19 日。

[2]　与《美墨加协定》第 23.6 条要求的实施禁令（each Party shall prohibit）不同，《全面与进步跨太平洋伙伴关系协定》第 19.6 条要求缔约方"采取适当措施，阻止从其他来源进口全部或部分通过强迫或强制劳动（包括强迫或强制童工劳动）生产的产品"（shall also discourage，through initiatives it considers appropriate，the importation of goods from other sources），这给缔约方留有一定自由裁量权。

制劳动生产的产品的义务，规定了更严格的结果义务。① 其次，它违背了"有约必守"的国际法基本原则。1969 年《维也纳条约法公约》规定，"凡有效之条约对其各当事方有拘束力，必须由各该国善意履行"，② 但条约对于非缔约国不具有拘束力。③ 因此，对《美墨加协定》的非缔约国强制适用该条规定，是对国际法基本原则的违背。

三 《美墨加协定》加强在消除强迫劳动方面的义务的本质及应对

依据美国《美墨加协定实施法案》第 741 节，成立强迫劳动执法工作组的目的是监督美国根据《1930 年关税法》第 307 节执行禁令（enforcement of the prohibition）的情况。④《1930 年关税法》第 307 节规定："全部或部分由被判刑劳工或/和强迫劳工或/和契约劳工在任何外国开采、生产或制造的货物、商品、物品和其他产品均无权进入美国的任何港口，并禁止进口。财政部部长有权并被指示制定为执行本条款所需的法规。"⑤ 同时，它对强迫劳动作出明确界定，是"以任何惩罚相威胁，强迫任何人从事的非本人自愿的一切劳动或服务。就本节而言，'强迫劳工或/和契约劳工'一词还包括强迫童工或契约童工"，⑥ 然而，它并没

---

① 参见 Maria Anna Corvaglia，"Labour Rights Protection and Its Enforcement Under the USMCA：Insights from a Comparative Legal Analysis，"（2021）*World Trade Review*，p. 10。

② 《维也纳条约法公约》第 26 条。

③ 参见张乃根《国际法原理》，复旦大学出版社，2012，第 360 页。

④ 参见 19 U. S. C. 4681，H. R. 5430 – United States-Mexico-Canada Agreement Implementation Act，https://www. congress. gov/bill/116th-congress/house-bill/5430，最后访问日期：2022 年 3 月 26 日。

⑤ Tariff Act of 1930，Pub. L. No. 71 – 361，§ 307，46 Stat. 590（1930）.

⑥ Tariff Act of 1930，Pub. L. No. 71 – 361，§ 307，46 Stat. 590（1930）.

有对识别强迫劳动产品的标准作出规定。对此,《美墨加协定》这一国际协定提出在国家间建立强迫劳动产品的识别和转移合作机制,并将其适用范围直接扩大到非缔约国,实际上是《1930 年关税法》第 307 节的域外适用。

在此情形下,美国、墨西哥和加拿大在整个北美自贸区禁止从其他来源进口所谓的"强迫劳动产品"。我国不是该协定缔约国,但该协定实施必然涉及中国企业。在此背景下若对该协定进行反制,要通盘考虑对美墨加三国采取何种措施,这明显难以解决问题,开展对话解决强迫劳动领域的问题可能成为现实选择。就此,应从策略层面上考虑依据《反外国制裁法》第 6 条规定的兜底性条款,采取"其他必要措施",要求与美墨加就所谓的"强迫劳动"之识别进行对话,创造机会进行谈判,通过对话解决强迫劳动领域的问题。

第三节　《美墨加协定》劳动争端解决机制的进一步发展

美国自贸协定基本都建立了多元化的劳动争端解决机制,既包括劳动章节规定的劳动磋商、斡旋、调解等,也包括争端解决章节规定的专家组程序等。基于这些既有程序性规则,《美墨加协定》进一步发展和强化了劳动争端解决机制,这体现在以下两个方面。

一　对"美国与危地马拉劳动争端案"相关内容的澄清

1. "美国与危地马拉劳动争端案"简述

《美国 – 多米尼加 – 中美洲国家自由贸易协定》(Dominican Republic-Central America FTA，CAFTA-DR）是美国与中美洲 5 个较小的发展中国家（萨尔瓦多、洪都拉斯、尼加拉瓜、危地马拉、哥斯达黎加）和北美洲加勒比地区的多米尼加签订的自由贸易协定。① 2008 年 4 月，美国劳工联合会和产业工会联合会（American Federation of Labor and Congress of Industrial Organizations，AFL-CIO）与 6 个危地马拉工会向美国贸易和劳工事务办公室（Office of Trade and Labour Affairs，OTLA）提起申诉（public submission），指称危地马拉违反了 CAFTA-DR 第 16 章（劳动章节）规定的相关义务。美国贸易和劳工事务办公室受理了此申诉，并于 2009 年 1 月发布了调查报告和对危地马拉采取行动的建议书。对此，美国认为危地马拉采取的行动不足以证明它已解决调查报告中提出的问题，于 2010 年 7 月根据 CAFTA-DR 第 16.6.1 条②，要求与危地马拉就 CAFTA-DR 下第 16.2.1（a）条③规定的有关危地马拉义务的问题进行正式磋商。④ 据此，美国和危地马拉先后于 2010 年 9 月和 12 月以及 2011 年 5 月举行了磋商会议，但这些磋商会议和其他沟通均未能解决这一问题。⑤

在磋商未能解决问题后，2011 年 8 月 9 日，美国根据 CAFTA-DR 第 20.6.1 条要求成立仲裁小组，以审查危地马拉政府是否遵守 CAFTA-DR

---

① 参见 Office of the United State Trade Representative，CAFTA-DR（Dominican Republic-Central America FTA），https：//ustr. gov/trade-agreements/free-trade-agreements/cafta-dr-domini-can-republic-central-america-fta，最后访问日期：2019 年 5 月 16 日。
② 《美国 - 多米尼加 - 中美洲国家自由贸易协定》第 16.6.1 条规定："缔约一方可通过向缔约另一方依据第 16.4.3 条指定的联络点提交书面请求，请求与该方就本章项下产生的任何事项进行磋商。"
③ 《美国 - 多米尼加 - 中美洲国家自由贸易协定》第 16.2.1（a）条规定："本协定生效后，任何缔约方都不得以影响双方贸易的方式，通过持续的或反复的作为或不作为，不有效实施其劳动法。"
④ 参见 ILO，*Assessment of Labour Provisions in Trade and Investment Arrangements*，Geneva：ILO，2016，p. 45。
⑤ 参见 Arbitral Panel，in the Matter of Guatemala—Issues Relating to the Obligations Under Article 16.2.1（a）of the CAFTA-DR（June 14，2017），Final Report of the Panel，para. 91。

第 16. 2. 1（a）条规定的义务。美国指称，"危地马拉未能遵守第 16. 2. 1
（a）条关于有效实施危地马拉劳动法中结社自由、组织权和集体谈判权
以及可接受的工作条件方面的义务"。①

　　仲裁小组作出了不利于美国的裁决，裁定危地马拉没有违反其在
CAFTA-DR 下第 16. 2. 1（a）条的义务。仲裁小组部分同意美国对"影
响双方贸易的方式"的陈述，即"通过持续的或反复的作为或不作为，
不有效实施其劳动法"，如果为在缔约国之间进行贸易的雇主带来竞争优
势，则构成"影响双方贸易的方式"。但是，仲裁小组认为，"影响双方
贸易的方式"和"通过持续的或反复的作为或不作为"这两个条件累
加，才构成违反 CAFTA-DR 第 16. 2. 1（a）条规定的义务。而 AFL-CIO
最初提交的文件（仅）列出了危地马拉未能有效实施国内劳动法的 5 个
独立案件，无法证明其不遵守相关劳动规定对贸易的影响。因此仲裁小
组裁定，危地马拉没有满足违反《美国 – 多米尼加 – 中美洲国家自由贸
易协定》劳动章节义务的充分条件。②

　　这是将劳工权利争端交由自由贸易协定的争端解决机制处理的第一
个案件。从美国 2011 年 8 月 9 日提出成立仲裁小组要求，到 2017 年 6 月
14 日仲裁小组作出裁定，跨时近 7 年，足以说明自贸协定劳动争端案件
解决的复杂性和冗长程序。以下仅探讨该案件与本研究相关的问题。

　　**2.《美墨加协定》澄清了与"美国与危地马拉劳动争端案"裁决直
接相关并源自该裁决的内容**

　　如前所述，在"美国与危地马拉劳动争端案"中，仲裁小组作出了

---

① Arbitral Panel, in the Matter of Guatemala—Issues Relating to the Obligations Under Article
16. 2. 1（a）of the CAFTA-DR（June 14, 2017）, Final Report of the Panel, para. 2.

② 参见 Arbitral Panel, in the Matter of Guatemala—Issues Relating to the Obligations Under Arti-
cle 16. 2. 1（a）of the CAFTA-DR（June 14, 2017）, Final Report of the Panel, paras. 503,
592。

不利于美国的裁决，对此，美国借《美墨加协定》修改了相关程序性规则，澄清了与"美国与危地马拉劳动争端案"裁决直接相关并源自该裁决的内容。[①] 首先，通过《美墨加协定》第23章脚注4对相关概念作出明确界定："未能遵守第23.3.1条或第23.3.2条规定的劳动权利方面的义务，必须是以某种方式影响了缔约方之间的贸易或投资。更确切地说，如果未能遵守前述义务涉及以下情况，则影响了缔约方之间的贸易或投资：（1）生产货物或提供服务的个人或行业在缔约方之间进行交易，或者在未能遵守该义务的缔约方领土上进行投资；或（2）生产货物或提供服务的个人或行业，在一缔约方领土上与缔约另一方的货物或服务竞争。"[②] 通过该条规定，澄清了未遵守劳动权利义务与影响贸易或投资的方式之间的关系，即未遵守劳动权利义务必定是"以某种方式影响了"贸易或投资。其次，通过《美墨加协定》第23章脚注5、脚注9和脚注12确立举证责任倒置规则，要求专家组推定未遵守义务行为以某种方式影响了当事方之间的贸易或投资，除非被申诉方另有证明。[③] 换言之，一旦缔约一方提起申诉，应推定被申诉方未遵守义务行为影响了缔约方之间的贸易或投资，同时规定举证责任倒置，由被申诉方承担。

---

① 参见 Francisco E. Campos Ortiz, "Labor Regimes and Free Trade in North America: From the North American Free Trade Agreement to the United States-Mexico-Canada Agreement," 2019 (10) *Latin American Policy*, p. 282。

② "A failure to comply with an obligation under paragraphs 1 or 2 must be in a manner affecting trade or investment between the Parties. For greater certainty, a failure is 'in a manner affecting trade or investment between the Parties' if it involves: (ⅰ) a person or industry that produces a good or supplies a service traded between the Parties or has an investment in the territory of the Party that has failed to comply with this obligation; or (ⅱ) a person or industry that produces a good or supplies a service that competes in the territory of a Party with a good or a service of another Party." 《美墨加协定》第23章脚注4。

③ "For purposes of dispute settlement, a panel shall presume that a failure is in a manner affecting trade or investment between the Parties, unless the responding Party demonstrates otherwise." 《美墨加协定》第23章脚注5、脚注9和脚注12都有此规定。

新增加的规则有利于申诉方。其一,《美墨加协定》降低了提起劳动争端申诉的门槛标准,即缔约一方未能履行其劳动法上承诺的义务就是"以某种方式影响了"贸易或投资,进而被视为违反协定义务。它放宽了未遵守义务行为必须以影响双方贸易或投资的方式发生的标准,这一标准导致了美国在对危地马拉的诉讼中败诉。① 为此,《美墨加协定》还否定了"美国与危地马拉劳动争端案"仲裁小组针对该案提出的一项要求,即如果缔约一方通过持续的或反复的作为或不作为(a course of inaction)而未能有效地实施其劳动法,并且给一个或多个从事缔约方之间贸易或投资的雇主带来竞争优势,则是"以某种方式影响了"缔约方之间的贸易或投资。②《美墨加协定》中的"违反协定义务",仅要求未能有效实施其劳动法影响了贸易或投资关系,并不要求带来竞争优势。③

其二,规定举证责任倒置,由被申诉方承担。一个突出的问题是:对类似于"美国与危地马拉劳动争端案"的案件,如果根据《美墨加协定》下新的规则进行裁定,会有什么样的结果?另一个需要考虑的问题是:在《美墨加协定》创立的新规则下,是否会发生越来越多的劳动纠纷案件?

二 设立快速反应劳工机制

《美墨加协定》在第 31 章"争端解决"增加两个附件(附件 A "美

---

① 参见 Sandra Polaski, Kimberly A. Nolan García and Michèle Rioux, "The USMCA: A 'New Model' for Labor Governance in North America?" in Gilbert Gagné and Michèle Rioux (eds.), *NAFTA 2.0: From the First NAFTA to the United States-Canada-Mexico Agreement*, Cham: Palgrave Macmillan, 2022, pp. 147 – 148。

② 参见 Arbitral Panel, in the Matter of Guatemala-Issues Relating to the Obligations Under Article 16.2.1 (a) of the CAFTA-DR (June 14, 2017), Final Report of the Panel, para. 190。

③ 参见 Alvaro Santos, "Reimagining Trade Agreements for Workers: Lessons from the USMCA," (2019) 113 *AJIL Unbound*, p. 408。

国 - 墨西哥快速反应劳工机制"和附件 B"加拿大 - 墨西哥快速反应劳工机制"),① 新设快速反应劳工机制（Rapid Response Labor Mechanism），旨在为被"剥夺权利"（Denial of Rights）的工人提供救济。快速反应劳工机制作为《美墨加协定》劳动争端解决机制的补充，包括两个双边劳工机制，分别适用于美国与墨西哥（附件 A）和加拿大与墨西哥（附件 B）之间的争端。鉴于本研究主题，本部分内容仅涉及《美墨加协定》第 31 章附件 A。总体上看，该机制建立了多个步骤的反应和执行机制，专门用以解决"企业"（Covered Facility）② 中雇用的工人被"剥夺权利"的问题。③《美墨加协定》对"企业"作出明确界定，它是指在一缔约方境内的组织生产产品、提供服务供美国和墨西哥之间的交易，或者在美国、墨西哥生产产品、提供服务到对方国家的国内市场与对方国家的产品、服务竞争，并且是"优先行业"（Priority Sector）的"企业"。④ 就此而言，《美墨加协定》还对"优先行业"和优先行业中的"制成品"（manufactured goods）作出进一步明确规定，"优先行业是指生产制成品、提供服务或涉及采矿的行业",⑤ 同时规定将每年审查优先行业清单，并确定是否添加行业到清单中。⑥ 这表明，"优先行业"是一个动态发展的

---

① 参见 USMCA，Chapter 31，Annex 31 - A，United States-Mexico Facility-Specific Rapid Response Labor Mechanism；USMCA，Chapter 31，Annex 31 - B，Canada-Mexico Facility-Specific Rapid Response Labor Mechanism。

② 根据第 31 章附件 A 上下文语境，本书将"Covered Facility"翻译为"企业"。

③ 参见 Maria Anna Corvaglia，"Labour Rights Protection and Its Enforcement Under the USMCA：Insights from a Comparative Legal Analysis,"（2021）*World Trade Review*，p. 17。

④ "Covered Facility means a facility in the territory of a Party that：（i）produces a good or supplies a service traded between the Parties；or（ii）produces a good or supplies a service that competes in the territory of a Party with a good or a service of the other Party，and is a facility in a Priority Sector."《美墨加协定》第 31 章附件 A 第 15 条。

⑤ "Priority Sector means a sector that produces manufactured goods，supplies services，or involves mining."《美墨加协定》第 31 章附件 A 第 15 条。

⑥ 参见《美墨加协定》第 31 章附件 A 第 13 条。

概念。"制成品包括但不限于航空航天产品和部件、汽车和汽车零部件、化妆品、工业烘焙产品、钢和铝、玻璃、陶瓷、塑料、锻件以及水泥。"① 同时,"剥夺权利"仅指"企业"里发生的剥夺工人结社自由和集体谈判权。② 这些规定表明,快速反应劳工机制适用于特定行业的企业发生剥夺工人结社自由和集体谈判权的情形。

快速反应劳工机制是美国自贸协定劳工规则的一项最新发展,主要包括以下五个方面的内容。第一,对适用范围作出具体规定,仅适用于"企业"。③ 第二,若投诉方(complainant Party)④"有善意基础相信"(a good faith basis to believe)在"企业"里发生了"剥夺权利"的情形,则可启用该机制,⑤ 要求被投诉方(respondent Party)"自行调查"(conduct its own review)是否存在"剥夺权利"的情形。如果指控属实,被投诉方应努力"补救"(attempt to remediate)。投诉方在提出请求要求对其指控的"剥夺权利"进行调查后,可以推迟与被调查企业产品进口相关的海关账目的最终结算。⑥ 第三,如果被投诉方拒绝进行自行调查,或者被投诉方和投诉方之间就调查结果或补救措施达不成一致,投诉方可请求成立"快速反应劳工专家组"(Rapid Response Labor Panel)进行单独的核实并作出决定(separate verification and determination)。⑦ 专家组应在核实后的 30 日内就是否存在"剥夺权利"作出决定,如果存在,还应

---

① 《美墨加协定》第 31 章脚注 4。

② 参见《美墨加协定》第 31 章附件 A 第 2 条。

③ 参见《美墨加协定》第 31 章附件 A 第 2 条。

④ 关于(被)申诉方与(被)投诉方的使用,争端解决涉及多个程序,如劳动磋商、斡旋、调解、专家组程序,因而本书在进入专家组程序后的语境下使用(被)申诉方,在其他程序如劳动磋商、斡旋、调解的语境下使用(被)请求方。

⑤ 参见《美墨加协定》第 31 章附件 A 第 2 条。

⑥ 参见《美墨加协定》第 31 章附件 A 第 4 条。

⑦ 参见《美墨加协定》第 31 章附件 A 第 5 条。

就补救措施（course of remediation）提出建议。① 第四，若专家组确认存在"剥夺权利"的情形，投诉方可采取的补救措施有暂停被调查企业生产的产品的优惠关税待遇（suspension of preferential tariff treatment for goods），对被调查企业生产的产品或提供的服务处以罚款（imposition of penalties on goods manufactured at or services provided），或拒绝产品入境（denial of entry of such goods）。② 第五，与《美墨加协定》第 31 章建立起联系。如果当事一方认为当事另一方在使用快速反应劳工机制时没有本着善意行事（not in good faith），无论是在启用该机制本身方面还是在根据专家组认定的剥夺权利的严重程度而施加补救措施方面，该当事方都可以根据第 31 章诉诸争端解决机制。若双方仍无法解决争端，投诉方可选择在 2 年内阻止被投诉方使用该机制，或选择第 31 章允许的其他补救措施。③

总之，《美墨加协定》第 31 章附件 A 在"企业"层面建立了一个新的关于侵犯工人权利的执法机制。它是对争端解决机制的补充，在一方政府未能履行《美墨加协定》劳动条款的情形下给另一方提供诉诸快速反应劳工机制解决劳动纠纷的途径。这一机制创建了一个全新的程序，用于提出与特定行业的企业侵犯工人结社自由和集体谈判权有关的申诉并进行调查。它承认，虽然政府有责任实施劳动法，但在私营部门，雇主常直接否认相关权利。该机制包括一个复杂、多阶段的过程，以确定是否发生了"剥夺权利"的情形，并包括通过政府间沟通解决争端的多种机会。如果一家企业被认定剥夺了工人的权利，而且未能对这种剥夺进行补救，它可能会面临被暂停优惠关税待遇、对其提供的产品或服务处以罚款等后果。如果两次及以上（at least two occasions）发生"剥夺

---

① 参见《美墨加协定》第 31 章附件 A 第 8 条。
② 参见《美墨加协定》第 31 章附件 A 第 10 条。
③ 参见《美墨加协定》第 31 章附件 A 第 11 条。

权利"的情形，该企业产品可能被拒绝进入投诉方境内的市场。这种机制有以下潜在优势：（1）其重点在企业层面，着眼于调查某一特定企业里的工人是否被剥夺了权利，而非缔约方政府是否违反了协定相关条款，从而减少对政府的指控可能带来的政治张力；（2）鉴于违规企业面临违反协定行为的直接经济后果，企业的利益更好地与工人权利和政府利益结合在一起；（3）它可以避免对合规企业造成附带损害，并产生威慑效应，鼓励企业自愿遵守劳动法。①

然而，对于快速反应劳工机制，也应注意以下两点。第一，对美国而言，其如果指控企业"剥夺权利"并欲就此提起诉求（bring a claim），需要先在美国国家劳动关系委员会（National Labor Relations Board）起诉，成功拿到一个执行令（enforced order）② 以后才可以。对于墨西哥，其则可根据《美墨加协定》第 23 章附件 A 的规定对所指控的"剥夺权利"提出诉求。③ 这意味着，对美国而言，要首先适用美国国内法程序，才能诉诸《美墨加协定》程序。这显然在缔约双方之间形成了双重标准，为美国提供了相当大的优势，因为美国国家劳动关系委员会没有独立的执行权，它一般需要 5 ～ 10 年的时间向美国联邦上诉法院申请执

---

① 参见 Sandra Polaski, Kimberly A. Nolan García and Michèle Rioux, "The USMCA: A 'New Model' for Labor Governance in North America?" in Gilbert Gagné and Michèle Rioux (eds.), *NAFTA 2.0: From the First NAFTA to the United States-Mexico-Canada Agreement*, Cham: Palgrave Macmillan, 2022, p. 149。

② 美国 1935 年《国家劳动关系法》规定，国家劳动关系委员会是独立于政府的一个机构，依据法律规定对劳动不法行为（unfair labor practices）进行调查并对救济措施作出裁决。若当事方对该裁决不服，国家劳动关系委员会可诉诸联邦上诉法院申请强制执行。参见 NLRA, 29 U. S. C. § § 151 - 169, "Petition to Court for Enforcement of Order; Proceedings; Review of Judgment"；黎建飞、阿梅娜·阿布力米提《美国不当劳动行为裁决机制评析》，《政法论丛》2013 年第 3 期，第 32、35 页。

③ 参见《美墨加协定》第 31 章脚注 2。

行令。①

第二，根据《美墨加协定》第31章附件A第2条②的规定，侵犯结社自由和集体谈判权被视为"剥夺权利"，从而引发这一执行机制的启动。换言之，它仅处理与剥夺工人结社自由和集体谈判权有关的行为。对此，有研究认为，如果将第23章附件A中的义务纳入协定为墨西哥设定了批准协定前的条件要求，那么快速反应劳工机制则代表可用于这些义务的其他批准后之强制执行机制被强加给了墨西哥。③

此外，值得指出的是，截至目前，墨西哥锡劳通用汽车厂案（*GM Silao Case*）④ 和特东汽车零部件工厂案（*Tridonex Case*）⑤ 两案已适用快速反应劳工机制。在前一起案件中，美国政府第一次启用该机制，旨在纠正墨西哥锡劳通用汽车厂剥夺工人结社自由和集体谈判权的行为，补救措施包括：确保新的合法化投票（legitimization vote），由联邦检查人员现场监督（have federal inspectors），允许公正的国际和国内观察员参

---

① 参见 Maria Anna Corvaglia，"Labour Rights Protection and Its Enforcement Under the USMCA：Insights from a Comparative Legal Analysis，"（2021）*World Trade Review*，p. 18。

② "The Mechanism shall apply whenever a Party（the 'complainant Party'）has a good faith basis belief that workers at a Covered Facility are being denied the right of free association and collective bargaining under laws necessary to fulfill the obligations of the other Party（the 'respondent Party'）under this Agreement（a 'Denial of Rights'）." "只要一方（'投诉方'）有善意基础相信，另一方（'被投诉方'）根据法律为履行在本协定下的义务，在'企业'里发生了剥夺工人结社自由和集体谈判权（'剥夺权利'）现象时，可适用该机制。"《美墨加协定》第31章附件A第2条。

③ 参见 Maria Anna Corvaglia，"Labour Rights Protection and Its Enforcement Under the USMCA：Insights from a Comparative Legal Analysis，"（2021）*World Trade Review*，p. 17。

④ 参见 Bureau of International Labor Affairs of U. S. DEPARTMENT OF LABOR，"USMCA Cases，" https：//www. dol. gov/agencies/ilab//our-work/trade/labor-rights-usmca-cases#Tridonex，最后访问日期：2022 年 6 月 3 日。

⑤ 参见 Bureau of International Labor Affairs of U. S. DEPARTMENT OF LABOR，"USMCA Cases，" https：//www. dol. gov/agencies/ilab//our-work/trade/labor-rights-usmca-cases#Tridonex，最后访问日期：2022 年 6 月 3 日。

加（presence of impartial international observers and domestic observers），在企业公布准确的工人权利信息（distribute accurate workers' rights information at the facility）。在后一起案件中，2021 年 8 月 10 日，美国针对卡东工业公司（Cardone Industries）的子公司特东汽车零部件工厂（Tridonex）宣布一项方案，以解决其位于墨西哥边境城市马塔莫罗斯（Matamoros）的工厂的工人被剥夺结社自由和集体谈判权的指控。这是美国政府第二次启用快速反应劳工机制，要求墨西哥履行其在《美墨加协定》下的劳工义务，并保护工人自由行使结社自由和集体谈判权的能力。对此，特东汽车零部件工厂承诺支付遣散费和欠薪（pay severance and backpay），在工会代表选举中保持中立（express neutrality in any union representation election），并在此类选举中保护工人免受恐吓和骚扰（protect workers from intimidation and harassment in such election）。此外，墨西哥政府同意为员工的工人权利培训提供便利，监督工厂的工会代表选举，并调查员工提出的任何侵犯工人权利的指控。[①]

第四节　《美墨加协定》汽车原产地规则纳入劳动价值含量的内涵、本质特征及影响

一　国际贸易中的原产地规则

原产地规则是国际贸易中的一项重要法律制度，与关税、贸易优惠

---

① 参见 Bureau of International Labor Affairs of U. S. DEPARTMENT OF LABOR, "Labor Rights and the United States-Mexico-Canada Agreement（USMCA）," https://www. dol. gov/agencies/ilab/our-work/trade/labor-rights-usmca，最后访问日期：2022 年 6 月 3 日。

等相关联，其目的在于保护产品的区域价值含量，最终产品只有含有所要求比例的当地增加值，才具有原产地资格进而享有优惠关税待遇。① 基于原产地规则，自贸协定缔约国可以有针对性地对非缔约国的产品进口实行不同的关税，从这个意义上看，它是一种隐性区域贸易保护政策，通过设置原产地标准限制自贸区外的产品进口，保障自贸协定缔约国的优惠关税待遇，对进出口贸易及国际投资产生重要导向作用。② 原产地规则的主要内容包括原产地标准、直接运输原则和产品原产地证明文件等，而原产地标准是其核心内容。

从广义上说，国际贸易体系有两种原产地规则：一种是非优惠原产地规则，另一种是优惠原产地规则。非优惠原产地规则由 WTO《原产地规则协定》规定，它是指"任何成员方为确定产品原产地而实施的普遍适用的法律、法规和行政决定，只要此类原产地规则与导致给予超出1994 年《关税与贸易总协定》第 1.1 条适用范围的关税优惠的契约性或自主性贸易制度没有关系"。③ 在 WTO 体制下，虽然各成员方通过了《原产地规则协定》，然而谈判各方经济发展水平有差异，对同一产品应确立何种水平的原产地标准尚未达成一致意见，因此 WTO《原产地规则协定》并没有制定出一整套协调的非优惠原产地认定标准及规则，目前WTO 成员方适用的仍是各自制定或自贸协定约定的原产地规则，④ 并持

---

① 参见〔意〕斯特凡诺·伊那马《国际贸易中的原产地规则》，海关总署关税征管司译，中国海关出版社，2012，第 3、275 ~ 276 页。

② 参见林黎《USMCA 原产地规则变化对中国的影响及其启示》，《对外经贸实务》2020年第 7 期。

③ 〔意〕斯特凡诺·伊那马：《国际贸易中的原产地规则》，海关总署关税征管司译，中国海关出版社，2012，第 19 页。此外，1994 年《关税与贸易总协定》第 1.1 条规定了普遍的最惠国待遇。

④ 参见张玉卿《张玉卿 WTO 案例精选 WTO 热点问题荟萃》，中国商务出版社，2015，第 141 页。

续推动规则朝着对其各自有利的方向发展。

优惠原产地规则是指自由贸易区和关税联盟（或者经济共同体）范围内的原产地规则，具体包括自主性贸易体制（如普惠制）和其他单边优惠措施（如《非洲增长与机遇法案》）中的单边原产地规则、自由贸易协定（如《北美自由贸易协定》）中的契约性原产地规则以及欧盟与其各个伙伴国之间达成的原产地规则。① 就自由贸易协定中的契约性原产地规则而论，美国和欧盟的做法也存在差异。② 本节仅涉及《美墨加协定》契约性原产地规则。就此而言，该协定第4章附件B附录设立了专门的汽车产品原产地规则，具体包括区域价值含量、钢铝购买百分比和劳动价值含量，缺一不可，满足三者要求才能享受优惠关税待遇。鉴于本研究重点，以下先简要介绍汽车原产地规则的区域价值含量和钢铝购买百分比要求，之后再重点探讨劳动价值含量。

二 《美墨加协定》汽车原产地规则

《美墨加协定》原产地规则是对1994年《北美自由贸易协定》原产地规则的升级和更新，其主要变化之一就是对汽车原产地规则作出更加严格的规定，涵盖乘用车、轻型卡车或重型卡车以及汽车零部件等，主要体现在该协定第4章附件B附录中，③ 具体内容如下。

1. 区域价值含量（regional value content）

第一，提高乘用车（passenger vehicle）和轻型卡车（light truck）整

① 参见赵维田《世贸组织（WTO）的法律制度》，吉林人民出版社，2000，第117、133~135页。

② 参见〔意〕斯特凡诺·伊那马《国际贸易中的原产地规则》，海关总署关税征管司译，中国海关出版社，2012，第139~270页。

③ 参见USMCA, Chapter 4, Annex 4 - B, Appendix, Provisions Related to the Product-Specific Rules of Origin for Automotive Goods。

车的区域价值含量（按净成本①法计算）：（a）自该协定生效之日起，应达到66%；（b）自该协定生效之日起1年后，应达到69%；（c）自该协定生效之日起2年后，应达到72%；（d）自该协定生效之日起3年后，应达到75%。② 这意味着，乘用车和轻型卡车免税整车的区域价值含量，应逐年提高并最终达到75%。也就是说，自2023年7月1日后，使用至少75%的原产于北美自贸区的汽车零部件，汽车整车才能享受优惠关税待遇。相较于1994年《北美自由贸易协定》规定的区域价值含量62.5%，③《美墨加协定》的区域价值含量75%明显提高，显示出对区域经济发展的优先考量。

第二，关于重型卡车（heavy truck）整车的区域价值含量：（a）自该协定生效之日起，应达到60%；（b）自该协定生效之日起4年后，应达到64%；（c）自该协定生效之日起7年后，应达到70%。④ 换言之，自2027年7月1日后，重型卡车要免税整车，应使用至少70%的原产于北美自贸区的汽车零部件。

第三，对汽车零部件的区域价值含量进行细分，在将汽车零部件分为核心零部件（core parts）、主要零部件（principal parts）和辅助零部件（complementary parts）这三类零部件（重型卡车无核心零部件）的基础上，要求逐步提高其区域价值含量的标准，每一类零部件的区域价值含量取决于其分类归属以及将其用于生产的车辆类型。对于乘用车和轻型卡车零部件，自该协定生效之日起3年后，其核心零部件的区域价值含

---

① 净成本是指总成本减去包括在总成本中的促销、市场营销和售后服务费，特许权使用费，运输和包装费以及不可扣除的利息费用。参见《美墨加协定》第4.1条。

② 参见 USMCA, Chapter 4, Annex 4 – B, Appendix, Provisions Related to the Product-Specific Rules of Origin for Automotive Goods, Article 3.1。

③ 参见《北美自由贸易协定》，叶兴国、陈满生译，法律出版社，2011，第109页。

④ 参见 USMCA, Chapter 4, Annex 4 – B, Appendix, Provisions Related to the Product-Specific Rules of Origin for Automotive Goods, Article 4.1。

量应达到 75%，① 主要零部件的区域价值含量应达到 70%，② 辅助零部件的区域价值含量应达到 65%③。而对于重型卡车零部件，自该协定生效之日起 7 年后，其主要零部件的区域价值含量应达到 70%，④ 辅助零部件的区域价值含量应达到 60%。⑤ 这也意味着相应比例的汽车零部件应原产于北美自贸区美墨加三国。

第四，对计算方法作出规定。（1）各缔约方应规定，为了计算乘用车、轻型卡车或重型卡车的区域价值含量，生产商可基于所有同类机动车辆，或基于仅出口至一个或一个以上其他缔约方境内的同类机动车辆，计算出一个会计年度的区域价值含量平均值，同类机动车辆包括：（a）在一缔约方境内同一工厂生产的同一等级的同一型号机动车辆；（b）在一缔约方境内同一工厂生产的同一等级机动车辆；（c）在一缔约方境内生产的同一型号机动车辆或同一等级机动车辆；（d）缔约方可能决定的任何其他类别。⑥（2）各缔约方应规定，为计算附表中所列的在同一工厂生产的汽车产品或乘用车、轻型卡车的核心零部件的区域价值含量，生产商可取以下期间的平均值：（a）机动车生产商的会计年度；（b）任何季度或月份；（c）汽车材料生产商的会计年度；（d）在前述（1）中（a）

---

① 参见 USMCA, Chapter 4, Annex 4 – B, Appendix, Provisions Related to the Product-Specific Rules of Origin for Automotive Goods, Article 3. 2。

② 参见 USMCA, Chapter 4, Annex 4 – B, Appendix, Provisions Related to the Product-Specific Rules of Origin for Automotive Goods, Article 3. 4。

③ 参见 USMCA, Chapter 4, Annex 4 – B, Appendix, Provisions Related to the Product-Specific Rules of Origin for Automotive Goods, Article 3. 5。

④ 参见 USMCA, Chapter 4, Annex 4 – B, Appendix, Provisions Related to the Product-Specific Rules of Origin for Automotive Goods, Article 4. 2。

⑤ 参见 USMCA, Chapter 4, Annex 4 – B, Appendix, Provisions Related to the Product-Specific Rules of Origin for Automotive Goods, Article 4. 3。

⑥ 参见 USMCA, Chapter 4, Annex 4 – B, Appendix, Provisions Related to the Product-Specific Rules of Origin for Automotive Goods, Article 5. 1。

至（d）的任何类别上，相应产品的构成计算基础的会计年度、季度或月份。其中（a）项中的平均值是针对出售给一个或多个机动车生产商的产品单独计算的，（b）项和（c）项中的平均值是针对出口到缔约另一方境内的产品单独计算的。①

2. 钢铝购买百分比

汽车原产地规则的重大变化之一是关于汽车制造中使用北美钢铝的新规定，该规则要求乘用车、轻型卡车和重型卡车生产所用钢铝的 70% 以上应属于北美原产地产品。② 对汽车生产中北美钢铝使用比例的增加，与提高区域价值含量有同样的预期目的：优先考虑北美汽车工人和钢铁工人利益。这将导致成本增加，最终提高车辆的消费价格。③

关于钢材和铝材购买的规定。首先，各缔约方应规定，只有在规定的时间内，乘用车、轻型卡车或重型卡车的生产商符合下述条件时才能被认定具有原产地资格：（a）按价值计算，车辆制造商在缔约方境内购买的钢材至少有 70% 属于原产地产品；（b）按价值计算，在缔约方境内购买的铝材至少有 70% 属于原产地产品。即关于汽车原材料，乘用车和卡车所用的钢材和铝材的 70% 必须来自北美地区。其次，各缔约方应规定，为了确定上述车辆生产商购买的钢材或铝材采购价值，生产商可计算以下期间的采购量：（a）生产商的上一个会计年度；（b）上一个日历年度；（c）车辆出口的季度或月份；（d）自车辆出口之日起生产商的会

---

① 参见 USMCA，Chapter 4，Annex 4 – B，Appendix，Provisions Related to the Product-Specific Rules of Origin for Automotive Goods，Article 5. 2。

② 参见 USMCA，Chapter 4，Annex 4 – B，Appendix，Provisions Related to the Product-Specific Rules of Origin for Automotive Goods，Article 6. 1。

③ 参见 Mathieu Arès and Charles Bernard，"Make America Great Again：A New Auto Pact for the North American Car Industry？" in Gilbert Gagné and Michèle Rioux（eds.），*NAFTA 2. 0：From the First NAFTA to the United States-Mexico-Canada Agreement*，London：Palgrave Macmillan，2022，p. 76。

计年度；（e）自车辆出口之日起的日历年度。此外，基于生产商上一个会计年度计算的钢材或铝材采购量在生产商的当前会计年度有效，基于上一个日历年度的计算在当前日历年度有效。[①]

3. 劳动价值含量

汽车原产地规则的第三个重大变化就是新增劳动价值含量标准，并对其作出具体规定，要求劳动价值含量应在40%或45%，且必须由位于北美自贸区的时薪不低于16美元的工人生产。只有符合该项原产地标准，汽车产品才能享有该协定下的优惠关税待遇。这显示，劳动价值含量是认定汽车产品原产地标准不可或缺的因素之一。以下本节第三部分将对劳动价值含量作详细讨论。

综上，《美墨加协定》汽车原产地规则的特征如下。第一，《美墨加协定》汽车原产地规则涵盖乘用车、轻型卡车、重型卡车以及汽车零部件原产地规则。第二，关于汽车原产地价值含量标准的规定。（1）乘用车和轻型卡车的区域价值含量自本协定生效之日起3年后应达到75%，即不低于75%的汽车零部件在北美地区工厂生产，汽车整车才能享有优惠关税待遇。[②]（2）关于乘用车和轻型卡车零部件，不同类型的汽车零部件有不同的区域价值含量标准。第三，生产乘用车、轻型卡车和重型卡车使用的钢和铝的至少70%应来自三个缔约国。第四，汽车原产地规则还包含关于"劳动价值含量"的规定。与《北美自由贸易协定》相比，《美墨加协定》对汽车原产地规则作出了更加严格的规定，主要体现为：其一，提高汽车整车的区域价值含量，如对于乘用车，其区域价值含量从《北美自由贸易协定》的62.5%提高到75%；其二，新增规

---

① 参见 USMCA, Chapter 4, Annex 4 – B, Appendix, Provisions Related to the Product-Specific Rules of Origin for Automotive Goods, Articles 6. 1 – 6. 2。

② 参见 USMCA, Chapter 4, Annex 4 – B, Appendix, Provisions Related to the Product-Specific Rules of Origin for Automotive Goods, Article 3. 1。

定，要求乘用车、轻型卡车和重型卡车生产所用钢铝的 70% 以上应属于北美原产地产品；其三，新增劳动价值含量标准。在此情形下，对《美墨加协定》汽车原产地规则的理解，不应仅停留在原产地区域价值含量标准上，还应结合钢铝北美采购比例要求、劳动价值含量标准一并考量，满足三者要求，才能享受优惠关税待遇。

三 《美墨加协定》汽车原产地规则新增 "劳动价值含量" 的内涵及本质特征

如前所述，《美墨加协定》汽车原产地规则的主要变化之一，就是在原产地规则章节新增迄今为止影响最为深远的劳动价值含量条款。[①] 它创建了一个新的范式，设置特定产品即汽车享受优惠关税待遇的资格条件，除了符合第 4 章附件 B 的规定和该附件附录中的其他要求，[②] 还必须按协定满足劳动价值含量标准以及汽车工人时薪标准，才能被认定符合原产地资格标准。[③] 具体规定如下。

1. 《美墨加协定》汽车原产地规则关于劳动价值含量的规定

第一，逐年提高乘用车的劳动价值含量：（a）自该协定生效之日起，高薪含量应达到 30%，包括至少 15% 的高薪材料和制造支出（high-wage material and manufacturing expenditures）、不超过 10% 的高薪技术支

---

① 参见 USMCA, Chapter 4, Annex 4 – B, Appendix, Provisions Related to the Product-Specific Rules of Origin for Automotive Goods, Article 7。

② 参见 USMCA, Chapter 4, Annex 4 – B, Appendix, Provisions Related to the Product-Specific Rules of Origin for Automotive Goods。

③ 参见 USMCA, Chapter 4, Annex 4 – B, Appendix, Provisions Related to the Product-Specific Rules of Origin for Automotive Goods, Article 7; Francisco E. Campos Ortiz, "Labor Regimes and Free Trade in North America: From the North American Free Trade Agreement to the United States-Mexico-Canada Agreement," (2019) 10 *Latin American Policy*, p. 277。

出（high-wage technology expenditures）以及不超过 5% 的高薪装配支出
（high-wage assembly expenditures）；（b）自该协定生效之日起 1 年后，高
薪含量应达到 33%，包括至少 18% 的高薪材料和制造支出、不超过 10%
的高薪技术支出以及不超过 5% 的高薪装配支出；（c）自该协定生效之
日起 2 年后，高薪含量应达到 36%，包括至少 21% 的高薪材料和制造
支出、不超过 10% 的高薪技术支出以及不超过 5% 的高薪装配支出；
（d）自该协定生效之日起 3 年后，高薪含量应达到 40%，包括至少 25%
的高薪材料和制造支出、不超过 10% 的高薪技术支出以及不超过 5% 的
高薪装配支出。①

　　第二，对于轻型卡车或重型卡车的劳动价值含量，高薪含量应达到
45%，包括至少 30% 的高薪材料和制造支出、不超过 10% 的高薪技术支
出以及不超过 5% 的高薪装配支出。②

　　第三，《美墨加协定》的一个关键要素，是在原产地规则章节纳入
时薪标准条款。它规定，要将车辆认定为北美原产车辆以获得优惠关税
待遇，则汽车整车的劳动价值含量的 40%（乘用车）或 45%（轻重型卡
车），必须由位于北美的时薪不低于 16 美元的工人生产，③ 这将劳动价
值含量和工人的时薪标准联系起来。

　　关于《美墨加协定》原产地规则新增劳动价值含量的规定，应注意
以下四方面的问题。其一，《美墨加协定》对乘用车、轻型卡车或重型
卡车的劳动价值含量作出具体规定，即乘用车的应达到 40%，轻型卡车

---

① 参见 USMCA，Chapter 4，Annex 4 – B，Appendix，Provisions Related to the Product-Specific
Rules of Origin for Automotive Goods，Article 7. 1。

② 参见 USMCA，Chapter 4，Annex 4 – B，Appendix，Provisions Related to the Product-Specific
Rules of Origin for Automotive Goods，Article 7. 2。

③ 参见何蓉、连增、郭正琪《美墨加协定（USMCA）对原产地规则的修订及其影响分
析》，《区域与全球发展》2019 年第 6 期，第 55 页。

或重型卡车的应达到45%，也就是说，依据原产地规则享受优惠待遇的汽车整车，其40%或45%的零部件应由北美自贸区工人生产。其二，将劳动价值含量分解到三类不同的支出中，即高薪材料和制造支出、高薪技术支出以及高薪装配支出，并且对每一类别的劳动价值含量设置比例限度。如自该协定生效之日起3年后，乘用车高薪劳动含量应达到40%，包括至少25%的高薪材料和制造支出、不超过10%的高薪技术支出以及不超过5%的高薪装配支出。其背后的逻辑是确保高薪工人被分配到汽车制造的不同阶段——制造阶段、研发阶段和装配阶段，这对汽车生产过程中不同阶段的高薪人才提出明确具体要求。① 不过，从乘用车的高薪劳动含量看，实质上只有高薪材料和制造支出的比重在逐年增加，从协定生效之日起的至少15%提高到协定生效之日起3年后的至少25%，而高薪技术支出不超过10%和高薪装配支出不超过5%则没有变化。此外，制造商应依据协定所规定的方法计算上述三类支出。② 其三，劳动价值含量的40%（乘用车）或45%（轻重型卡车）应由时薪不低于16美元的工人生产，将劳动价值含量与时薪标准联系起来。然而，此处16美元的时薪标准，实际上是一个平均时薪水平，而不是最低时薪标准。这意味着，只要有足够多的工人赚取较高的工资来提升平均时薪水平，汽车制造工厂就可继续向工人支付低于16美元的时薪。③ 其四，16美元的时薪标准不同于该协定劳动章节规定的作为工作条件之一的最低工资：

① 参见 Francisco E. Campos Ortiz，"Labor Regimes and Free Trade in North America：From the North American Free Trade Agreement to the United States-Mexico-Canada Agreement，"（2019）10 *Latin American Policy*，p. 277。
② 参见 USMCA，Chapter 4，Annex 4－B，Appendix，Provisions Related to the Product-Specific Rules of Origin for Automotive Goods，Article 7.3。
③ 参见 Francisco E. Campos Ortiz，"Labor Regimes and Free Trade in North America：From the North American Free Trade Agreement to the United States-Mexico-Canada Agreement，"（2019）10 *Latin American Policy*，p. 278。

前者是北美自贸区的一项统一的劳工标准，适用于三个缔约国生产特定汽车产品的工人；而后者（第23.3.2条）规定的有关最低工资、工作时间、职业安全与健康的可接受的工作条件，并不涉及北美自贸区统一的劳工标准问题，它们仅指各缔约国国内劳动法确定的保护水平，没有要求缔约国实施统一的工资标准。

此外，值得指出的是，有研究对汽车原产地规则中的时薪标准是解决劳动力问题的理想途径这一说法提出质疑。在北美自贸区这个一体化的经济区内，美国工人可能会从新的劳动价值含量要求中获益，但这是以牺牲墨西哥工人的利益为代价的。支持新增"劳动价值含量"的理由是，墨西哥的汽车生产商将面临给工人增加工资的压力，这最终会使墨西哥工人受益，但基于以下三个原因这又不太可能实现。其一，2018年，墨西哥平均工资为6美元/时，汽车制造商在短期内将其提高到16美元/时，实现难度很大。其二，16美元的时薪标准，与通货膨胀无关，几年后这一标准可能就会过时。因此有担忧指出，这一规则的实施是否真会提高工人工资并不确定。[1] 其三，对于乘用车，制造商支付2.5%的最惠国关税，也比增加工资以满足劳动价值含量标准在经济上更合算。通过在支付法定工资的预期成本与支付不遵守规定的预期成本之间作出比较，制造商可以决定是否遵守关于时薪标准的规定。[2] 换言之，基于成本考量，汽车制造商很可能在将产业链向高薪地区转移和支付关税之间作出选择。上述质疑进一步转化为对实施劳动价值含量标准的有效性

---

[1] 参见 Francisco E. Campos Ortiz, "Labor Regimes and Free Trade in North America: From the North American Free Trade Agreement to the United States-Mexico-Canada Agreement," (2019) 10 *Latin American Policy*, p. 278。

[2] 参见 Francisco E. Campos Ortiz, "Labor Regimes and Free Trade in North America: From the North American Free Trade Agreement to the United States-Mexico-Canada Agreement," (2019) 10 *Latin American Policy*, p. 278；洪朝伟、崔凡《〈美墨加协定〉对全球经贸格局的影响：北美区域价值链的视角》，《拉丁美洲研究》2019年第2期，第29～30页。

的合理怀疑。原产地规则纳入劳动价值含量，很可能不会产生预期的结果，即在美国保留高薪工作岗位，并在墨西哥创造更多的高薪岗位。考虑到汽车生产商可能选择支付关税而非增加工人工资、时薪标准与通货膨胀无关、短期内提高工资水平难度太大这些因素，劳动价值含量标准的实施效果值得怀疑。这也能解释为什么三大汽车制造商的代表都要求保留"足够的灵活性"，以保障制造商遵守《美墨加协定》中的原产地原则。①

2. 对原产地规则中劳动价值含量的计算方法作出规定

第一，协定要求，各缔约方在计算高薪材料和制造支出、高薪技术支出以及高薪装配支出时，采取如下方法。（a）对于高薪材料和制造支出，计算位于北美的构成车辆净成本一部分的生产工资率（production wage rate）② 为至少 16 美元/时的工厂或企业所生产的外购零件或材料③ 的年度采购价值（annual purchase value）④，以及（如果生产商选择）车辆装配工厂或企业的任何人工成本（labor costs），或车辆装配厂年度采购价值的总额，其中包括（如果生产商选择）车辆装配厂或企业的任何

---

① 参见 Francisco E. Campos Ortiz，"Labor Regimes and Free Trade in North America: From the North American Free Trade Agreement to the United States-Mexico-Canada Agreement，"（2019）10 *Latin American Policy*，p. 279。
② 生产工资率是指平均小时基本工资率（average hourly base wage rate），不包括直接参与用于计算劳动价值含量的零件或组件的生产的工人的福利，也不包括管理人员、研发人员、工程人员或其他不参与零部件直接生产、生产线运营的工人的工资。参见 USMCA, Chapter 4, Annex 4 – B, Appendix, Provisions Related to the Product-Specific Rules of Origin for Automotive Goods，footnote 77。
③ 这些零件或材料包括用于车辆生产的零件或材料，以及用于汽车零件或材料生产的中间或自产零件或材料。参见 USMCA, Chapter 4, Annex 4 – B, Appendix, Provisions Related to the Product-Specific Rules of Origin for Automotive Goods，footnote 76。
④ 如果年度采购价值中未包括汽车零件或组件的高薪运输及相关成本，则这些成本可计入高薪材料和制造支出中。参见 USMCA, Chapter 4, Annex 4 – B, Appendix, Provisions Related to the Product-Specific Rules of Origin for Automotive Goods，footnote 75。

人工成本。① （b）高薪技术支出，是指北美汽车生产商用于年度研发②或信息技术③的工资支出。（c）对于高薪装配支出，如果车辆生产商证明其拥有位于北美的生产工资率为至少 16 美元/时的发动机装配厂、变速器装配厂或高级电池装配厂④，或者与此类工厂签订了长期合同，则其为不超过每条装配线信用的 5 个百分点的支出之和。⑤

第二，对于乘用车、轻型卡车或重型卡车的劳动价值含量，可基于所有同类机动车辆，或基于仅出口至一个或一个以上其他缔约方境内的同类机动车辆，计算出劳动价值含量平均值，同类机动车辆包括：（a）在一缔约方境内同一工厂生产的同一等级的同一型号机动车辆；（b）在一缔约方境内同一工厂生产的同一等级机动车辆；（c）在一缔约方境内生产的同一型号机动车辆或同一等级机动车辆；（d）缔约方可能决定的任何其他类别。⑥

---

① 参见 USMCA, Chapter 4, Annex 4 - B, Appendix, Provisions Related to the Product-Specific Rules of Origin for Automotive Goods, footnote 78。

② 研发支出包括研究和开发支出，包括原型开发、设计、工程、测试或核证业务方面的支出。参见 USMCA, Chapter 4, Annex 4 - B, Appendix, Provisions Related to the Product-Specific Rules of Origin for Automotive Goods, footnote 79。

③ 信息技术支出包括软件开发、技术集成、车辆通信和信息技术支持运营方面的支出。参见 USMCA, Chapter 4, Annex 4 - B, Appendix, Provisions Related to the Product-Specific Rules of Origin for Automotive Goods, footnote 80。

④ 对于乘用车或轻型卡车，一个高薪发动机装配厂或变速器装配厂的生产能力必须至少为 100000 台原产发动机或变速器，一个高级电池装配厂的生产能力必须至少为 25000 台原产组装的高级电池组，才能获得这个信用。对于重型卡车，一个高薪发动机、变速器或高级电池装配厂的生产能力必须至少为 20000 台原产发动机、变速器或组装的高级电池组，才能获得该信用；为了满足这一要求，发动机、变速器或高级电池组无须单独鉴定为原产。参见 USMCA, Chapter 4, Annex 4 - B, Appendix, Provisions Related to the Product-Specific Rules of Origin for Automotive Goods, footnote 81。

⑤ 参见 USMCA, Chapter 4, Annex 4 - B, Appendix, Provisions Related to the Product-Specific Rules of Origin for Automotive Goods, Article 7.3。

⑥ 参见 USMCA, Chapter 4, Annex 4 - B, Appendix, Provisions Related to the Product-Specific Rules of Origin for Automotive Goods, Article 7.4。

第三，对劳动价值含量的计算期间作出规定。为确定劳动价值含量，生产商可取下列任一期间进行计算：（a）生产商的上一个会计年度；（b）上一个日历年度；（c）车辆生产或出口的季度或月份；（d）生产商生产或出口车辆的会计年度；（e）车辆生产或出口的日历年度。此外，基于生产商上一个会计年度计算的劳动价值含量在生产商当前会计年度有效，基于上一个日历年度的计算在当前日历年度有效。[1]

这些实际上规定了申报优惠关税待遇时所使用的劳动价值含量的计算方法。简言之，《美墨加协定》原产地规则对劳动价值含量标准有明确要求，对于乘用车，从 2020 年的 30% 增至 2023 年的 40%，应包括至少 25% 的高薪材料和制造支出、不超过 10% 的高薪技术支出以及不超过 5% 的高薪装配支出；对于轻型卡车和重型卡车，应达到 45%。此外，该规则还对劳动价值含量的计算方法作出详细规定。

3. 汽车原产地规则新增劳动价值含量和时薪标准之规定的本质特征

上述分析表明，劳动价值含量是认定汽车产品原产地标准不可或缺的因素之一，其本质特征体现在以下两个方面。

其一，《美墨加协定》汽车原产地规则新增"劳动价值含量"，对北美自贸区外的汽车产品进口形成限制，本质上已演变为潜在的贸易壁垒。[2] 在该协定下，美国、墨西哥和加拿大三个缔约国之间通过设定包含劳动价值含量的汽车原产地认定标准，明确要求特定汽车产品由时薪不低于 16 美元的北美工人生产，相互给予符合这些认定标准的产品优惠关税待遇，并拒绝原产于非缔约国的产品享受其关税优惠。虽然从表面上看，它涉及的只是缔约国之间的优惠关税待遇问题，但实质上它提高

---

① 参见 USMCA, Chapter 4, Annex 4 – B, Appendix, Provisions Related to the Product-Specific Rules of Origin for Automotive Goods, Article 7.5。

② 参见何蓉、连增、郭正琪《美墨加协定（USMCA）对原产地规则的修订及其影响分析》，《区域与全球发展》2019 年第 6 期，第 51 页。

了市场准入门槛，其背后更是关涉汽车产业及产业链的发展和从业人员的就业及收入。

其二，《美墨加协定》汽车原产地规则新增"劳动价值含量"，对北美自贸区未来一段时间内汽车生产的产业链进行布局，体现了美国贸易保护主义政策。① 自贸协定原产地规则是产品出口前必须满足的法律标准，旨在确保产品满足区域价值含量标准，被确定为原产于某一特定缔约国境内，进而获得优惠关税待遇，并防止原产于非缔约国境内的产品享受缔约国之间的关税优惠，具有很强的贸易保护作用。当今全球经济中，产品多国因素极大增加，一个国家生产的产品，可能包含多个国家的价值投入要素。《美墨加协定》汽车原产地标准纳入劳动价值含量，以使产品被认定为原产于该协定缔约国，从而防止优惠关税待遇被赋予非缔约国生产的产品。其目的是将关税优惠待遇锁定在北美自贸区内，以增加北美自贸区的汽车产量，而将其他区域的产业链排除出去，助推全球价值链转向区域价值链，强调本地生产、就业和工资增长，并致力于实施美国优先、以美国工人利益为首位的贸易政策。②

四　《美墨加协定》汽车原产地规则新增"劳动价值含量"的主要影响

《美墨加协定》创建了一个新范式，在劳动章节之外的原产地规则章节新增"劳动价值含量"，并对时薪标准作出规定，将其作为汽车产品原产地认定标准之一。在全球化背景下，其对该协定缔约国和非缔约

① 参见林黎《USMCA 原产地规则变化对中国的影响及其启示》，《对外经贸实务》2020年第 7 期，第 41~42 页。
② 参见 Alvaro Santos，"Reimagining Trade Agreements for Workers: Lessons from the USMCA,"（2019）113 *AJIL Unbound*，p. 411。

国均产生影响，有可能演变为未来自贸协定的一项新的国际规则，具有国际劳工规则创建意义。

1. 对缔约国的影响

1994 年《北美自由贸易协定》的实施，逐渐使北美自贸区三国的汽车生产形成了较为一体化的网络，其相互间的依存度要远高于与自贸区外国家的关联度。但自 2009 年以来，美国汽车产业对墨西哥和加拿大两国的市场依存度呈下降趋势，同时区域外国家的汽车产业竞争力则有所上升，这些均对北美汽车市场产生一定冲击。[①]《美墨加协定》设置高标准的汽车原产地规则，很可能对《美墨加协定》缔约国产生以下两方面的影响。其一，将区域价值含量从 62.5% 提高到 75%，新增"劳动价值含量"并对时薪标准作出规定，这虽然有违国际贸易中的比较优势原则，但将迫使汽车生产商从《美墨加协定》缔约国境内购买更大比例的零部件。[②] 原产地规则标准的收紧旨在增加北美的汽车产量，确保该协定的优惠关税待遇主要使缔约方受益，并将其他区域的产业链排除出去，它影响了北美地区未来一段时间内汽车生产的产业链。从全球范围看，它有可能带来全球产业链的变化，包括全球产业链转向北美区域产业链以及强调本地汽车生产、就业和工资增长。其二，美国方面认为，在北美汽车生产网络中，墨西哥是唯一一个发展中国家，它以其较低的人力成本获得发展优势，吸引汽车产业在该国境内投资建厂，这是美国汽车制造业就业岗位流失及贸易逆差的主要原因。2018 年，墨西哥汽车生产的平均时薪为 6 美元，而美国和加拿大汽车生产的平均时薪则分别为 39.03

---

① 参见洪朝伟、崔凡《〈美墨加协定〉对全球经贸格局的影响：北美区域价值链的视角》，《拉丁美洲研究》2019 年第 2 期，第 37~38 页。
② 参见沈静之《基于原产地规则的〈美墨加协定〉对中国产品出口美国影响研究》，《海关与经贸研究》2019 年第 3 期，第 104 页。

美元和30.03美元。① 因此,《美墨加协定》汽车原产地规则关于劳动价值含量和时薪标准的具体规定,在客观上迫使汽车生产商在支付16美元时薪标准的预期成本与不遵守该规定的预期成本之间作出选择。汽车制造商为获得《美墨加协定》优惠关税待遇,可能带动汽车生产向高薪区域即美国和加拿大转移,这将割裂北美自贸区原已形成的北美汽车产业链,产生北美自贸区内汽车产业及产业链的重构效应。② 对于墨西哥来说,16美元的时薪标准要远高于墨西哥汽车工人的时薪标准,这或者促使墨西哥提高汽车工人时薪标准,以减小墨西哥的劳动力比较优势,或者促使其将汽车生产转移到美国,二者都会抑制对墨西哥的投资。但基于成本考量,至少对于乘用车而言,墨西哥汽车制造商宁愿支付2.5%的最惠国关税,因为这比增加工资以满足时薪标准在经济上更合算。③

2. 对包括中国在内的非缔约国的影响

尽管北美自贸区的汽车产业与非缔约国的关联度较低,对其影响相对有限,但《美墨加协定》限制性极强的汽车原产地规则对北美国家汽车进口主要来源国(中国、韩国、日本、巴西和德国等),仍将在汽车产业方面产生负向冲击。④

---

① 参见 Francisco E. Campos Ortiz, "Labor Regimes and Free Trade in North America: From the North American Free Trade Agreement to the United States-Mexico-Canada Agreement," (2019) 10 *Latin American Policy*, p. 277。

② 参见 Francisco E. Campos Ortiz, "Labor Regimes and Free Trade in North America: From the North American Free Trade Agreement to the United States-Mexico-Canada Agreement," (2019) 10 *Latin American Policy*, p. 278。

③ 参见万军《〈美墨加协定〉对北美三国投资的影响》,《拉丁美洲研究》2019年第2期;刁大明、宋鹏《从〈美墨加协定〉看美国特朗普政府的考量》,《拉丁美洲研究》2019年第2期。

④ 参见洪朝伟、崔凡《〈美墨加协定〉对全球经贸格局的影响:北美区域价值链的视角》,《拉丁美洲研究》2019年第2期,第31~34页;沈静之《基于原产地规则的〈美墨加协定〉对中国产品出口美国影响研究》,《海关与经贸研究》2019年第3期,第104页。

其一，《美墨加协定》将汽车整车的区域价值含量从 62.5% 提高到 75%，意味着只有余下 25% 的价值含量能从该协定三个缔约国之外的非缔约国的生产商处采购，从而对来自中国和其他非缔约国的汽车产品形成限制。

其二，新增钢铝北美采购比例达到 70% 的要求，以及新增劳动价值含量达到 40% 或 45% 并且必须由时薪标准 16 美元的北美工人生产的要求，极有可能会影响某些汽车产品的生产地点，使得相当大一部分的汽车生产转移到美国和加拿大这两个高薪国家，引起贸易和投资转移。这实质上限缩了原产地规则的适用范围，形成了一定程度的贸易壁垒，排除非缔约国供应商的汽车产品进入北美自贸区，可能使其产业链缩小或断裂，凸显了对北美区域经济发展的优先考量，具有很强的贸易保护目的。

其三，具体到中国而言，除上述两个主要影响外，还可能因我国自贸协定汽车原产地标准较低而产生不利影响。中国是北美国家汽车产品进口主要来源国之一。2015 年，中国对美国、墨西哥与加拿大三国各自汽车产业增加值的贡献度均超过 5%，零部件出口额接近汽车整车出口额的 2 倍。[1] 2018 年，中国汽车零部件出口的第二大市场是美国。[2] 然而，相较于《美墨加协定》和《全面与进步跨太平洋伙伴关系协定》的区域价值含量（前者为 75%，后者为 45%～55%）而言，我国自贸协定的区域价值含量普遍偏低，从早期的 40%～50%（如与瑞士、智利、哥斯达黎加、冰岛等国）提高到后来的 60%（如与澳大利亚、格鲁吉亚、

---

① 参见洪朝伟、崔凡《〈美墨加协定〉对全球经贸格局的影响：北美区域价值链的视角》，《拉丁美洲研究》2019 年第 2 期，第 34 页。

② 参见林黎《USMCA 原产地规则变化对中国的影响及其启示》，《对外经贸实务》2020 年第 7 期，第 43 页。

新西兰等国),① 2022 年 1 月 1 日生效的《区域全面经济伙伴关系协定》(Regional Comprehensive Economic Partnership, RCEP) 设定为 40%。虽然在我国不同的自贸协定下,一些自贸区内国家从中国进口汽车产品将享有优惠关税待遇,可分流此前属于北美国家和欧洲国家的部分订单到我国,但自贸协定下缔约国之间对汽车产品的进口需求随着区域内原产地标准的提高而增加,这可能导致我国汽车产品的部分市场份额转移到其他高标准自贸协定缔约国。因此,严格的汽车原产地规则可能对以出口汽车零部件为主的中国汽车产业产生较大冲击。此外,较低区域价值含量意味着允许相对更多的价值增值来自自贸区外国家。如《区域全面经济伙伴关系协定》设定的 40% 的区域价值含量,意味着 60% 的汽车和汽车零部件可来自《区域全面经济伙伴关系协定》缔约国之外的国家的供应商,自贸区外的汽车生产商将较易进入自贸区内的产业链,这将使中国汽车产业面临更大竞争压力。② 对此,我国应从不同贸易协定下全球产业链的视角,积极推进加入《全面与进步跨太平洋伙伴关系协定》,以便我国汽车产品依据该协定原产地规则出口至北美自贸区国家,至少是加拿大和墨西哥,以对冲《美墨加协定》汽车原产地规则带来的负面影响。

3. 对国际劳工规则创建产生影响

在迄今为止已签署的所有自由贸易协定中,《美墨加协定》在原产地规则章节纳入了影响最为深远的劳动条款。它创建了一个新范式,在原产地规则章节新增"劳动价值含量",对目标行业(特定汽车产品生产行业)的时薪标准作出规定,使其成为享有优惠关税待遇的资格条件,

---

① 参见林黎《USMCA 原产地规则变化对中国的影响及其启示》,《对外经贸实务》2020 年第 7 期,第 43~44 页。

② 参见孙丽、图古勒《国际经贸规则重构对我国汽车产业的影响及对策——基于 USMCA、CPTPP 和 RCEP 的分析》,《亚太经济》2021 年第 3 期,第 107 页。

具有国际劳工规则创建意义，相应规则有可能演变为未来自贸协定的一项新的国际规则。

自贸协定设置劳动章节是为了防止发生侵害劳工权利的违法行为。而为解决国际贸易中广受关注的就业和工资水平问题，通过其他法律制度如原产地规则加强劳工标准的实施，则是一项突破性发展成果。劳动条款规定在自贸协定的不同章节这一点非常重要。其一，它影响到劳动条款的法律地位、与之相关的机制和适用的不同章节下的争端解决程序及相应的救济措施，[①] 如依据《美墨加协定》，与第 23 章（劳动）有关的劳动争端只有在适用作为前置程序的该章规定的解决程序后，才能适用第 31 章（争端解决）规定的争端解决程序。[②] 有关第 4 章（原产地规则）的争端则直接适用第 31 章规定的争端解决程序。这意味着与劳动价值含量和时薪标准有关的争端，可直接适用第 31 章规定的争端解决程序。其二，它表明劳动问题已与自贸协定的其他议题建立起联系。对此，有研究认为，这一突破性发展成果的主要原因是劳动章节中的劳工标准已无法"阻止因劳动力成本差异而产生的竞争力"（stop the competitive forces of labor cost differentials），因此近年来关于设定对工人更加公平的贸易协定议题的呼声逐渐高涨，并且得以在《美墨加协定》中付诸实施。[③] 从一般意义上看，这是首次在自贸协定中将原产地规则与劳工标

---

① 参见 Marva Corley and Elizabeth Echeverria Manrique, *Labour Provisions in G7 Trade Agreements*: *A Comparative Perspective*, Geneva: International Labour Office, 2019, p. 3。

② 《美墨加协定》第 23.17 条规定了劳动磋商程序，并规定任何缔约国不得在适用劳动磋商程序解决劳动章节下产生的争端前，将该争端诉诸争端解决章节的争端解决程序。《美墨加协定》第 31.2 条规定，该章（争端解决章节）规定的争端解决机制适用于原产地规则章节下产生的争端。

③ 参见 Francisco E. Campos Ortiz, "Labor Regimes and Free Trade in North America: From the North American Free Trade Agreement to the United States-Mexico-Canada Agreement," (2019) 10 *Latin American Policy*, pp. 276 – 277。

准建立起联系，并在目标行业设定时薪标准要求，它可能会成为未来自由贸易协定的一项新的规则，具有新规则构建意义。当然，这在很大程度上要取决于其实施效果。[①]

　　总之，《美墨加协定》汽车产品原产地规则新增劳动价值含量和时薪标准的规定，创建了一个新的范式，虽然有违国际贸易中的比较优势理论，却具有国际劳工规则创建意义。对于实行更加严格的原产地标准，区域价值含量、钢铝购买百分比和劳动价值含量的新规定缺一不可，这三者明显提高了汽车原产地认定标准。这些限制严格的汽车原产地规则旨在重构北美自贸区未来一段时间内汽车生产的产业链。这一方面对全球产业链的分工产生了影响，该协定缔约国从非缔约国采购零部件受到更严格标准的约束，从而引起贸易和投资转移，凸显了对北美区域经济发展的优先考量；另一方面割裂了北美自贸区原已形成的北美汽车产业链，抑制了对墨西哥的投资，带动汽车生产回流到美加这两个高薪国家，同时导致汽车生产成本增加，在一定程度上削弱了墨西哥的国际竞争力。

第五节　《美墨加协定》劳动条款缔约
技术的灵活使用

一　《美墨加协定》劳动条款缔约技术灵活使用的主要体现

　　与纳入劳工标准的其他自贸协定相比，《美墨加协定》较多地使用

[①]　参见 Francisco E. Campos Ortiz，"Labor Regimes and Free Trade in North America: From the North American Free Trade Agreement to the United States-Mexico-Canada Agreement," (2019) 10 *Latin American Policy*，p. 270。

灵活的缔约技术，主要体现如下。第一，对于墨西哥，《美墨加协定》在第 23 章专门增加附件 A "墨西哥工人在集体谈判中的代表权"，要求墨西哥对劳动法改革作出明确承诺，这实际上是在第 23 章附件 A 中将墨西哥的义务纳入协定，为墨西哥设定批准协定前的条件要求。同时，又在第 31 章增加附件 A "美国－墨西哥快速反应劳工机制"，设立快速反应劳工机制，对墨西哥批准协定后履行相关义务加强监督和进行快速执法。第二，《美墨加协定》的劳动章节、原产地规则章节和争端解决章节还通过增加脚注注解对相关表述进行进一步界定，以增加其确定性和可执行性。前已详细讨论，此不赘述。

对于《美墨加协定》缔约技术的灵活使用而言，一方面可以看出美国在缔约过程中的强势地位，另一方面也反映出劳动世界（the world of work）治理的灵活性安排。就此而言，国际劳工组织确立的国际劳工标准的灵活性安排具有极为重要的启示意义。

二 国际劳工组织确立的国际劳工标准的灵活性安排的启示

由于国际劳工组织各成员国文化、历史背景、法律制度和经济发展水平的差异性，国际劳工组织面临的一个主要问题是如何使劳工标准具有足够的灵活性，以满足不同社会结构以及不同的经济和工业发展水平的成员国的需求。[①]《国际劳工组织章程》第 19.3 条包含专门为解决这一问题而设计的规定，即国际劳工大会在制定公约和普遍适用的建议书时，应适当考虑国家间气候条件、产业组织发展状况或其他情况不同导致的产业条件存在的巨大差异。据此，国际劳工大会可采用其认为

---

① 参见 Ebere Osieke, *Constitutional Law and Practice in the International Labour Organization*, Dordrecht: Martinus Nijhoff Publishers, 1985, pp. 147 – 148。

需要的变通方法以适应特定成员国的情况，主要做法有以下几个。①

（1）在公约中设置适用于指定国家的专门条款（大会近些年没有采用这种方法）。②

（2）在公约中规定基本原则，同时（或随后）制定建议书补充更详细的标准。1964 年《就业政策公约》（第 122 号公约）及其建议书（第 122 号建议书）就是一个典型的例子。该公约规定："为了促进经济增长和发展，提高生活水平，满足对人力的需求，并解决失业和不充分就业的问题，各成员国，作为一项主要目标，应宣布并实行一项旨在促进充分的、自由选择的生产性就业的积极政策。"③换言之，批准该公约的成员国承担的义务是"宣布并实行一项旨在促进充分的、自由选择的生产性就业的积极政策"，而同时通过的第 122 号建议书相当详细地阐明实行这种政策的方法。

在此，有必要指出的是，第 122 号公约被 2008 年《国际劳工组织关于争取公平全球化的社会正义宣言》（ILO Declaration on Social Justice for a Fair Globalization）确定为"治理标准"，这充分彰显了其重要性。该公约施予批准国的义务不是确保充分就业，而仅仅是推行促进就业的"积极政策"，这不仅是为了让成员国承认就业在其社会政策中的重要地位，也是为了让其承认就业在其经济政策中的重要地位。换言之，就业既是

---

① 参见 ILO, *Handbook of Procedures Relating to International Labour Conventions and Recommendations*, Centenary Edition, Geneva: International Labour Office, 2019, pp. 7 – 8；李西霞《国际劳工组织》，社会科学文献出版社，2022，第 74 ~ 78 页。

② 如 1919 年《（工业）工时公约》（第 1 号公约）（1919 年 11 月 28 日通过，1921 年 6 月 13 日生效）第 11 条规定："本公约的规定不适用于中国、波斯和暹罗，但限制这些国家工作时间的规定应在今后的大会上审议。"（"The provisions of this Convention shall not apply to China, Persia, and Siam, but provisions limiting the hours of work in these countries shall be considered at a future meeting of the General Conference."）

③ 1964 年《就业政策公约》第 1.1 条。

一个社会问题又是一个经济问题，但无论是第 122 号公约还是第 122 号建议书，都没有规定这项"积极政策"的内容，它们要求成员国根据自身的发展水平和经济能力"调动一切努力"，并提请它们建立某些制度（例如确保任何个人自由选择工作时不存在明显的法律障碍）。不过，依据《国际劳工组织章程》序言，公约（对所有公约而言）的主体是国家。因此，任何批准 1964 年《就业政策公约》的成员国都应通过采取某种适当的政策对就业给予应有的优先考虑。然而，由于其他方面的情况特别是国际金融机构和国际经济组织（如经合组织）的影响日益扩大，大多数国家独立实现其经济和社会政策并非易事。再者，在 20 世纪 80 年代初，新自由主义的"华盛顿共识"战胜了凯恩斯主义的观点，就业政策的意义不仅在国际金融机构和国际经济组织内部发生了深刻变化，而且在国家内部也发生了深刻变化。[①]

（3）用宽泛的措辞定义标准。例如，对于确定就业政策的目标，有关部门通常在与雇主组织和工人组织协商后，依据国情和实践决定适用方法（立法、签订集体协议等）。

（4）将劳工公约分为若干部分或条款，其中只有部分义务需要成员国在批准时接受，允许此后成员国随着社会立法的完善和执法能力的提高而扩展接受义务的范围。也就是说，这类公约包含所谓的"灵活性条款"，允许各成员国制定低于设定的劳动标准的临时标准，将某些类别的工人排除在公约适用范围之外，或只适用公约的某些部分。如 1952 年《社会保障（最低标准）公约》（第 102 号公约）允许成员国在批准该公约时仅接受 9 项社会保障中的 3 项内容，[②] 并允许"经济和医疗设施不够发达的成员国"通过在其批准书中附加一项声明的方式，将部分相关规

---

① 参见 Francis Maupain，*The Future of the International Labour Organization in the Global Economy*，Oxford：Hart Publishing，2013，pp. 47 – 49。

② 参见 1952 年《社会保障（最低标准）公约》第 2 条。

定作为暂时性例外。① 再如1947年《劳动监察公约》（第81号公约）允许批准该公约的成员国通过在其批准书中附加一项声明的方式，不接受该公约第二部分"商业劳动监察"的相关规定。② 批准国如果选择适用"灵活性条款"，通常需要向劳工组织总干事发表声明，但进入21世纪后，这种情形不太多见。

（5）将劳工公约分为可供选择的若干部分，根据接受的部分不同，成员国义务的范围或程度有所不同。③

（6）允许特定成员国接受某一特定较低标准的条款（有时是暂时），这些成员国或是在批准公约前没有关于这一问题的法律法规，或是经济、行政、医疗设施不够发达。如1973年《准予就业最低年龄公约》（第138号公约）规定："凡批准本公约的成员国应在附于其批准书的声明中，详细说明准予在其领土内及在其领土注册的运输工具上就业或工作的最低年龄；除符合本公约第4条至第8条规定外，不得允许未满该年龄者受雇于或从事任何职业。"④ 同时，在成员国境内准予就业或工作的最低年龄"应不低于完成义务教育的年龄，并在任何情况下不得低于15岁"，⑤ 但若成员国的"经济和教育设施不够发达，得在与有关的雇主组织和工人组织（如果存在此种组织）协商后，初步规定最低年龄为14岁"。⑥ 再如，劳工公约中关于最低工资标准的规定并不要求成员国制定

---

① 参见1952年《社会保障（最低标准）公约》第3.1条。
② 参见1947年《劳动监察公约》第25条。
③ 1949年《收费职业介绍所公约》（修订）（第96号公约）第2.1条规定，任何批准该公约的成员国应在其批准书中说明是否接受公约第二部分的规定（逐步取消营利性收费职业介绍所和管理其他职业介绍所的规定）或第三部分的规定（监管收费职业介绍所的规定）。
④ 1973年《准予就业最低年龄公约》第2.1条。
⑤ 1973年《准予就业最低年龄公约》第2.3条。
⑥ 1973年《准予就业最低年龄公约》第2.4条。

具体的最低工资标准，而是要建立一种制度和机制，以确定适合其经济发展水平的最低工资标准。①

（7）允许成员国排除公约对特定类别的职业、企业、人口稀少或不发达地区的适用。②

此外，还允许成员国对受雇于特定经济部门的人员单独承担义务；③通过援引参考文件的最新版本跟上医学发展的步伐，或根据现有知识对某一事项进行审查；④通过公约任择议定书，使批准公约本身具有更大的灵活性或扩大公约的义务范围；⑤在劳工公约中设置条款，引入替代性和更新的义务，部分修改先前一项公约，同时使前项公约仍以未经修改的形式开放供批准。⑥诸如此类的灵活性安排使发展中国家更易接受

---

① 参见 ILO，*Rules of the Game：An Introduction to the Standards-related Work of the International Labour Standards*，Fourth Edition，Geneva：International Labour Office，2019，p. 22。

② 1949 年《保护工资公约》（第 95 号公约）第 17.1 条规定："如一成员国的领土中有大片地区人口稀少或基于各地区的发展阶段，其认为不宜实施本公约规定，经与有关的雇主组织和工人组织（如果存在此种组织）协商，该国可对此类地区或全部豁免实施本公约，或只对它认为适当的特定企业或职业实施本公约。"

③ 1957 年《（商业和办公场所）每周休息公约》（第 106 号公约）第 3 条规定："本公约也应适用于下列企事业等雇用的人员，这些企事业等得由批准本公约的成员国在与批准书一并提交的声明书中予以说明：（1）提供人员方面服务的企事业、团体和行政机构；（2）邮政和电信机构；（3）报业；（4）剧院和公共娱乐场所。"

④ 2006 年《海事劳工公约》（第 186 号公约）导则 B4.1.1 第 2 款规定："本导则第 1 款所述的培训应建立在以下文件最新版本的基础上：《国际船舶医疗指南》、《用于涉及危险品事故的医疗急救指南》、《指导文件——国际海事培训指南》以及《国际信号规则》的医疗部分及类似的国家指南。"

⑤ 如《关于 1958 年种植园公约的 1982 年议定书》《关于 1947 年劳动监察公约的 1995 年议定书》。

⑥ 1992 年《（雇主破产）保护工人债权公约》（第 173 号公约）第 3.6 条和第 3.7 条分别规定："成员国对本公约第二部分义务的承诺，在法律上将终止其对 1949 年《保护工资公约》第 11 条规定的义务的承诺。""凡只承诺本公约第三部分义务的成员国，可以通过向国际劳工局局长提交一份声明，终止其承诺 1949 年《保护工资公约》第 11 条规定的已受第三部分保护的那些债权的义务。"

国际劳工标准，并使国际劳工标准适用于更多的成员国。从早期的在劳工公约中列入针对具体国家的条款，① 到 1946 年以来的设置灵活性条款，国际劳工组织采用不同的方法来处理不同的义务。可以说，《美墨加协定》劳动条款缔约技术的灵活使用，在某种程度上反映出国际劳工标准的灵活性安排。

第六节　《美墨加协定》劳工规则最新发展的启示意义

综上所述，在更广泛的国际背景下观察，《美墨加协定》劳工标准相较于美国其他自由贸易协定中的劳工标准，既有一致的内容，也有最新的法律实践，反映了劳工标准发展的趋向，其目的在于通过为协定相关产业就业者提供所设定的劳动保护标准来影响劳资关系，进而影响国际贸易的发展走向，具有以下启示意义。

一　最大限度把握国际劳工议题设置和劳工规则创设趋势，积极提升我国相应能力

国际劳工议题设置和劳工规则创设能力，是全球经济贸易治理和劳

---

① 如依据 1919 年《（工业）工时公约》（第 1 号公约）第 10 条，英属印度在其《工厂法》涵盖的行业和采矿业等领域实行每周工作 60 小时（而不是 48 小时）；再如，1919 年《（妇女）夜间工作公约》（第 4 号公约）（1919 年 11 月 28 日通过，1921 年 6 月 13 日生效）第 5 条规定，英属印度和暹罗可以暂停适用第 3 条，即规定妇女不能在工业企业工作。

动治理的一个核心问题，这既体现在自贸协定中劳工议题的设置上，也包括具体劳工规则的创设，还体现在美国持续推动劳工规则朝着对其有利的方向发展方面。其一，在国际劳工议题设置方面，WTO 多边贸易体系拒绝纳入劳工议题。但从 1994 年美国主导的《北美自由贸易协定》首次设置劳工议题到 2019 年，已有 85 个自贸协定纳入劳工议题，其中已形成的一个主要模式就是以美国为代表的有执行力的劳工标准模式，到 2019 年，在美国 14 个生效的自贸协定中，有 13 个纳入劳工议题。[①] 这足以显示自贸协定对劳工议题的接受程度。可以说，美国在此过程中起着主要的推动作用，欧盟和加拿大也起着重要的助推作用。其二，在具体劳工规则创设方面，美国也有所发展，如《美墨加协定》汽车原产地规则新增"劳动价值含量"，并对特定汽车产品生产的时薪标准作出规定，这是首例，它有可能演变为未来自贸协定的一项新的国际规则，具有国际规则创建意义。这项规定实质性地影响了美国、加拿大和墨西哥三国的汽车产业，以及与之相关的数百万工人的就业岗位及工资水平，有效保护了北美自贸区的汽车产业发展。其三，美国还持续推动劳工规则朝着对其有利的方向发展，如《美墨加协定》加强了在消除强迫劳动方面的义务，完善劳动争端解决机制，并新建快速反应劳工机制。美国以区域自贸协定谈判为手段有效创建国际劳工新规则，并借此增强自身在国际制度建构领域的掌控权，进而对全球劳动治理体制产生影响。目前我国已签署 19 个自贸协定，其中与智利、新西兰、秘鲁、瑞士和冰岛签署的双边自由贸易协定纳入了劳动、社会保障和就业合作的内容。[②]

[①] 参见 Marva Corley and Elizabeth Echeverria Manrique, *Labour Provisions in G7 Trade Agreements: A Comparative Perspective*, Geneva: International Labour Office, 2019, pp. 15 - 16。

[②] 参见中华人民共和国商务部"协定专题"，中国自由贸易区服务网，http://fta.mofcom.gov.cn，最后访问日期：2022 年 6 月 5 日。

此外，2021 年 9 月 16 日，中国正式申请加入《全面与进步跨太平洋伙伴关系协定》，这涉及自贸协定纳入劳工标准问题。鉴于此，在新一轮国际经贸规则重塑背景下，应对上述趋势加强研究并积极提升我国在劳工领域的国际规则创设能力。

二 逐步推动原产地规则朝着对我国有利的方向发展

原产地规则涉及优惠关税待遇和产业发展，更涉及原产地国家的就业岗位和工资水平。鉴于其重要作用，应逐步推动原产地规则朝着对我国有利的方向发展，以消除融入全球产业链的阻碍。自 2004 年以来，我国一直在积极推进高水平的自由贸易区建设。截至 2022 年，已签署 19个自贸协定，正在谈判的有 10 个，正在研究的有 8 个。[①] 已签署的自贸协定中的原产地规则，已成为保护我国本土产业和促进对外贸易发展的重要工具，并对我国产品出口到其他缔约国境内起到了保护作用。然而，相较于《美墨加协定》设定的汽车原产地规则区域价值含量（75%），我国原产地规则区域价值含量普遍偏低，从 40% 到 60% 不等，且适用产品范围较窄，保护力度较小。[②] 同时，缺失对特定产业原产地规则的专门规定，致使原产地规则在扶持我国相关产业方面的目标难以实现。[③]鉴于原产地规则在我国的实施现状及其对贸易与投资的导向作用，尤其是对特定产业发展的保护价值，建议借鉴《美墨加协定》汽车原产地规

[①] 参见中华人民共和国商务部"协定专题"，中国自由贸易区服务网，http://fta. mofcom. gov. cn，最后访问日期：2022 年 6 月 5 日。

[②] 参见林黎《USMCA 原产地规则变化对中国的影响及其启示》，《对外经贸实务》2020年第 7 期，第 43～44 页。

[③] 参见何蓉、连增、郭正琪《美墨加协定（USMCA）对原产地规则的修订及其影响分析》，《区域与全球发展》2019 年第 6 期，第 60 页。

则，在我国自贸协定商签谈判或升级谈判中，适当提高汽车区域价值含量并考虑纳入"劳动价值含量"，以尽可能促进本土汽车产业发展，并有针对性地为我国汽车产业提供特殊保护。①

三 积极推进加入《全面与进步跨太平洋伙伴关系协定》并主动融入其产业链中

《美墨加协定》汽车原产地规则将区域价值含量从《北美自由贸易协定》的 62.5% 提高到 75%，新增钢铝北美采购比例和劳动价值含量要求，实质上限缩了原产地规则的适用范围，很大程度上排除了包括中国在内的非缔约国的产业链。虽然劳动价值含量曾经是产业政策的常用工具，但各国长期以来在贸易协定中回避此类要求。《美墨加协定》率先在汽车原产地规则中纳入"劳动价值含量"，这标志着自贸协定的关注从全球产业链转向区域产业链，强调本地生产、就业和工资增长。②《全面与进步跨太平洋伙伴关系协定》同样设定了较高的区域价值含量，除特别规定的零部件外，相关商品的区域价值含量标准为 45% ~ 55%。③针对《美墨加协定》可能造成的产业链缩小甚至消失的风险，我国应加快推进加入《全面与进步跨太平洋伙伴关系协定》的进程，对接该协定原产地规则并利用该规则推动我国汽车产品出口到《全面与进步跨太平洋伙伴关系协定》北美地区缔约国即墨西哥和加拿大，抵消《美墨加协

---

① 参见林黎《USMCA 原产地规则变化对中国的影响及其启示》，《对外经贸实务》2020 年第 7 期，第 41 页。

② 参见 Alvaro Santos, "Reimagining Trade Agreements for Workers: Lessons from the USMCA," (2019) 113 *AJIL Unbound*, p. 411; Aneta Tyc, *Global Trade, Labour Rights and International Law: A Multilevel Approach*, London: Routledge, 2021, p. 172。

③ 参见孙丽、图古勒《国际经贸规则重构对我国汽车产业的影响及对策——基于 USMCA、CPTPP 和 RCEP 的分析》，《亚太经济》2021 年第 3 期，第 107 页。

定》限制我国对北美自贸区国家出口汽车产品的负面影响,继续融入世界经济发展中。[①] 此外,还应积极推进其他自贸协定的签署和升级,利用原产地规则促进我国优势产业的发展,促进汽车产品出口的多元化。

---

① 参见孙丽、图古勒《国际经贸规则重构对我国汽车产业的影响及对策——基于 USMCA、CPTPP 和 RCEP 的分析》,《亚太经济》2021 年第 3 期,第 112 页。

第三章

美国自由贸易协定劳动争端解决机制的演进

1994 年 1 月 1 日，由美国、加拿大和墨西哥签署的《北美自由贸易协定》及其附属协定《北美劳工合作协定》生效，这是最早对劳工标准作出详细规定的自由贸易协定，[①] 不仅规定了 11 项劳工原则，还规定了在该自贸协定下劳动争端的解决机制和救济措施。美国后续自由贸易协定劳工标准[②]沿袭了《北美劳工合作协定》的相关规定，但均有不同程度的升级和发展。2020 年 7 月 1 日生效的《美墨加协定》是 1994 年《北美自由贸易协定》的升级版，体现了劳工标准的最新发展。以《北美劳工合作协定》和《美墨加协定》为重点，结合"美国与危地马拉劳动争端案"，研究美国自贸协定劳动争端解决机制，可从历史发展的视角审视其演进脉络，揭示通过争端解决机制将贸易与劳工问题进行实质性关联以加强劳工标准的执行力的途径，并展示其最新制度发展。为此，本章第一节简要介绍《北美劳工合作协定》和《美墨加协定》关于劳动权利的规定，它们是争端解决机制的适用范围，即争端解决机制仅适用于不同自贸协定中各自明确规定的劳动权利所涉争端。第二节研究《北美劳工合作协定》劳动争端解决机制。第三节讨论《美国－多米尼加－中美洲国家自由贸易协定》下的"美国与危地马拉劳动争端案"，这是将劳工权利争端提交自由贸易协定争端解决机制的第一个案件，其裁决结果对《美墨加协定》劳动争端解决机制的最新发展产生了重大影响。第四节探讨《美墨加协定》劳动争端解决机制。第五节揭示美国自由贸易协定劳动争端解决机制演进的启示意义。

---

① 参见佘云霞《自由贸易与劳工标准问题》，《广东社会科学》2009 年第 1 期，第 40 页。
② 从 1994 年到 2019 年，在美国 14 个生效的自贸协定中，有 13 个纳入了劳工标准。参见 Marva Corley and Elizabeth Echeverria Manrique, *Labour Provisions in G7 Trade Agreements: A Comparative Perspective*, Geneva: International Labour Office, 2019, p. 15。

第一节　《北美劳工合作协定》和《美墨加协定》
关于劳工权利的规定

一　《北美劳工合作协定》关于劳工原则的规定

《北美自由贸易协定》通过其附属协定《北美劳工合作协定》规定了 11 项劳工原则：结社自由和保护组织权、集体谈判权、罢工权、禁止强迫劳动、对童工和青年工人的劳动保护、最低就业标准、消除就业歧视、男女同工同酬、预防职业伤害和职业病、对遭受职业伤害和职业病患者给予补偿、保护移徙工人。① 关于这 11 项劳工原则，该协定仅要求缔约国承担有效实施与 11 项劳工原则有关的各自国内劳动法律和法规的义务。② 换言之，该协定没有为缔约国设定共同的最低劳工标准（do not establish common minimum standards for their domestic law），而是要求缔约国关注这 11 项劳工原则所涉领域，并在这些领域"按照自己的方式，发展旨在保护本国劳动力权益的法律、法规、程序和做法"。③

值得注意的是，关于这 11 项劳工原则，没有使用"国际上承认的劳工权利"（internationally recognized worker rights）这样的措辞。这说明，《北美劳工合作协定》强调的是各缔约国促进实施和提高其国内劳工标准，而不是国际承认的劳工标准。换言之，《北美劳工合作协定》的基

---

① 参见《北美劳工合作协定》附录 1。
② 参见《北美劳工合作协定》第 3 条。
③ 《北美劳工合作协定》附录 1。

础之一是由各缔约国实施各自国内劳动法。比如对于墨西哥最低工资标准（5 美元/天）以及允许 14 岁的儿童在企业中工作的条款，不能要求其根据《北美劳工合作协定》进行修改。同理，也不能根据《北美劳工合作协定》要求美国对其相关问题进行解决，如美国法律允许永久替代罢工工人和歧视性解雇工会积极分子。①

二 《美墨加协定》关于劳工权利的规定

与《北美自由贸易协定》不同，《美墨加协定》在主协定文本中纳入劳动章节，对劳工权利作出规定，同时其文本含义也更严格。

首先，它要求缔约国在其国内法和相关实践中"采纳和维持"两类劳工权利：第一类为国际劳工组织 1998 年《宣言》载明的基本劳工权利，即结社自由和有效承认集体谈判权、消除一切形式的强迫或强制劳动、有效废除童工、消除就业和职业歧视；② 第二类为有关最低工资、工作时间、职业安全与健康的可接受的工作条件。③

其次，《美墨加协定》劳动章节通过增加脚注注解，明确界定条款的相关内容。对此，前文已作充分讨论，此处不作详述。

再次，《美墨加协定》增加了关于强迫劳动、暴力侵害工人、移徙工人和工作场所基于性别的歧视的全新规定，要求缔约方消除一切形式的强迫或强制劳动，并要求其禁止"从其他来源进口全部或部分通过强迫或强制劳动（包括强迫或强制童工劳动）生产的产品"；④ 保障工人和

---

① 参见 Lance Compa, "Enforcing Worker Rights Under the NAFTA Labor Side Accord," (1994) 88 *Proceedings of the Annual Meeting*（*American Society of International Law*），p. 537。

② 参见《美墨加协定》第 23. 3. 1 条。

③ 参见《美墨加协定》第 23. 3. 2 条。

④ 《美墨加协定》第 23. 6 条。

劳工组织在行使劳动权利时免于暴力、威胁和恐吓;① 确保移徙工人受劳动法保护,无论他们是国民还是非国民;② 要求缔约国实施保护工人免受基于性别的就业歧视政策,并明确规定保护范围,具体包括消除基于怀孕、性骚扰、性取向、性别认同和照顾责任的就业歧视,提供产假/收养假和照顾家庭成员假,以及消除工资歧视。③

最后,全面理解《美墨加协定》劳工权利还应注意其他相关规定。比如,关于墨西哥集体谈判中工人代表的规定,要求墨西哥承诺进行劳动法改革。④ 又如,汽车零部件中的 40%(乘用车)和 45%(轻重型卡车)由时薪不低于 16 美元的工人生产。⑤

相较于《北美劳工合作协定》规定的 11 项劳工原则,《美墨加协定》规定的两类劳工权利显示以下特征。其一,它们具有可执行性,要求缔约国把劳工权利纳入国内法意味着它是一项强制性义务,若未能纳入则构成违反协定义务,其他缔约方可请求当事方实施该义务。其二,《美墨加协定》通过脚注对第一类所指的基本劳工权利的义务范围进行明确界定,即这些义务与国际劳工组织相关时,仅指国际劳工组织 1998年《宣言》中涉及基本劳工权利的义务,⑥ 这些基本劳工权利体现在国际劳工组织 8 项基本劳工公约⑦中。然而,国际劳工组织 1998 年《宣

---

① 参见《美墨加协定》第 23.7 条。

② 参见《美墨加协定》第 23.8 条。

③ 参见《美墨加协定》第 23.9 条。

④ 参见《美墨加协定》第 23 章附件 A。

⑤ 参见 USMCA, Chapter 4, Annex 4 – B, Appendix, Provisions Related to the Product-Specific Rules of Origin for Automotive Goods, Article 7. 3。

⑥ 参见《美墨加协定》第 23 章脚注 3。

⑦ 这 8 项基本劳工公约是:1948 年《结社自由与保护组织权公约》(第 87 号公约)、1949 年《组织权与集体谈判权公约》(第 98 号公约)、1930 年《强迫劳动公约》(第 29 号公约)、1957 年《废除强迫劳动公约》(第 105 号公约)、1951 年《对男女工人同等价值的工作付予同等报酬公约》(第 100 号公约)、1958 年《(就业和职业)(转下页注)

言》本身是一份"没有约束力的政治声明",① 不能直接为成员国创设国际法上的新法律义务。基本劳工公约确立的国际劳工标准,只有在成员国依据其国内法律程序批准公约后,才对该成员国产生效力;② 对尚未批准的基本劳工公约,成员国仅承担提交报告的义务。③ 简言之,《美墨加协定》通过将国际劳工组织 1998 年《宣言》中的基本劳工权利纳入该协定使其成为协定义务,而不涉及因批准特定基本劳工公约而产生的劳工公约义务。其三,关于第二类所指的可接受的工作条件,并不涉及国际劳工标准问题,它们仅限于各成员国国内劳动法上确定的保护水平,没有要求缔约方实施统一的可接受的工作条件。

第二节　《北美劳工合作协定》劳动争端解决机制

在《北美自由贸易协定》框架下,没有建立起统一适用的争端解决机制,协定针对不同类型的争端事项设置了不同的争端解决机制,如第 11 章设置的投资争端解决机制、第 14 章设置的金融服务争端解决机制④、附属协定《北美劳工合作协定》设置的劳动争端解决机制。在这

（接上页注⑦）歧视公约》（第 111 号公约）、1973 年《准予就业最低年龄公约》（第 138 号公约）、1999 年《禁止和立即行动消除最恶劣形式的童工劳动公约》（第 182 号公约）。

① 参见陈一峰《劳工、贸易与霸权——国际劳工组织基本劳工权利的缘起与争议》,载《北大法律评论》编委会编《北大法律评论》（第 19 卷·第 2 辑）,北京大学出版社,2020,第 242~243 页。

② 参见王家宠《国际劳动公约概要》,中国劳动出版社,1991,第 16~17 页。

③ 参见 1998 年《〈国际劳工组织关于工作中基本原则和权利宣言〉的后续措施》第二部分第 B 条。

④ 参见《北美自由贸易协定》,叶兴国、陈满生译,法律出版社,2011,第 241~249、268~271 页。

些争端解决机制下，争端解决机构、管辖范围、程序规则、适用法律各
不相同，此外，不同程序下诉讼主体也各不相同。《北美劳工合作协定》
建立了单独的劳动争端解决机制，其主要内容包括以下几个方面。

一 《北美劳工合作协定》下的劳动争端解决机构

在《北美劳工合作协定》框架下，成立了劳工合作委员会监督该协
定的实施并参与解决劳动争端。[①] 劳工合作委员会是一个跨国层面的三方
机构，其主要职能包括组织研究，就协定有关议题提出政策建议，参与协
定下争端的裁决过程，以及保障公众对涉及劳工合作的事项的知情权。[②]

劳工合作委员会由部长理事会及秘书处组成。[③] 部长理事会是核心
机构，由缔约方劳工部长或其指定人员组成，[④] 主要职能包括：监督协
定的实施，就协定解释提出建议；就协定有关议题提出政策建议；指导
秘书处与其他工作组的工作；确定优先的合作活动；促进当事方之间进
行协商，如进行信息交换；等等。[⑤] 秘书处的工作主要是协助部长理事
会，开展与各缔约方国家行政办公室的工作直接相关的问题的研究工
作等。[⑥]

此外，设立专家评估委员会[⑦]和仲裁小组[⑧]，协助部长理事会工作。

---

① 参见《北美劳工合作协定》第8.1条。
② 参见〔美〕弗朗切斯科·迪纳《自由贸易的社会建构——欧洲联盟、北美自由贸易协
定及南方共同市场》，黄胜强、许铭原译，中国社会科学出版社，2009，第174页。
③ 参见《北美劳工合作协定》第8.2条。
④ 参见《北美劳工合作协定》第9.1条。
⑤ 参见《北美劳工合作协定》第9～11条。
⑥ 参见《北美劳工合作协定》第12～14条。
⑦ 参见《北美劳工合作协定》第23条。
⑧ 参见《北美劳工合作协定》第29条。

不过这两个机构都是临时性的，在劳动投诉发生且磋商无果时，由部长理事会根据需要组建。这两个机构对缔约方劳工管理部门的影响很有限。

在国家层面，《北美劳工合作协定》要求各缔约方劳动行政主管部门成立国家行政办公室①（美国现在为贸易和劳工事务办公室）作为专门机构，负责受理关于违反劳工原则的投诉、公布报告、交换信息等。具体职能包括：作为缔约方政府机构与其他缔约方国家行政办公室建立联系，跟踪其他缔约方国内劳动法的实施情况，向其他缔约方介绍自己国内的相关法律、程序、政策和实践以及可能发生的变化，等等。② 三个国家行政办公室协助部长理事会开展工作，与劳工合作委员会建立稳定的合作关系，发挥监督协定实施的作用。这些是《北美劳工合作协定》关于缔约方机构设置的规定，同时表明缔约方劳工管理部门的内部结构发生了变化。③

二 《北美劳工合作协定》针对不同劳动权利争端建立多元化争端解决机制

依据《北美劳工合作协定》，缔约国承担有效实施与 11 项劳工原则相关的国内劳动法的义务，④ 若未能有效实施，将构成违反该协定义务并成为他方诉诸争端解决机制的理由。《北美劳工合作协定》将 11 项劳工原则归为三个层级的主题，并据此设置了不同的争端解决程序，具体如下：（1）适用磋商程序（包括国家行政办公室之间的磋商程序和部长

① 参见《北美劳工合作协定》第 15 条。
② 参见《北美劳工合作协定》第 16 条。
③ 参见〔美〕弗朗切斯科·迪纳《自由贸易的社会建构——欧洲联盟、北美自由贸易协定及南方共同市场》，黄胜强、许铭原译，中国社会科学出版社，2009，第 175 页。
④ 参见《北美劳工合作协定》第 3 条和附录 1。

级磋商程序)，即采用合作方式解决与 11 项劳工原则相关的争端问题；
(2) 成立独立的专家评估委员会，对与 8 项劳工原则（排除结社自由和
保护组织权、集体谈判权、罢工权）相关的劳动争端进行评估，并据评
估结果提出解决问题的建议（建议不具约束力）；(3) 成立仲裁小组解
决争端，但仅适用于与 3 项劳工原则（对童工和青年工人的劳动保护、
最低就业标准、预防职业伤害和职业病）相关的争端，该仲裁小组可要
求当事方制定补救行动计划，并被允许对未能实施该行动计划的行为处
以罚款或中止利益（如表 3 - 1 所示）。

表 3 - 1　11 项劳工原则所涉劳工权利争端的不同解决程序

	争端解决程序			
	国家行政办公室之间的磋商	部长级磋商	专家评估委员会	仲裁小组
适用的劳工原则	结社自由和保护组织权	结社自由和保护组织权		
	集体谈判权	集体谈判权		
	罢工权	罢工权		
	禁止强迫劳动	禁止强迫劳动	禁止强迫劳动	
	对童工和青年工人的劳动保护	对童工和青年工人的劳动保护	对童工和青年工人的劳动保护	对童工和青年工人的劳动保护
	最低就业标准	最低就业标准	最低就业标准	最低就业标准
	消除就业歧视	消除就业歧视	消除就业歧视	
	男女同工同酬	男女同工同酬	男女同工同酬	
	预防职业伤害和职业病	预防职业伤害和职业病	预防职业伤害和职业病	预防职业伤害和职业病
	对遭受职业伤害和职业病患者给予补偿	对遭受职业伤害和职业病患者给予补偿	对遭受职业伤害和职业病患者给予补偿	
	保护移徙工人	保护移徙工人	保护移徙工人	

资料来源：《北美劳工合作协定》第 21 ~ 37 条；Tamara Kay，"Legal Transnationalism: The
Relationship Between Transnational Social Movement Building and International Law," (2011) 36 (2)
Law and Social Inquiry, p. 432。

1. 磋商程序

磋商程序包括国家行政办公室之间的磋商程序和部长级磋商程序。国家行政办公室之间的磋商程序,[①] 适用于 11 项劳工原则所涉劳工权利争端的解决。缔约一方的国家行政办公室,可要求与缔约另一方的国家行政办公室按照相关规定[②]就后者国内的劳动法、劳动行政或劳动市场条件开展磋商。被要求磋商的国家行政办公室应就此迅速提供相关的公开数据或信息,如对其法律、法规、程序或做法的陈述,拟进行修法的建议,对投诉所涉问题的说明和解释。然而,对提起的投诉是否采取行动,国家行政办公室有很大的自由裁量权。比如,如果投诉方不能证明自己已寻求了所在国国内的适当救济,则其投诉会被驳回。而且绝大多数投诉案件由国家行政办公室作出最终决定。如国家行政办公室认定不存在违反该协定的情形,其决定是终局性的。[③]

部长级磋商程序,[④] 同样适用于 11 项劳工原则所涉劳工权利争端的解决。缔约一方可以书面方式要求就属于该协定范围内的任何问题与缔约另一方开展部长级磋商,提出磋商要求的一方应提供具体和充分的信息以便对方作出回应,并应迅速将这一要求通知其他缔约方。此外,认为自己在某一磋商所涉及的问题上具有实质性利益的第三方有权在当事方通知其他缔约方之后参加该磋商。磋商各方应尽一切努力通过该协定所规定的磋商程序解决相关问题,包括提供使各方能够对相关问题进行全面审查的充分的公开信息。

2. 专家评估程序

如果部长级磋商未能解决涉及职业安全和健康或其他技术性劳工标

---

① 参见《北美劳工合作协定》第 21 条。

② 参见《北美劳工合作协定》第 21.2 条。

③ 参见刘华《美欧社会倾销论实质研究——反倾销实践的新动向》,中国商务出版社,2014,第 59 页。

④ 参见《北美劳工合作协定》第 22 条。

准的争端事项，可以书面方式要求部长理事会成立专家评估委员会。专家评估委员会仅对技术性劳工标准争端进行研究分析，无权对非技术性劳工标准如结社自由和保护组织权、集体谈判权以及罢工权进行审查。[①]此外，若部长级磋商已经裁定相关事项与贸易无关或不为磋商双方共同承认的劳动法所涵盖，则不得成立专家评估委员会。[②] 专家评估委员会将撰写报告，提交部长理事会审议。

依据《北美劳工合作协定》第 24 条，部长理事会应为专家评估委员会制定议事规则，主要包括以下几点。（1）专家评估委员会通常由 3 人组成。（2）成员应具有劳工问题领域或其他适当领域的专业知识或经验，具有客观性、可靠性和明智的判断力，独立于任何缔约国和秘书处，不接受任何缔约国和秘书处的指令，并且遵守由部长理事会制定的行为守则。（3）专家评估委员会在起草报告时，可考虑以下各方提供的信息：秘书处，各缔约方的国家行政办公室，具有相关专业知识的组织、机构和人员，公众。（4）各缔约国都应有合理的机会审查专家评估委员会收到的信息，对这种信息作出评价，并向专家评估委员会提交书面意见。

专家评估委员会在起草报告时，可考虑使用的信息来源繁多，在此情形下，协定为缔约国提供合理的机会审查专家评估委员会收到的信息，作出评价，并提交书面意见，这有助于各缔约国全面客观澄清和说明相关问题，进而对专家评估委员会作出客观正确的结论大有裨益。

专家评估委员会应在其成立后的 120 日内或在部长理事会另行决定

---

① 参见《北美劳工合作协定》第 23.2 条；刘文军、王祎主编《国际劳工标准案例评析》，中国劳动社会保障出版社，2009，第 158 页。

② 参见《北美劳工合作协定》第 23.3 条；Tamara Kay, "Legal Transnationalism: The Relationship Between Transnational Social Movement Building and International Law," (2011) 36 (2) *Law and Social Inquiry*, p. 431。

的其他期限内，向理事会提交报告草案。该草案内容应包括评估结论以及在适当情况下有助于缔约方解决相关事项的实用建议等。此外，任一缔约方都可就报告草案向专家评估委员会提交书面反馈意见。专家评估委员会在准备最终报告时应考虑这些意见。[1] 除非部长理事会另行决定，否则专家评估委员会应在提交报告草案后的 60 日内向部长理事会提交最终报告，最终报告应在提交部长理事会后的 30 日内公布。在专家评估委员会的最终报告公布后的 90 日内，缔约方应向其他缔约方和秘书处提交其对专家评估委员会报告中的建议的书面回应。[2]

3. 仲裁程序

在专家评估委员会就缔约一方的保护童工、最低工资以及职业安全与健康等技术性劳工标准的实施情况向部长理事会提交报告后，其他缔约国仍可就该缔约国是否持续地未能有效实施上述劳工标准请求与其进行磋商。若经过磋商双方仍未达成一致，磋商的任一缔约国可以书面要求部长理事会召集特别会议进行磋商。[3]

除非部长理事会另行决定，否则部长理事会应在收到要求后的 20 日内召集会议，并应努力尽快解决争端。如若理事会特别会议仍未解决争端，理事会应依据参加磋商的任一缔约国的书面要求，以 2/3 多数的表决结果决定成立仲裁小组。换言之，仲裁程序的启动需要理事会经投票并获 2/3 票数批准。但仲裁程序仅适用于缔约方未能有效实施其国内法中和保护童工、最低工资以及职业安全与健康相关的法律和法规的事项。[4] 也就是说，仲裁程序适用范围非常有限，如缔约方未有效实施其有关结社自由和保护组织权、集体谈判权以及罢工权的国内法，不适用

---

[1] 参见《北美劳工合作协定》第 25 条。
[2] 参见《北美劳工合作协定》第 26 条。
[3] 参见《北美劳工合作协定》第 27 条和第 28 条。
[4] 参见《北美劳工合作协定》第 28 条和第 29 条。

仲裁程序，这些情形只适用国家行政办公室之间的磋商和部长级磋商程序。① 与此相关，成立仲裁小组所要审查的前述事项，必须与贸易有关且为磋商双方共同承认的劳动法所涵盖。②

　　部长理事会应建立仲裁规则，主要包括以下几点。（1）创建并持有一份仲裁小组成员的名册，名册中的人员由部长理事会以协商一致的方式任命，任期为3年，可以连任。③ （2）名册中的人员具有劳动法及其实施方面，有关国际协定下的争端解决或其他相关科学、技术和行业的专业知识、经验；具有客观性、可靠性和明智的判断力；独立于任何缔约国和秘书处，不接受任何缔约国和秘书处的指令；遵守由部长理事会制定的行为守则。④ （3）仲裁小组由5名成员组成。争端双方应争取在理事会表决决定成立仲裁小组之日起15日内，就仲裁小组的主席人选达成一致。如果争端双方未能在此期限内就仲裁小组主席人选达成一致，应通过抽签的方式在它们之间选定一方，然后由被选定的一方在5日内选出非该国公民的人担任仲裁小组主席。在仲裁小组主席选定后的15日内，争端双方应各选定2名拥有对方国籍的人担任仲裁小组成员。（4）议事规则主要内容包括：争端任何一方在仲裁小组至少有一次听证的机会；争端任何一方都有提交初步书面意见和书面反馈意见的机会；仲裁小组任何成员都不得透露有关其某个成员持多数意见还是少数意见的信息；除非争端各方在部长理事会表决决定成立仲裁小组之日起20日内另有约定，否则仲裁小组应按照该协定的相关规定，审查被投诉方是否存在未能有效实施有关保护童工、最低工资以及职业安全与健康的技术性劳工

---

① 参见 Tamara Kay, "Legal Transnationalism: The Relationship Between Transnational Social Movement Building and International Law," (2011) 36 (2) *Law and Social Inquiry*, p. 432。

② 参见《北美劳工合作协定》第29条。

③ 参见《北美劳工合作协定》第30条和第32条。

④ 参见《北美劳工合作协定》第29条。

标准的一贯行为模式，并按照第 36.2 条（提交初步报告）给出调查结果，确定结论并提出相关建议。①

仲裁小组应按照相关规定提交初步报告。除非争端各方另有约定，否则仲裁小组应在最后一名成员选定后的 180 日内向争端各方提交包括以下内容的初步报告：（1）对事实的认定；（2）对被投诉方是否存在未能有效实施有关保护童工、最低工资以及职业安全与健康的技术性劳工标准的一贯行为模式的认定，以及对该行为模式是否被争端各方共同承认的劳动法所涵盖和是否与贸易相关的认定，或对在职责范围内所应作出的任何其他事项的认定；（3）若仲裁小组对第（2）项中的事项作出肯定性认定，它应就如何解决争端提出建议——该建议通常要求被投诉方制定并实施足以纠正未能实施相关标准的行为模式的行动计划。当事方可在仲裁小组的初步报告提交后的 30 日内就该报告向仲裁小组提交书面反馈意见。② 除非争端各方另有约定，否则仲裁小组应在提交初步报告之后的 60 日内向争端各方提交最终报告，包括关于任何未能达成一致意见的事项的独立意见。③

三 《北美劳工合作协定》下劳动争端解决的救济措施

针对《北美劳工合作协定》规定的 11 项劳工原则，对其所涉劳动争端解决的救济措施有如下三种。

（1）制定和实施行动计划。如果仲裁小组在最终报告中认定被投诉方存在未能有效实施有关保护童工、最低工资以及职业安全与健康的技术性劳工标准的一贯行为模式，争端各方可达成一个各方共同满意的符

---

① 参见《北美劳工合作协定》第 33 条。

② 参见《北美劳工合作协定》第 36 条。

③ 参见《北美劳工合作协定》第 37.1 条。

合仲裁小组决定和建议的行动计划。就此，争端各方应将所达成的行动计划通知给秘书处和部长理事会。①

（2）罚款。② 如果仲裁小组裁决缔约一方存在未能有效实施相关标准的一贯做法，但争端各方未能在最终报告提交后的 60 日内就所要求的行动计划达成一致，或者争端各方不能就被投诉方是否全面实施已同意的行动计划达成一致，可重新召集仲裁小组并在召集后的 90 日内或在争端各方所商定的其他期限内，作出以下两种决定中的一种：若被投诉方正在全面实施行动计划，在这种情况下，仲裁小组不得对被投诉方处以罚款；若被投诉方没有全面实施行动计划，在这种情况下，仲裁小组应在决定作出后的 60 日内或在争端各方所商定的其他期限内，按照附录 39 对被投诉方处以罚款。③ 被投诉方被处以罚款的数额，在该协定生效之日起的第一年内，不得超过 2000 万美元或等值的被投诉方国内货币；在此之后，罚款数额不得超过有关数据可查的最近一年争端双方产品贸易总额的 0.007%。④ 同时，在决定罚款数额时，仲裁小组应考虑以下因素：被投诉方未能有效实施相关标准的一贯行为模式的广泛程度和持续时间；鉴于被投诉方资源的有限性，其国内所能够达到的可以合理预期的实施水平；被投诉方所提出的未能全面实施某一行动计划的理由（如果该方提出此种理由的话）；在仲裁小组的最终报告提交之后，被投诉方为纠正未能有效实施相关标准的一贯行为模式而作出的努力；等等。⑤ 由此可见，罚款措施只有在一系列的双边解决程序不成功后才可以适用。

---

① 参见《北美劳工合作协定》第 38 条。
② 参见《北美劳工合作协定》第 39 条和附录 39。
③ 参见《北美劳工合作协定》第 39 条。
④ 参见《北美劳工合作协定》附录 39 第 1 条。
⑤ 参见《北美劳工合作协定》附录 39 第 2 条。

（3）中止利益。[①] 当裁定作出后的 180 日内所涉缔约方未能支付罚款，则任何投诉方可以中止给予《北美自由贸易协定》下的利益，中止利益的总额不得超过罚款的数额。在投诉方按照相关规定中止利益的情况下，部长理事会应在收到被投诉方向其他各缔约方以及秘书处的书面请求之后重新召集仲裁小组，根据具体情况确定罚款是否已支付，或被投诉方是否正在全面实施行动计划。仲裁小组应在重新召集后的 45 日内提交报告。如果仲裁小组认定罚款已支付，或被投诉方正在全面实施行动计划，那么根据相关规定所采取的中止利益的措施应该停止。[②] 但中止利益本身是一种惩罚，不是赔偿，并不能减少最初的损害。而且，它有碍于正常贸易，并不可避免地侵害投诉方国内的消费者。

最后，需要强调两个问题。其一，在《北美劳工合作协定》争端解决机制下，仲裁程序仅适用于缔约国持续地未能有效实施其国内法中和保护童工、最低工资以及职业安全与健康标准相关的法律和法规的情形。也就是说，缔约国未有效实施其有关结社自由和保护组织权、集体谈判权以及罢工权的国内法的情形，并不适用仲裁程序，它们只适用磋商程序。[③] 此外，只有保护童工、最低工资、职业安全与健康这三项技术性标准是可执行的，如若违反，可处以罚款和中止利益，[④] 这实际上是在限定的劳工标准领域把贸易制裁措施与劳工问题联系起来，利用贸易制裁措施来解决特定的劳工问题。其二，《北美劳工合作协定》规定了适用救济措施的例外情形，即如果缔约一方的相关机构或官员的作为或不作为，反映了该机构或官员在调查、起诉、规制或守法等事项方面的自

---

① 参见《北美劳工合作协定》第 41 条和附录 41B。

② 参见《北美劳工合作协定》第 41 条。

③ 参见吴曼嘉《美国自由贸易协定中的劳工条款评析——以北美自由贸易协定为例》，《中共贵州省委党校学报》2013 年第 6 期，第 123 页。

④ 参见《北美劳工合作协定》附录 39 和附录 41B。

由裁量权，或是有关为实施更重要的其他劳工标准而分配资源的善意决定所导致的结果，则不能认为该缔约方"未能有效实施其有关职业安全与健康、保护童工或最低工资的技术性劳工标准"。[①] 这意味着，即使一缔约国被裁决未有效实施其相关劳动法律，但该国如果"是在合理地行使自由裁量权"或者出于"对其他被认为是更重要的劳动事项所进行的资源分配的善意决定"，则可免于制裁。现实中，这项例外规定为某些劳动法的执行不力提供了合法的免责依据。

四　《北美劳工合作协定》劳动争端解决机制特征

第一，《北美自由贸易协定》的一个主要特征，就是通过《北美劳工合作协定》建立了单独的劳动争端解决机制，该机制针对 11 项劳工原则所涉劳动权利争端设置了不同的争端解决程序，用以解决缔约国持续性地未能有效实施这 11 项劳工原则而引起的争端。对于缔约国持续地未能有效实施其国内法中和保护童工、最低工资以及职业安全与健康标准相关的法律和法规的情形，允许使用仲裁程序和贸易制裁措施，在限定的劳工标准领域把贸易制裁措施与劳工问题联系起来，利用贸易制裁措施来解决特定的劳工问题。

第二，它把一般国际法上的和平解决争端的外交方法与法律方法相结合，使用磋商和仲裁程序解决劳动争端，而且在解决劳动争端时必须首先适用磋商程序，即磋商程序是仲裁程序的前置程序。[②] 协定对 11 项劳工原则所涉权利争端建立了解决机制，而不同劳工原则所涉权利争端适用不同层次的争端解决程序。如仲裁程序仅适用于缔约一方持续地未

---

① 《北美劳工合作协定》第 49 条。
② 参见钟立国《从 NAFTA 到 AUSFTA：区域贸易协定争端解决机制的晚近发展及其对两岸经济合作框架协议的启示》，《时代法学》2009 年第 6 期，第 41 页。

能有效实施其国内法中和保护童工、最低工资以及职业安全与健康标准相关的法律和法规的情形。① 同时，《北美劳工合作协定》劳动争端解决机制包含多个步骤的规则程序，操作性非常强，如具体规定了劳动磋商的步骤和相应条件、专家评估委员会的程序规则以及仲裁小组的组成和议事规则，这体现了劳动争端解决机制的制度化和具体化。

第三，《北美劳工合作协定》下可执行的劳工标准非常有限。它对所列明的 11 项劳工原则涉及的劳工权利提供不同程度的保护，仅对侵害特定种类的劳工权利（保护童工、最低工资以及职业安全与健康标准方面）的投诉适用仲裁程序。同时，罚款和中止利益也仅适用于涉及违反有关保护童工、最低工资、职业安全与健康等的国内法律和法规的情形（而不涉及自由结社、集体谈判和强迫劳动等问题）。② 它表明美国、加拿大和墨西哥通过《北美劳工合作协定》，建立起在北美自由贸易区适用的劳工标准规范内容和劳动争端解决机制，形成了一个独立的劳工标准实施体系。然而，有研究指出，"依据《北美劳工合作协定》，即使工人们已经证明他们的案子符合投诉的相关规定，但救济结果并不明显，侵权行为持续发生……因此，必须在主协定《北美自由贸易协定》中纳入可执行的劳工标准，附属协定发挥不了实际作用"。③ 然而，罚款和中止利益制度的意义在于其被引入美国与其他国家签订的自由贸易协定中，如《美国与澳大利亚自由贸易协定》第 21.11 条和第 21.12 条规定，如果违反方未能遵守裁决，拒绝支付罚款，投诉方可中止实行贸易减让。但现实中，缔约一方政府由于担心缔约另一方实施报复，并不愿意提起

---

① 参见傅明、张讷《论〈北美自由贸易协定〉之分散型争端解决机制》，《国际经济法学刊》2006 年第 2 期，第 309~310 页。

② 参见佘云霞《国际劳工标准：演变与争端》，社会科学文献出版社，2006，第 132 页。

③ Tamara Kay, "Legal Transnationalism: The Relationship Between Transnational Social Movement Building and International Law," (2011) 36 (2) *Law and Social Inquiry*, p. 444.

惩罚性仲裁，实际上从未发生过依据《北美劳工合作协定》提起仲裁的情形。①

第三节　"美国与危地马拉劳动争端案"及其影响

在讨论"美国与危地马拉劳动争端案"前，简要介绍美国签订的所有纳入劳工标准的自由贸易协定。截至 2022 年 6 月，美国陆续签订并实施了 14 个自由贸易协定（涉及 20 个国家②）。在这 14 个自由贸易协定中，有 13 个纳入了劳工标准，只有《美国与以色列自由贸易协定》（1985 年 9 月 1 日生效）没有纳入劳工标准。虽然美国自 1994 年《北美自由贸易协定》后签订的每一个自由贸易协定都纳入了劳工标准，但随着美国国内立法和贸易政策的变化，这些自由贸易协定中的劳工权利内容、保护水平以及争端解决机制各不相同，③ 而主要变化就是在主协定中纳入劳动章节，把劳动章节义务与协定下的其他章节义务置于同一争端解决机制下，增强了劳工标准的可强制执行性，执行机制适用的权利

---

① 参见钟立国《从 NAFTA 到 AUSFTA：区域贸易协定争端解决机制的晚近发展及其对两岸经济合作框架协议的启示》，《时代法学》2009 年第 6 期，第 46 页。

② 这 20 个国家包括：澳大利亚、巴林、加拿大、智利、哥伦比亚、哥斯达黎加、多米尼加、萨尔瓦多、危地马拉、洪都拉斯、以色列、约旦、韩国、墨西哥、摩洛哥、尼加拉瓜、阿曼、巴拿马、秘鲁及新加坡。参见美国贸易代表办公室网站，https://ustr.gov/trade-agreements/free-trade-agreements，最后访问日期：2022 年 6 月 22 日。

③ 参见边永民《以美国和欧盟为主导的自由贸易区协议中的劳工保护问题研究》，载沈四宝、王军主编《国际商法论丛》（第 10 卷），法律出版社，2010，第 16～21 页；唐锋、谭晶荣《美国贸易立法中的劳工条款研究》，《现代经济探讨》2011 年第 7 期，第 90 页；李西霞《自由贸易协定中的劳工标准》，社会科学文献出版社，2017，第 99～161 页。

内容逐渐扩大。①

在 13 个纳入劳工标准的自由贸易协定中，只有美国、加拿大与墨西哥签订的《北美自由贸易协定》（1994 年 1 月 1 日生效）是通过附属协定《北美劳工合作协定》规定劳工标准的，而其他 12 个自由贸易协定均在主协定中纳入劳工标准和劳动争端解决机制，它们是《美国与澳大利亚自由贸易协定》（2005 年 1 月 1 日生效，第 18 章为劳动章节）、《美国与巴林自由贸易协定》（2006 年 1 月 11 日生效，第 15 章为劳动章节）、《美国与智利自由贸易协定》（2004 年 1 月 1 日生效，第 18 章为劳动章节）、《美国与哥伦比亚自由贸易协定》（2012 年 5 月 15 日生效，第 17 章为劳动章节）、《美国 – 多米尼加 – 中美洲国家自由贸易协定》（对萨尔瓦多于 2006 年 3 月 1 日生效，对洪都拉斯和尼加拉瓜于 2006 年 4 月 1 日生效，对危地马拉于 2006 年 7 月 1 日生效，对多米尼加于 2007 年 3 月 1 日生效，对哥斯达黎加于 2009 年 1 月 1 日生效，第 16 章为劳动章节）、《美国与约旦自由贸易协定》（2010 年 1 月 1 日生效，第 6 条为劳工条款）、《美国与新加坡自由贸易协定》（2004 年 1 月 1 日生效，第 17 章为劳动章节）、《美国与摩洛哥自由贸易协定》（2006 年 1 月 1 日生效，第 16 章为劳动章节）、《美国与阿曼自由贸易协定》（2009 年 1 月 1 日生效，第 16 章为劳动章节）、《美国与秘鲁自由贸易协定》（2009 年 2 月 1 日生效，第 17 章为劳动章节）、《美国与韩国自由贸易协定》（2012 年 3 月 15 日生效，第 19 章为劳动章节）、《美国与巴拿马自由贸易协定》（2012 年 10 月 31 日生效，第 16 章为劳动章节）。② 然而，随着《北美劳工合作协定》被 2020 年 7 月 1 日生效的《美墨加协定》取代，美国自贸

① 参见 ILO, *Assessment of Labour Provisions in Trade and Investment Arrangements*, Geneva: ILO, 2016, p. 42。

② 参见美国贸易代表办公室网站，https://ustr.gov/trade-agreements/free-trade-agreements，最后访问日期：2022 年 6 月 22 日。

协定均在其主协定中纳入劳工标准。

自 1994 年《北美劳工合作协定》生效以来,只有一个劳动争端案件诉诸自由贸易协定下的仲裁小组程序,即《美国 – 多米尼加 – 中美洲国家自由贸易协定》下的"美国与危地马拉劳动争端案"。该案作出了不利于美国的裁决,但美国借《美墨加协定》修改和发展了相关程序性规则,使其朝着对己有利的方向发展。该案是截至目前唯一一个由仲裁小组裁定的案件,且对美国自贸协定劳动争端解决机制的发展产生了重要影响,故本节着重讨论"美国与危地马拉劳动争端案"。

一 "美国与危地马拉劳动争端案"的磋商与仲裁

从"美国与危地马拉劳动争端案"看,两国之间关于劳动问题的磋商和仲裁是一个漫长的过程,以下逐一讨论磋商与仲裁程序。

1. "美国与危地马拉劳动争端案"的提起与磋商程序

《美国 – 多米尼加 – 中美洲国家自由贸易协定》是美国与中美洲 5 个较小的发展中国家及北美洲的多米尼加签订的自由贸易协定,但该协定对各缔约国的生效时间并不相同,具体为:对萨尔瓦多于 2006 年 3 月 1 日生效,对洪都拉斯和尼加拉瓜于 2006 年 4 月 1 日生效,对危地马拉于 2006 年 7 月 1 日生效,对多米尼加于 2007 年 3 月 1 日生效,对哥斯达黎加于 2009 年 1 月 1 日生效。① 在该协定中,第 16 章(劳动章节)规定了劳动法的实施义务②以及劳动争端解决的磋商程序,同时规定了劳动争

---

① 参见 Office of the United State Trade Representative, CAFTA-DR (Dominican Republic-Central America FTA), https://ustr. gov/trade-agreements/free-trade-agreements/cafta-dr-dominican-republic-central-america-fta, 最后访问日期:2021 年 9 月 26 日。

② 参见《美国 – 多米尼加 – 中美洲国家自由贸易协定》第 16. 2 条。

端的解决受主协定第 20 章的争端解决机制约束，① 劳动磋商程序为前置程序，② 从而强化了争端解决机制。

2008 年 4 月，美国劳工联合会和产业工会联合会与 6 个危地马拉工会向美国贸易和劳工事务办公室提起申诉，指称危地马拉违反了 CAFTA-DR 第 16 章规定的义务，即违反了该协定第 16.1 条（共同承诺［国际劳工组织 1998 年《宣言》］的声明）、第 16.2 条（劳动法的实施）和第 16.3 条（程序性保障和公众意识）规定的义务，涉及对国际劳工组织 1998 年《宣言》下义务的承诺、劳动法的实施义务以及诉诸公正和高效的法院的制度。③ 美国贸易和劳工事务办公室受理了申诉，并于 2009 年 1 月发布了调查报告和对危地马拉采取行动的建议书。其后，2010 年 7 月 30 日，美国提出危地马拉采取的行动不足以证明其已解决调查报告中提出的问题，对此美国根据 CAFTA-DR 第 16.6.1 条④，要求与危地马拉就 CAFTA-DR 第 16.2.1（a）条⑤规定的有关危地马拉义务的问题进行正式磋商。⑥ 据此，2010 年 9 月和 12 月，两国举行了磋商会议，2011 年 6 月 7 日，应美国要求自由贸易委员会在危地马拉城举行会议，就所涉问

---

① 参见《美国－多米尼加－中美洲国家自由贸易协定》第 16.6 条。

② 参见《美国－多米尼加－中美洲国家自由贸易协定》第 16.6.8 条。

③ 参见 ILO, *Assessment of Labour Provisions in Trade and Investment Arrangements*, Geneva: ILO, 2016, p. 45。

④ 《美国－多米尼加－中美洲国家自由贸易协定》第 16.6.1 条规定："缔约一方可通过向缔约另一方依据第 16.4.3 条指定的联络点提交书面请求，请求与该方就本章下产生的任何事项进行磋商。"

⑤ 《美国－多米尼加－中美洲国家自由贸易协定》16.2.1（a）条规定："在本协定生效后，任何缔约方都不得以影响双方贸易的方式，通过持续的或反复的作为或不作为，不有效实施其劳动法。"

⑥ 参见 ILO, *Assessment of Labour Provisions in Trade and Investment Arrangements*, Geneva: ILO, 2016, p. 45。

题进行讨论，但上述所有努力都未能解决争端问题。①

2. "美国与危地马拉劳动争端案"的仲裁程序

（1）案件进入仲裁程序及其中止。在磋商未果后，2011 年 8 月 9 日，美国根据 CAFTA-DR 第 20.6.1 条要求成立仲裁小组，以审查危地马拉政府是否遵守 CAFTA-DR 第 16.2.1（a）条规定的义务，其指称，"危地马拉未能遵守第 16.2.1（a）条关于有效实施危地马拉劳动法中结社自由、组织权和集体谈判权以及可接受的工作条件方面的义务"。② 该要求提出后，仲裁小组于 2012 年 11 月 30 日成立，③ 以审查危地马拉政府是否违反 CAFTA-DR 第 16.2.1（a）条规定的义务的情况。至此，仲裁小组进入仲裁程序。

然而，就在仲裁小组成立的同日，即 2012 年 11 月 30 日，当事双方向负责办公室④发送了一封联名信，商定暂停仲裁程序 60 天。⑤ 争端解决仲裁程序中止。之后，当事双方又数次向负责办公室发送联名信，称双方达成了"实施计划"（enforcement plan），危地马拉承诺在六个关键领域采取行动，以解决美国提出的劳动执法问题，并监督该计划的执行情况。双方要求继续暂停仲裁程序，直到 2014 年 9 月 19 日，仲裁小组

---

① 参见 Arbitral Panel, in the Matter of Guatemala—Issues Relating to the Obligations Under Article 16.2.1（a）of the CAFTA-DR（June 14, 2017）, Final Report of the Panel, para. 91。

② Arbitral Panel, in the Matter of Guatemala—Issues Relating to the Obligations Under Article 16.2.1（a）of the CAFTA-DR（June 14, 2017）, Final Report of the Panel, para. 2.

③ 参见 Arbitral Panel, in the Matter of Guatemala—Issues Relating to the Obligations Under Article 16.2.1（a）of the CAFTA-DR（June 14, 2017）, Final Report of the Panel, para. 3。

④ 参见 Article 2 of the Rules of Procedure for Chapter Twenty of the Dominican Republic-Central America-United States Free Trade Agreement, "Responsible office means the office of the Party complained against"。

⑤ 参见 Arbitral Panel, in the Matter of Guatemala—Issues Relating to the Obligations Under Article 16.2.1（a）of the CAFTA-DR（June 14, 2017）, Final Report of the Panel, para. 5.

重启工作。①

（2）仲裁程序的重启。2014 年 9 月 19 日，美国贸易代表办公室宣布，由于"实施计划"中的关键问题仍未得到解决，美国将继续对危地马拉启动劳动执法的争端解决程序，至此，仲裁程序重启。②

2014 年 11 月 3 日和 2015 年 2 月 2 日，美国和危地马拉先后提交了初步书面陈述和应诉陈述。③ 美国向仲裁小组提交的初步书面陈述称，危地马拉通过持续的或反复的不作为而多次未能有效实施其劳动法，据此要求仲裁小组对其指称的危地马拉违反 CAFTA-DR 第 16.2.1（a）条的行为进行评估。危地马拉在其初步书面应诉陈述中要求仲裁小组驳回美国的请求，主张仲裁小组对争端事项没有管辖权，美国没有证明它是一个有表面证据的案件（prima facie case），此外美国的一些证据是有瑕疵的和不可靠的，因为这些证据来自匿名来源。④ 仲裁过程涉及以下几个问题。

其一，管辖权问题。美国指称危地马拉违反了其在 CAFTA-DR 第 16.2.1（a）条下的义务，该条规定："在本协定生效后，任何缔约方都不得以影响双方贸易的方式，通过持续的或反复的作为或不作为，不有效实施其劳动法。"⑤ 美国主张，危地马拉在 CAFTA-DR 生效后，以影响

---

① 参见 Arbitral Panel, in the Matter of Guatemala—Issues Relating to the Obligations Under Article 16.2.1（a）of the CAFTA-DR（June 14, 2017）, Final Report of the Panel, paras. 6 – 9; ILO, *Assessment of Labour Provisions in Trade and Investment Arrangements*, Geneva: ILO, 2016, p. 46。

② 参见 Arbitral Panel, in the Matter of Guatemala—Issues Relating to the Obligations Under Article 16.2.1（a）of the CAFTA-DR（June 14, 2017）, Final Report of the Panel, para. 10。

③ 参见 Arbitral Panel, in the Matter of Guatemala—Issues Relating to the Obligations Under Article 16.2.1（a）of the CAFTA-DR（June 14, 2017）, Final Report of the Panel, paras. 15 – 25。

④ 参见 ILO, *Assessment of Labour Provisions in Trade and Investment Arrangements*, Geneva: ILO, 2016, p. 46。

⑤ Arbitral Panel, in the Matter of Guatemala—Issues Relating to the Obligations Under Article 16.2.1（a）of the CAFTA-DR（June 14, 2017）, Final Report of the Panel, para. 59.

双方之间贸易的方式，通过持续的或反复的不作为，未有效实施其劳动法。① 对此，危地马拉主张，在美国要求进行正式磋商时提交的首次书面陈述中，美国指称危地马拉未能有效实施其劳动法体现在三个方面：①未能确保执行法院命令，没有要求雇主对因工会活动而被错误解雇的工人恢复原职并给予赔偿，并为其报复行为支付罚款；②未能根据《危地马拉劳动法》进行适当监察，并且在劳动部监察员发现雇主违规时，未能实施必要的处罚；③未能在法律规定的时间内登记工会和建立调解程序。但是，美国在其要求成立仲裁小组的请求中没有使用上述理由来支持其主张，这是危地马拉反对仲裁小组管辖权的依据。②

　　仲裁小组经过审查认为，对于美国在申诉中提出的危地马拉未能对劳动部和法院认定的违反劳动法的行为采取执法行动，以及未能对涉嫌违反劳动法的行为进行适当调查这两项主张，美国已经证明其属于仲裁小组管辖的"措施或所涉其他事项"。通过指控危地马拉违反 CAFTA-DR 第 16.2.1（a）条，它指出了申诉的法律依据。因此，美国已履行了 CAFTA-DR 第 20.6.1 条所规定的关于提出这两项主张的程序性义务。③ 据此，仲裁小组最后得出结论，美国关于危地马拉未能确保执行法院命令以及未能进行调查和实施处罚的指控属于仲裁小组的管辖范围。然而，美国关于危地马拉未能及时登记工会和建立调解程序的指控超出了仲裁小组管辖范围，因为这并不是美国要求成立仲裁小组时确定的"措施或

---

① 参见 Arbitral Panel, in the Matter of Guatemala—Issues Relating to the Obligations Under Article 16.2.1（a）of the CAFTA-DR（June 14, 2017）, Final Report of the Panel, para. 58。

② 参见 Arbitral Panel, in the Matter of Guatemala—Issues Relating to the Obligations Under Article 16.2.1（a）of the CAFTA-DR（June 14, 2017）, Final Report of the Panel, paras. 59 – 61。

③ 参见 Arbitral Panel, in the Matter of Guatemala—Issues Relating to the Obligations Under Article 16.2.1（a）of the CAFTA-DR（June 14, 2017）, Final Report of the Panel, para. 104。

所涉其他事项"。①

其二，证据问题。第一，关于修改过的证据的证明价值。2015 年 3 月 16 日，美国提交了反驳意见，其中解释了使用经修改的文件（redacted documents）和不披露提供声明的工人身份的必要性。在该案中，作为申诉方的美国在很大程度上寻求基于个人的声明，以证明危地马拉当局的特定作为或不作为实例，每个实例都是针对特定雇主的。美国方面认为，在这些情形下，声明人都希望保持匿名，对此美国确实承诺进行匿名处理。因此，声明人的姓名已从书面声明和其他文件中删除，并以一个或一系列字母代替，以区分不同的声明人。对此，仲裁小组确定，此类证据的证明价值不仅取决于特定声明中包含的特定信息，还取决于其与其他证据的一致性和佐证的程度（extent of corroboration）。在许多情况下，声明缺乏足够的细节来充分确定其中陈述的事件。仲裁小组会努力确定其他证据是否充分证明了书面声明中的陈述，以使其能够认定特定事实建立在概率平衡（balance of probabilities）之上。② 在这样做时，仲裁小组会采取审慎的方法依赖经修改的文件。③

第二，关于国际投资争端解决中心（International Centre for Settlement of Investment Disputes，ICSID）秘书长所作声明的可采性和证明价值。美国在提交反驳意见时，还提交了"美国－170 号证物"。美国表示，作为一项附加措施，美国邀请 ICSID 秘书长对美国在这一程序中提交的材料的未删节版本进行独立审查。ICSID 秘书长在其声明中指出，其在审查

---

① 参见 Arbitral Panel, in the Matter of Guatemala—Issues Relating to the Obligations Under Article 16.2.1 (a) of the CAFTA-DR (June 14, 2017), Final Report of the Panel, paras. 102, 106。

② 参见 Arbitral Panel, in the Matter of Guatemala—Issues Relating to the Obligations Under Article 16.2.1 (a) of the CAFTA-DR (June 14, 2017), Final Report of the Panel, para. 231。

③ 参见 Arbitral Panel, in the Matter of Guatemala—Issues Relating to the Obligations Under Article 16.2.1 (a) of the CAFTA-DR (June 14, 2017), Final Report of the Panel, para. 246。

美国提交给仲裁小组的材料的未删节版本时注意到，提交陈述的声明人姓名与其他文件（例如法院命令）中人员姓名之间存在对应关系。① 危地马拉反对采信该证物，理由是采信该证物将违反仲裁规则，并且事实上也将侵犯危地马拉的正当程序权利。仲裁小组审查后，多数人意见认为，仲裁小组无权要求美国向仲裁小组和危地马拉提供其选择不提交的信息，包括向 ICSID 秘书长及其他工作人员披露的信息。仲裁小组还指出，当事方提交的所有证据（包括 ICSID 秘书长的声明）的可采性和证明价值，应根据争端双方的意见及其在听证会上的主张确定。②

第三，特定统计信息和特定报告的可采性和相关性。③ 特定统计信息是指美国在其反驳意见书中请求仲裁小组参考的危地马拉司法机构网站上发布的统计表。危地马拉最初反对将这些表纳入记录，理由是这些表提交不及时，并且主张纳入这些表将侵犯危地马拉的正当程序权利。然而，危地马拉在仲裁小组表示不同意其主张后提供了对该证据的详细评论，并提供了其他统计表以作回应。美国不反对这一证据。仲裁小组承认并考虑了这一点。④ 特定报告包括两种：一是美国在其反驳意见书中请求仲裁小组参考的国际劳工组织和联合国官员的报告，这些报告表明危地马拉农业部门普遍不遵守劳动法；二是美国请求仲裁小组参考的国际劳工局 2009 年 10 月 1 日技术备忘录关于危地马拉劳动部要求进行

---

① 参见 Arbitral Panel, in the Matter of Guatemala—Issues Relating to the Obligations Under Article 16.2.1 (a) of the CAFTA-DR (June 14, 2017), Final Report of the Panel, para. 247。

② 参见 Arbitral Panel, in the Matter of Guatemala—Issues Relating to the Obligations Under Article 16.2.1 (a) of the CAFTA-DR (June 14, 2017), Final Report of the Panel, paras. 248 – 250。

③ 参见 Arbitral Panel, in the Matter of Guatemala—Issues Relating to the Obligations Under Article 16.2.1 (a) of the CAFTA-DR (June 14, 2017), Final Report of the Panel, para. 267。

④ 参见 Arbitral Panel, in the Matter of Guatemala—Issues Relating to the Obligations Under Article 16.2.1 (a) of the CAFTA-DR (June 14, 2017), Final Report of the Panel, paras. 267 – 268。

评价以改善劳动监察的报告，该报告指出当时危地马拉劳动监察局的运作存在许多问题。对此，仲裁小组认为，就这些报告的目的而言，每份报告都是可受理的和有证明性的。如果在一定程度上，这些报告能揭示美国指控的危地马拉未能有效实施劳动法导致特定事件发生的可能性，或者能证明危地马拉法院或监察部门的作为或不作为，则仲裁小组应考虑该证据。[①]

其三，关于非政府实体（non-governmental entity）的意见。2015 年 4 月 27 日，8 份来自非政府实体的意见书提交至仲裁小组，其中 1 份意见书来自美国劳工联合会和产业工会联合会，它曾与其他机构向美国贸易和劳工事务办公室提交了最初公众意见（initial public submission）。3 份意见书，包括来自美国劳工联合会和产业工会联合会的意见书，敦促仲裁小组认定危地马拉违反第 16.2.1（a）条的规定，其余 5 份意见书则主张危地马拉没有违反相应义务。[②]

2015 年 6 月 2 日，美国和危地马拉在危地马拉城仲裁小组的听证会上陈述了各自的意见。它们的陈述意见大体上反映了其在意见书中提出的主张。听证会后，双方对仲裁小组的书面问题提交了答复意见和书面补充材料。[③]

2015 年 11 月 4 日，由于仲裁小组一名成员辞职和更换成员，仲裁小

---

① 参见 Arbitral Panel，in the Matter of Guatemala—Issues Relating to the Obligations Under Article 16.2.1（a）of the CAFTA-DR（June 14, 2017），Final Report of the Panel, paras. 269 - 270。

② 参见 ILO，*Assessment of Labour Provisions in Trade and Investment Arrangements*，Geneva：ILO, 2016, p. 47。

③ 参见 ILO，*Assessment of Labour Provisions in Trade and Investment Arrangements*，Geneva：ILO, 2016, p. 47。

组暂停工作，后于 2015 年 11 月 30 日重新组建。①

2016 年 2 月，仲裁小组向当事双方宣布，计划在 2016 年 6 月 22 日或之前向双方提交初步报告。根据 CAFTA-DR 第 20 章，② 除非双方另有约定，否则仲裁小组应在提交初步报告后的 30 日内提交最终报告。CAFTA-DR 还规定，如果仲裁小组作出对危地马拉不利的裁决，且争端双方无法就问题的解决达成一致，或在达成一致后美国认为危地马拉没有遵守达成的解决方案，仲裁小组可应美国的请求作出裁决，对危地马拉处以每年 1500 万美元的罚款。罚款应支付给争端当事方贸易部长设立的基金，并按其指示用于适当的劳工举措，包括加大劳动执法力度。在不合规的情况下，投诉方可以中止利益，以促使被投诉方支付罚款或采取其他措施确保行为合规。③

3. "美国与危地马拉劳动争端案"的裁决

2017 年 6 月 14 日，经过长时间的仲裁程序，仲裁小组驳回了美国提出的主张，作出了不利于美国政府的裁决，得出结论认定危地马拉没有违反 CAFTA-DR 第 16.2.1（a）下的义务。仲裁小组认为，美国已经证明，危地马拉有涉及 74 名工人的 8 个工作地点未能执行法院命令，因而构成未能有效实施其劳动法，但这些情形并不构成持续的或反复的不作为（a course of inaction）以致影响到双方之间的贸易。美国也没有证明，危地马拉没有进行适当的劳动监察和劳动执法的情况，已经构成持续的或反复的作为或不作为。因此，仲裁小组的结论是，美国没有证明危地

---

① 参见 Arbitral Panel, in the Matter of Guatemala—Issues Relating to the Obligations Under Article 16.2.1（a）of the CAFTA-DR（June 14, 2017），Final Report of the Panel, para. 4。

② 参见《美国 - 多米尼加 - 中美洲国家自由贸易协定》第 20.14 条。

③ 参见《美国 - 多米尼加 - 中美洲国家自由贸易协定》第 20.14 条；ILO, *Assessment of Labour Provisions in Trade and Investment Arrangements*, Geneva：ILO, 2016, p. 47。

马拉违反其在 CAFTA-DR 第 16.2.1（a）条下的义务。① 换言之，仲裁小组部分同意美国对"影响双方贸易的方式"的陈述，即"通过持续的或反复的作为或不作为，不有效实施其劳动法"如果为在缔约国之间进行贸易的雇主带来竞争优势，则构成"影响双方贸易的方式"。但是，仲裁小组认为，"影响双方贸易的方式"和"通过持续的或反复的作为或不作为"这两个条件累加，才构成违反 CAFTA-DR 第 16.2.1（a）条规定的义务。而美国提交的文件仅列出了危地马拉未能有效实施国内劳动法的独立案件，没能证明其不遵守相关劳动规定对贸易的影响。因此仲裁小组裁定，危地马拉没有满足违反 CAFTA-DR 劳动章节义务的充分条件。②

二 "美国与危地马拉劳动争端案"的主要影响

从美国 2011 年 8 月 9 日要求成立仲裁小组，到 2017 年 6 月 14 日仲裁小组作出裁决，跨时近 7 年。该案充分显示，自贸协定劳动争端的解决可使用不同的解决方法，也暗含劳工标准的实施面临重重障碍的因素。

这个案件是将劳工权利争端交由自由贸易协定争端解决机制处理的第一个案件。仲裁小组作出了不利于美国的裁决，对此不利后果，美国借《美墨加协定》修改了相关程序性规则，澄清了与"美国与危地马拉劳动争端案"裁决直接相关并源自该裁决的内容。首先，通过《美墨加协定》第 23 章脚注 4 对相关概念作出明确界定："未能遵守第 23.3.1 条或第 23.3.2 条规定的劳动权利方面的义务，必须是以某种方式影响了缔约方之间的贸易或投资。更确切地说，如果未能遵守前述义务涉及以下

---

① 参见 Arbitral Panel, in the Matter of Guatemala—Issues Relating to the Obligations Under Article 16.2.1（a）of the CAFTA-DR（June 14, 2017）, Final Report of the Panel, para. 594。

② 参见 Arbitral Panel, in the Matter of Guatemala—Issues Relating to the Obligations Under Article 16.2.1（a）of the CAFTA-DR（June 14, 2017）, Final Report of the Panel, paras. 503。

情况，则影响了缔约方之间的贸易或投资：（1）生产货物或提供服务的个人或行业在缔约方之间进行交易，或者在未能遵守该义务的缔约方领土上进行投资；或（2）生产货物或提供服务的个人或行业，在一缔约方领土上与缔约另一方的货物或服务竞争。"① 通过该条规定，澄清了影响贸易或投资的方式与未遵守劳动权利义务的关系，即未遵守劳动权利义务必定是以影响缔约方之间贸易或投资的方式作出的。其次，通过《美墨加协定》第 23 章脚注 5、脚注 9 和脚注 12 确立举证责任倒置规则，要求专家组推定未遵守义务行为必定以某种方式影响了当事方之间的贸易或投资，除非被申诉方另有证明。② 换言之，一旦缔约一方提起申诉，应推定被申诉方未遵守义务行为影响了缔约国之间的贸易或投资，同时规定举证责任倒置，由被申诉方承担。《美墨加协定》修改后的劳动争端解决程序性规则，在举证责任和证明程度方面都更有利于劳动诉讼的提起，本章第五节对此进行详细讨论。

第四节　《美墨加协定》劳动争端解决机制

一　《美墨加协定》规定劳动争端可与贸易争端适用同一解决机制

《美墨加协定》劳动争端解决机制包括第 23 章规定的劳动磋商程序

---

① 《美墨加协定》第 23 章脚注 4。

② "For purposes of dispute settlement, a panel shall presume that a failure is in a manner affecting trade or investment between the Parties, unless the responding Party demonstrates otherwise." 《美墨加协定》第 23 章脚注 5、脚注 9 和脚注 12 都有此规定。

和第 31 章规定的争端解决机制。其内容包括以下几个方面。（1）缔约一方可向缔约另一方提出书面请求，就第 23 章下任何事项请求与被请求方进行劳动磋商。① （2）就劳动磋商的途径而言，可通过缔约国政府联络点开展磋商，如磋商不成，还可通过联络点请求进行部长级磋商。② （3）如果当事方在规定期限内或其另行约定的任何其他期限内未能通过磋商解决问题，请求方可根据第 31.6 条要求设立专家组。需要指出的是，对于诉诸主协定第 31 章规定的争端解决程序，第 23 章规定的劳动磋商程序是其前置程序。申言之，《美墨加协定》与《美国 - 多米尼加 - 中美洲国家自由贸易协定》一样，把劳动章节义务与协定下的其他章节义务置于同一争端解决机制下，凸显了劳工标准的可强制执行性，并强调贸易伙伴履行劳动标准方面的义务的能力。

《美墨加协定》对劳动磋商程序和专家组程序的步骤、条件和时限等都作出了具体规定，具有很强的操作性。

1. 劳动磋商程序

《美墨加协定》第 23.17 条规定了劳动磋商程序，具体包括缔约国政府联络点磋商和部长级劳动磋商。（1）政府联络点磋商。首先，缔约一方（请求方）可向缔约另一方（被请求方）的联络点提交书面请求，请求与其就第 23 章下发生的任何事项进行劳动磋商。请求方应提供具体且充分的信息，包括有争议的事项以及提出第 23 章下请求的法律依据，以使被请求方能够作出回应。其次，第三方认为其在该磋商事项中有重大利益关系，可通过其联络点书面通知其他磋商方参与该劳动磋商。再次，除非磋商方另行约定，否则应在书面请求提交之日后的 30 日内进行劳动磋商。最后，磋商方应尽一切努力通过劳动磋商达成双方满意的解决方

---

① 参见《美墨加协定》第 23.17.2 条。

② 参见《美墨加协定》第 23.17.6 条。

案，可能包括适当的合作活动。在此期间，磋商方可要求其选择的独立专家提供建议以给予帮助。① （2）部长级劳动磋商。如果上述磋商未能解决该问题，磋商一方可通过其联络点向磋商另一方提交书面请求，要求磋商各方的相关部长或其指定人员召开会议，对该问题进行审议。磋商各方的相关人员应在收到请求后立即召开会议，争取解决问题，包括在适当情况下咨询其选择的独立专家以获得帮助，并可求助于斡旋、调解或调停等程序。②

2. 专家组程序

如果在一方收到劳动磋商请求后的 30 日内或磋商方另行约定的任何其他期限内未能通过磋商解决问题，请求方可根据第 31.6 条要求设立专家组。③

专家组程序主要包括以下几个方面。（1）如果磋商方通过政府联络点磋商和部长级磋商，仍未解决所涉劳动争端问题，请求方可向被请求方发出书面通知，要求设立专家组。（2）申诉方应在设立专家组的请求中说明有争议的措施或其他事项，简要概述投诉的法律依据，明确所提出的问题。（3）协定对专家组的职权范围、专家名册和资格、专家组的组成、专家组成员的更换、专家组议事规则、专家组的作用、第三方参加规则、专家组报告等都作出了具体规定。④ 关于专家组最终报告的效力，《美墨加协定》规定："如果争端所涉缔约方在收到最终报告之日后的 45 日内，不能接受依据第 31.18 条（最终报告的实施）达成的争端解决方案，则申诉方可中止向被申诉方提供与不符合协定或使自身利益

---

① 参见《美墨加协定》第 23.17.2 ~ 23.17.5 条。
② 参见《美墨加协定》第 23.17.6 条。
③ 参见《美墨加协定》第 31.5 条和第 31.6 条。
④ 参见《美墨加协定》第 31.6 ~ 31.17 条。

丧失、减损等效的利益，直至争端所涉缔约方就争端解决方案达成一致。"① 这表明专家组报告具有约束力，如果所涉缔约方不实施专家组在最终报告中提出的解决方案，那么另一当事方可直接中止其协定下的相关利益。不过，需要指出的是，该专家组机制无上诉程序。

二 《美墨加协定》劳动争端解决的救济措施

与《北美劳工合作协定》下的三种劳动争端救济措施相比，《美墨加协定》劳动争端解决的救济措施更加多样化，具体包括以下几个方面。第一，消除不符合协定或使利益丧失、减损的情形，或者提供双方可接受的赔偿，或者争端方可能同意的任何其他补救措施。② 第二，中止利益。如果争端各方在收到最终报告之日后的 45 日内，未能依据最终报告就争端的解决达成一致，则申诉方可中止向被申诉方提供与不符合协定或使其利益丧失、减损等价值的利益，直至争端各方就解决方案达成一致。③ 就此，该协定还对中止利益的原则进行了如下规定。（1）申诉方应首先寻求中止受争端解决措施或其他事项影响的产业的利益。（2）除非协定另有规定，申诉方若认为中止受争端解决措施或其他事项影响的产业的利益不可行或没有效果，可中止其他产业的利益。④（3）如果被申诉方认为，申诉方拟中止的利益水平明显过高，或它已消除了专家组认定存在的与协定不符或使对方利益丧失、减损的情形，在这种情况下，被申诉方可要求重新召集专家组审议此事。被申诉方应以书面形式向申

---

① 《美墨加协定》第 31.19.1 条。
② 参见《美墨加协定》第 31.18.2 条。
③ 参见《美墨加协定》第 31.19.1 条。
④ 参见《美墨加协定》第 31.19.2 条。

诉方提出要求。专家组应在被申诉方的请求提交后尽快重新召开会议，并应在重新召开会议审查前述请求（审查一项请求）后的 90 日内，或在重新召开会议审查前述请求（审查两项请求）后的 120 日内，将其决定提交争端各方。如果专家组认为申诉方提议中止的利益水平明显过高，则专家组应就其认为具有同等效果的利益水平提出意见。① （4）如果专家组认定，被申诉方尚未消除与协定不符或使对方利益丧失、减损的情形，则申诉方可中止专家组确定的利益水平。② 第三，前述救济措施均可适用于《美墨加协定》规定的两类劳工权利，这意味着协定在更广泛的劳工标准领域把贸易制裁措施与劳工问题联系起来，利用贸易制裁措施来解决劳工问题。

　　综上，《美墨加协定》劳动争端解决机制既包括劳动章节规定的不同层面的劳动磋商程序，也包括争端解决章节规定的专家组程序，还包括不同阶段可诉诸的斡旋、调解和调停。劳动争端解决受制于主协定争端解决机制，加强了该协定下劳动事项与贸易利益的联系，增强了劳工标准的可执行性。同时，《美墨加协定》劳动争端解决的救济措施也更多样化，既包括消除不符合协定或使利益丧失、减损的情形，或者提供双方可接受的赔偿，或者争端方可能同意的任何其他补救措施，也包括中止利益。很显然，《美墨加协定》在劳工标准领域将劳动事项与贸易制裁措施联系起来，把劳动章节义务与协定下的其他章节义务置于同一争端解决机制下，并利用贸易制裁措施来解决劳工问题，这是其在劳动争端解决机制方面有别于《北美劳工合作协定》的一个主要特征。

---

① 参见《美墨加协定》第 31.19.3 条。
② 参见《美墨加协定》第 31.19.4 条。

三 《美墨加协定》澄清了"美国与危地马拉劳动争端案"裁决直接相关并源自该裁决的内容

值得指出的是，美国在"美国与危地马拉劳动争端案"中败诉后，借《美墨加协定》修改了自由贸易协定劳动争端解决的相关程序性规则，降低了劳动章节义务的证明标准，[①] 同时规定了举证责任倒置原则。[②]

在"美国与危地马拉劳动争端案"中，仲裁小组裁定美国没能证明危地马拉违反其在 CAFTA-DR 第 16.2.1（a）条下的义务。这有两层含义：一是在 CAFTA-DR 中，举证责任被分配给申诉人，即谁主张谁举证，美国作为申诉人对其提出的主张提供证据并加以证明，同时承担举证不力的后果；二是美国提交的申诉文件仅列出了危地马拉未能有效实施国内劳动法的独立案件，没能证明危地马拉不遵守劳动规定对贸易的影响，因而没能达到 CAFTA-DR 要求的证明标准，即"影响双方贸易的方式"和"通过持续的或反复的作为或不作为"这两个条件累加，才构成违反 CAFTA-DR 第 16.2.1（a）条规定的义务。[③]

对于"美国与危地马拉劳动争端案"的不利后果，美国借《美墨加协定》修改了相关程序性规则，澄清了与"美国与危地马拉劳动争端案"裁决直接相关并源自该裁决的内容，[④] 具体讨论参见本书第二章相关内容。

---

① 参见《美墨加协定》第 23 章脚注 6。
② 参见《美墨加协定》第 23 章脚注 5、脚注 9 和脚注 12。
③ 参见《美国－多米尼加－中美洲国家自由贸易协定》第 16.6 条。
④ 参见 Francisco E. Campos Ortiz，"Labor Regimes and Free Trade in North America：From the North American Free Trade Agreement to the United States-Mexico-Canada Agreement，"（2019）10 *Latin American Policy*，p. 282。

四 设立快速反应劳工机制

《美墨加协定》在第 31 章争端解决章节增加两个附件,① 规定建立快速反应劳工机制。鉴于本研究主题,本部分仅涉及美国 – 墨西哥快速反应劳工机制。

1. 快速反应劳工机制的主要内容

快速反应劳工机制是美国自贸协定劳工规则的一项最新发展,协定对适用对象、适用范围、启动和调查、快速反应劳工专家组、救济措施等作出具体规定。

第一,对适用对象作出具体规定,仅适用于"企业"。② 依据《美墨加协定》第 31 章附件 A,"企业"是指在一缔约方境内的组织生产产品、提供服务供美国和墨西哥之间的交易,或者在美国、墨西哥生产产品、提供服务到对方国家的国内市场与对方国家的产品、服务竞争,并且是"优先行业"的"企业"。③ 此外,《美墨加协定》还对"优先行业"和优先行业中的"制成品"作出进一步明确界定,"优先行业是指生产制成品、提供服务或涉及采矿的行业",④ 同时规定将每年审查优先行业清单,并确定是否添加行业到清单中。⑤ 这表明,"优先行业"是一个动态发展的概念。"制成品包括但不限于航空航天产品和部件、汽车和汽车

---

① 即第 31 章附件 A "美国 – 墨西哥快速反应劳工机制"和第 31 章附件 B "加拿大 – 墨西哥快速反应劳工机制",参见 USMCA, Chapter 31, Annex 31 – A, United States-Mexico Facility-Specific Rapid Response Labor Mechanism; USMCA, Chapter 31, Annex 31 – B, Canada-Mexico Facility-Specific Rapid Response Labor Mechanism。

② 参见《美墨加协定》第 31 章附件 A 第 2 条。

③ 《美墨加协定》第 31 章附件 A 第 15 条。

④ 《美墨加协定》第 31 章脚注 4。

⑤ 《美墨加协定》第 31 章附件 A 第 13 条。

零部件、化妆品、工业烘焙产品、钢和铝、玻璃、陶瓷、塑料、锻件以及水泥。"① 第二，对适用范围作出规定，仅用于解决"剥夺权利"的问题，而"剥夺权利"仅指"企业"里发生的剥夺工人结社自由和集体谈判权。② 以上规定表明，快速反应劳工机制适用于特定行业的企业发生剥夺工人结社自由和集体谈判权的情形。

关于快速反应劳工机制的启动和调查、快速反应劳工专家组、救济措施以及与《美墨加协定》第31章的联系，均可参照本书第二章相关内容。

2. 快速反应劳工机制的潜在优势及实践

综上，《美墨加协定》第31章附件 A 建立了一个解决"企业"层面侵犯工人权利的执法机制，在一方政府未能履行《美墨加协定》劳动条款的情形下给另一方提供诉诸快速反应劳工机制解决劳动纠纷的途径。它创建了一个全新的程序，用于提出与特定行业的企业侵犯工人结社自由和集体谈判权有关的申诉并进行调查。它承认，虽然政府有责任实施劳动法，但在"企业"，雇主常直接否认相关权利。该机制包括一个复杂、多步骤的程序，以确定是否发生了"剥夺权利"的情形，并包括通过政府间沟通解决争端的多种机会。本书第二章对该机制的潜在优势进行了充分讨论，此处不作赘述。

然而，对于快速反应劳工机制，也应注意以下两点。

第一，对美国而言，要首先适用美国国内法程序，才能诉诸《美墨加协定》下的快速反应劳工机制。这显然为美国提供了相当大的优势，因为美国国家劳动关系委员会没有独立的执行权，它一般需要 5～10 年的时间向美国联邦上诉法院申请执行令。③

---

① 《美墨加协定》第31章附件 A 第15条。

② 《美墨加协定》第31章附件 A 第2条。

③ 参见 Maria Anna Corvaglia, "Labour Rights Protection and Its Enforcement Under the USMCA: Insights from a Comparative Legal Analysis,"（2021）*World Trade Review*, p. 18。

第二，《美墨加协定》第 31 章附件 A 仅处理与剥夺工人结社自由和集体谈判权有关的行为。对此，有研究认为，快速反应劳工机制代表着对墨西哥批准协定后履行相关义务加强监督和进行快速执法。[①]

此外，值得注意的是，自《美墨加协定》生效后，其已对两个被指称存在"剥夺权利"的企业适用快速反应劳工机制，发生在墨西哥锡劳通用汽车厂案[②]和墨西哥特东汽车零部件工厂案[③]中。2021 年 7 月 8 日，美国和墨西哥首次宣布一项全面计划，以纠正位于墨西哥的锡劳通用汽车厂剥夺工人结社自由和集体谈判权的行为。其后，2021 年 8 月 10 日，美国针对卡东工业公司的子公司特东汽车零部件工厂宣布一项方案，以解决其位于墨西哥边境城市马塔莫罗斯的工厂的工人被剥夺结社自由和集体谈判权的指控。这两个案例在本书第二章已有详述，在此不作赘述。

第五节　美国自由贸易协定劳动争端解决机制演进的启示意义

一　《美墨加协定》劳动争端解决机制的主要发展

以上分析显示，在美国的自贸协定中，争端解决机制基于其适用的

---

① 参见 Maria Anna Corvaglia, "Labour Rights Protection and Its Enforcement Under the USMCA: Insights from a Comparative Legal Analysis," (2021) *World Trade Review*, p. 17。

② 参见 Bureau of International Labor Affairs of U. S. DEPARTMENT OF LABOR, "USMCA Cases," https://www. dol. gov/agencies/ilab//our-work/trade/labor-rights-usmca-cases#Tridonex, 最后访问日期: 2022 年 3 月 26 日。

③ 参见 Bureau of International Labor Affairs of U. S. DEPARTMENT OF LABOR, "USMCA Cases," https://www. dol. gov/agencies/ilab//our-work/trade/labor-rights-usmca-cases#Tridonex, 最后访问日期: 2022 年 3 月 26 日。

可执行的劳工标准的不同范围，一直处于演变发展中。相较于《北美劳工合作协定》，《美墨加协定》劳动争端解决机制的主要发展可概括如下。

其一，《北美劳工合作协定》建立了单独的劳动争端解决机制，并将特定劳动事项与贸易利益建立起联系，但是其不受主协定争端解决机制的约束。反观《美墨加协定》，其在主协定中建立了多元化的劳动争端解决机制，既包括劳动章节规定的劳动磋商，也进一步明确规定劳动事项受主协定争端解决机制的约束，不过劳动磋商为诉诸主协定争端解决机制的前置程序，从而强化了劳动争端解决机制。申言之，根据该协定劳动章节的规定，缔约一方可向缔约另一方提出书面请求，就劳动章节下任何事项请求与被请求方进行劳动磋商。如果在规定时间内未能通过磋商解决问题，可诉诸主协定争端解决机制的专家组程序。劳动争端解决受制于主协定争端解决机制，加强了该协定下劳动事项与贸易利益的联系，增强了劳工标准的可执行性。作为对《美墨加协定》劳动争端解决机制的补充，该协定还建立了一个专门解决"企业"层面侵犯工人结社自由和集体谈判权的执法机制，在一方政府未能履行《美墨加协定》劳动条款的情形下给另一方提供诉诸快速反应劳工机制解决劳动纠纷的途径。据此，利益相关者可以依据劳动章节的规定和快速反应劳工机制申诉。

其二，《美墨加协定》降低了提起申诉的门槛标准，明确规定了侵害劳动权利的证明标准，即缔约一方未能履行其协定下承诺的义务就是"以某种方式影响了"贸易或投资，进而被视为违反协定义务。它放宽了违反协定义务的行为必须满足"影响双方贸易的方式"且存在"持续的或反复的作为或不作为"的累加标准，因为它要求专家组推定违反协定的行为以某种方式影响了当事方之间的贸易或投资，同时规定举证责任倒置，由被申诉方承担举证责任。

其三,《北美劳工合作协定》规定的 11 项劳工原则所涉劳动争端解决的救济措施有三种：制订和实施行动计划、罚款和中止利益。但需要指出的是,在该协定的争端解决机制下,由仲裁小组作出的决定具有约束力。如果仲裁小组的决定得不到遵守和实施,则可对当事方处以罚款；如果其不支付罚款,则可通过比例相称的贸易制裁（proportionate trade sanctions）予以处罚。换言之,只有保护童工、最低工资、职业安全与健康这三项技术性标准是可执行的,如若违反,可处以罚款和中止利益,这实际上是在限定的劳工标准领域把贸易制裁措施与劳工问题联系起来,利用贸易制裁措施来解决特定的劳工问题。迄今为止,在《北美劳工合作协定》下,只进行过部长级磋商,还没有任何申诉提交给专家组。一种解释认为,这可能是因为《北美劳工合作协定》缔约国倾向于在友好的基础上解决劳动争端,而不愿采用协定下的劳动争端解决机制。[①] 相比之下,《美墨加协定》劳动争端解决的救济措施更加多样化,不仅包括消除不符合协定或使利益丧失、减损的情形,或者提供双方可接受的赔偿,或者争端方可能同意的任何其他补救措施,而且包括中止利益,还将贸易制裁适用范围扩大至该协定规定的所有劳工权利,使其皆为可执行的劳工标准,如若违反,均可施以缴纳赔偿金和中止贸易利益的制裁。换言之,《美墨加协定》在更广泛的劳工标准领域把贸易制裁措施与劳工问题联系起来,利用贸易制裁措施来解决劳工问题。此外,快速反应劳工机制下的救济措施包括暂停被调查企业生产的产品的优惠关税待遇,或对被调查企业生产的产品、提供的服务处以罚款,或拒绝产品入境。不可否认,这些发展成果的背后有《北美劳工合作协定》劳工标准的执行力不强、美国和加拿大意图对墨西哥以低工资吸引投资和贸易

---

① 参见 ILO, *Assessment of Labour Provisions in Trade and Investment Arrangements*, Geneva: ILO, 2016, pp. 44 – 45。

进行遏制、美国一直推动将劳工标准纳入国际贸易体系、美国通过主导自贸协定劳工标准重塑国际劳工规则等深层次问题。

二　充分认识自贸协定劳动争端解决程序性规则的重要性及影响

应认识到建立和适用争端解决机制，不仅是实体法规则实施的一个有效途径，更为重要的是，它对于各缔约方也是一种相互制约的机制。

每一项程序性规则，都会产生相应影响。如规定举证责任倒置，由被申诉方承担举证责任，将增大被申诉方的举证责任；降低证明标准，将导致缔约一方未能履行其协定下承诺的义务就是"以某种方式影响了"贸易或投资，进而被视为违反协定义务；建立全新的快速反应劳工机制，用于解决"企业"层面侵犯工人结社自由和集体谈判权的行为，将在缔约一方政府未能履行《美墨加协定》劳动条款的情形下给缔约另一方提供诉诸快速反应劳工机制解决劳动纠纷的途径。

同时，在自贸协定劳动争端解决机制中，磋商程序的作用相当关键。《北美自由贸易协定》把一般国际法上的和平解决争端的外交方法与法律方法相结合，使用磋商和仲裁程序解决劳动争端，而且在解决劳动争端时必须首先适用磋商程序，即磋商程序是仲裁程序的前置程序。①《美墨加协定》也规定了磋商程序。也就是说，这两个协定都规定了争端解决机制中的正式磋商程序，它是争端当事方自行解决劳动争端的一种程序。磋商请求可由任一缔约方以书面形式提出。进行正式磋商是要求设立专家组（a panel of experts）或仲裁小组（an arbitral panel）的先决条

---

①　参见钟立国《从 NAFTA 到 AUSFTA：区域贸易协定争端解决机制的晚近发展及其对两岸经济合作框架协议的启示》，《时代法学》2009 年第 6 期，第 41 页。

件（或称"前置程序"），专家组或仲裁小组拥有对争端解决的最终决定权。

三 把握自贸协定劳工规则创设趋势，积极提升我国劳工规则创设能力

自贸协定劳工议题设置和劳工规则创设，是全球经济贸易治理和劳动治理的一个核心问题，这既体现在自贸协定劳工议题的设置上，也包括具体劳工规则的创设。其一，在国际劳工议题设置方面，WTO多边贸易体系拒绝纳入劳工议题。但从1994年《北美自由贸易协定》首次设置劳工议题到2019年，全球已有85个自贸协定纳入劳工议题，这足以显示自贸协定对劳工议题的接受程度。其二，在劳工规则创设方面，美国不断创建新范式，持续推动劳工规则朝着对其有利的方向发展，并借此增强自身在国际制度建构领域的掌控权，进而对全球劳动治理体制产生影响，如《美墨加协定》设立快速反应劳工机制。在新一轮国际经贸规则和劳工规则重塑背景下，中国已有重大突破，2020年12月30日完成《中欧全面投资协定》谈判，2021年9月16日正式申请加入《全面与进步跨太平洋伙伴关系协定》，这两个国际协定均涉及劳工标准问题，应对其加强研究并积极提升我国在劳工领域的国际规则创设能力。

第四章

《全面与进步跨太平洋
伙伴关系协定》有
执行力的劳工标准
及中国的应对措施

自 1994 年《北美自由贸易协定》首次纳入劳工标准至 2019 年，全球范围内已有 85 个自贸协定纳入劳工标准，其中发展起来的一个主要模式就是美国主导的自贸协定纳入有执行力的劳工标准之模式。[1] 截至 2019 年，在美国 14 个生效的自贸协定中，有 13 个纳入有执行力的劳工标准，[2] 实现国际贸易与劳工标准挂钩。自贸协定纳入有执行力的劳工标准已具有区域劳工规则构建意义。虽然美国不是《全面与进步跨太平洋伙伴关系协定》缔约国，但美国主导制定《全面与进步跨太平洋伙伴关系协定》有执行力的劳工标准是不争的事实。当下 WTO 陷入困境，区域贸易协定和区域贸易与劳工规则正在加速谈判和形成。2021 年是 "十四五" 开局之年，我国进入新发展阶段，应在构建新发展格局的背景下，统筹推进劳动法领域国内法治与涉外法治，积极参与区域劳工规则的构建，坚持中国立场，表达中国观点。

2018 年 12 月 30 日，《全面与进步跨太平洋伙伴关系协定》生效，《全面与进步跨太平洋伙伴关系协定》自贸区开始实施有执行力的劳工标准，即要求缔约国在国内法和相关实践中纳入该协定载明的劳工权利，使劳动争端的解决受制于争端解决机制和贸易制裁措施，同时对自贸区外的国家（包括中国）实施歧视性待遇。我国不是《全面与进步跨太平洋伙伴关系协定》缔约国，消减这些歧视性待遇的途径之一就是加入该协定。对此，2021 年 9 月 16 日，中国政府正式申请加入《全面与进步跨太平洋伙伴关系协定》。[3] 然而，接受《全面与进步跨太平洋伙伴关系

---

① 参见 Marva Corley and Elizabeth Echeverria Manrique，*Labour Provisions in G7 Trade Agreements：A Comparative Perspective*，Geneva：International Labour Office，2019，p. 15。

② 参见 Marva Corley and Elizabeth Echeverria Manrique，*Labour Provisions in G7 Trade Agreements：A Comparative Perspective*，Geneva：International Labour Office，2019，p. 15。

③ 参见中华人民共和国商务部《中方正式提出申请加入〈全面与进步跨太平洋伙伴关系协定〉（CPTPP）》，中华人民共和国商务部网站，http://bn. mofcom. gov. cn/article/jmxw/202109/20210903200092. shtml，最后访问日期：2021 年 9 月 23 日。

协定》有执行力的劳工标准对我国来说是一个巨大挑战，这意味着我国不仅要考虑对国内相关法律制度作出重大改革，而且要在事实上承认劳工标准与国际贸易的关系。对此，应在国家层面作出总体决策。

第一节　《全面与进步跨太平洋伙伴关系协定》有执行力的劳工标准的构成内容及基本特征

《全面与进步跨太平洋伙伴关系协定》第19章对劳工标准作出了专章规定，涵盖劳工权利、不得减损所要求的劳工权利、劳动法的实施、强迫或强制劳动、企业社会责任、公众意识和程序性保障、劳动理事会、联络点、劳动磋商等内容，同时第28章对争端解决作出规定。① 劳工标准的可执行性主要体现在三个方面：其一，要求缔约国在国内法和相关实践中纳入该协定载明的劳工权利；其二，劳动争端的解决受制于争端解决机制；其三，允许采用制裁措施。囿于篇幅，本节讨论不涉及企业社会责任、劳动理事会等内容。

一　《全面与进步跨太平洋伙伴关系协定》有执行力的劳工标准的构成内容

第一，《全面与进步跨太平洋伙伴关系协定》要求缔约国在国内法

---

①　需要指出的是，《全面与进步跨太平洋伙伴关系协定》特定附属文件（side instrument）也与劳工事项相关，如加拿大与越南通过互换文件［Letter from Canada/Letter from Vietnam（Labour）］对关于第19章"劳动"与第28章"争端解决"之间关系达成的共识作出规定，参见 https://www.international.gc.ca/trade-commerce/trade-agreements-accords-commerciaux/agr-acc/cptpp-ptpgp/text-texte/sl_la-vietnam.aspx? lang = eng#5，最后访问日期：2021年10月25日。

和相关实践中"采纳和维持"两类劳工权利：第一类为国际劳工组织 1998 年《宣言》载明的基本劳工权利，即结社自由和有效承认集体谈判权、消除一切形式的强迫或强制劳动、有效废除童工、消除就业和职业歧视（第 19.3.1 条）；第二类为有关最低工资、工作时间、职业安全与健康的可接受的工作条件（第 19.3.2 条）。①

关于这两类劳工权利，首先，它们具有可执行性，要求把劳工权利纳入国内法是一项强制性义务。其次，第一类基本劳工权利，体现在国际劳工组织 8 项基本劳工公约②中。《全面与进步跨太平洋伙伴关系协定》通过脚注注解对第一类基本劳工权利所指的义务范围进行了明确界定，即这些义务与国际劳工组织相关时，仅指国际劳工组织 1998 年《宣言》涉及的义务。③ 然而，国际劳工组织 1998 年《宣言》本身是一份"没有约束力的政治声明"，④ 不能直接为成员国创设国际法上的新法律义务。申言之，《全面与进步跨太平洋伙伴关系协定》通过将国际劳工组织 1998 年《宣言》中的基本劳工权利纳入该协定使其成为协定义务，而不涉及因批准特定基本劳工公约而产生的劳工公约义务。最后，关于第二类所指的可接受的工作条件，并不涉及国际劳工标准问题，它们仅限于各成员方国内劳动法上确定的保护水平，没有要求缔约方实施统一的可接受的工作条件。

---

① 参见 Government of Canada, Comprehensive and Progressive Agreement for Trans-Pacific Partnership (CPTPP), Article 19.3, https://www.international.gc.ca/trade-commerce/trade-agreements-accords-commerciaux/agr-acc/cptpp-ptpgp/text-texte/index.aspx? lang = eng&_ga = 2.115999168.778552449.1603625332 – 1073945631.1603625332，最后访问日期：2021 年 10 月 25 日。

② 8 项基本劳工公约，参见本书第五章。

③ 参见《全面与进步跨太平洋伙伴关系协定》第 19 章脚注 3。

④ 参见陈一峰《劳工、贸易与霸权——国际劳工组织基本劳工权利的缘起与争议》，载《北大法律评论》编委会编《北大法律评论》（第 19 卷·第 2 辑），北京大学出版社，2020，第 242～243 页。

第二，劳动法的实施，一个有效的途径是建立和适用争端解决机制，使劳动争端的解决受制于争端解决机制，这是劳工权利可执行的一个重要体现。《全面与进步跨太平洋伙伴关系协定》劳动争端解决机制包括第 19 章规定的劳动磋商程序①和第 28 章规定的争端解决机制②；且劳动磋商程序为前置程序，即必须首先适用劳动磋商程序，③ 只有在劳动磋商无法解决相关劳动争端时，才能适用该协定第 28 章规定的争端解决机制，这种缔约安排突出强调了劳动磋商程序的重要性，有助于《全面与进步跨太平洋伙伴关系协定》缔约国持续有效地实施协定义务。

第三，《全面与进步跨太平洋伙伴关系协定》允许以制裁措施为后盾解决相关劳动争端，这是劳工权利可执行的另一个重要体现。《全面与进步跨太平洋伙伴关系协定》劳动争端解决的救济措施，既包括消除不符合协定或使利益丧失、减损的情形，④ 也包括无法消除上述情形时提供当事方可接受的赔偿⑤、中止利益⑥和支付罚款⑦。赔偿、中止利益和支付罚款都意味着制裁，将这些措施与劳工问题的解决联系起来，凸显了劳工权利的可执行性。

---

① 参见《全面与进步跨太平洋伙伴关系协定》第 19.15 条。

② 《全面与进步跨太平洋伙伴关系协定》第 19.15.12 条规定："如果磋商方未能在根据第 2 款提出的请求之日起 60 日内解决该事项，请求方可根据第 28.7 条（专家组的设立）的规定要求设立专家组，并随后根据第 28 章（争端解决）中的规定诉诸该章其他条款。"

③ 《全面与进步跨太平洋伙伴关系协定》第 19.15.13 条规定："任何成员方不得在未首先寻求根据本条（劳工磋商）解决事项的情形下，将本章下产生的事项诉诸第 28 章（争端解决）的争端解决程序。"

④ 参见《全面与进步跨太平洋伙伴关系协定》第 28.19 条。

⑤ 参见《全面与进步跨太平洋伙伴关系协定》第 28.20.1 条。

⑥ 参见《全面与进步跨太平洋伙伴关系协定》第 28.20.2 条。

⑦ 参见《全面与进步跨太平洋伙伴关系协定》第 28.20.7 条。

二 《全面与进步跨太平洋伙伴关系协定》有执行力的劳工标准的基本特征

第一，《全面与进步跨太平洋伙伴关系协定》有执行力的劳工标准既体现在实体性权利规定方面，也体现在程序性规则方面。它不仅要求缔约国在国内法中纳入劳工权利，而且使劳动争端解决受制于争端解决机制，并允许使用制裁措施。将有执行力的劳工标准纳入自贸协定，实质是把劳工权利的保护置于自贸协定监督体系之下，如相关缔约方违反协定义务，将面临来自区域层面的对其侵犯劳工权利的监督审查。[①] 此外，有执行力的劳工标准也为缔约国提供了法律依据，使其掌控了诉诸争端解决机制解决劳动争端的主动权。[②]

第二，与传统的国际贸易措施不同，《全面与进步跨太平洋伙伴关系协定》有执行力的劳工标准，实际上是通过"边境后"措施使自贸协定的监管框架与缔约国的劳动管理产生联系，进而将其延伸到缔约国的劳动治理规则。[③] "边境后"措施是指将"规范范围从边境上延伸到边境内，对各国境内的管制措施进行协调一致性的规范"，[④] 它与缔约国国内规范直接相关，涉及缔约国国内立法、执法甚至政策制定。《全面与进步跨太平洋伙伴关系协定》通过"边境后"措施要求缔约国接受美国主导

[①] 参见 Lance Compa，"Trump，Trade，and Trabajo：Renegotiating NAFTA's Labor Accord in a Fraught Political Climate，"（2019）26 *Indiana Journal of Global Legal Studies*，p. 296。

[②] 参见李西霞《〈美墨加协定〉劳工标准的发展动向及潜在影响》，《法学》2020 年第 1 期，第 191 页。

[③] 参见 Marva Corley and Elizabeth Echeverria Manrique，*Labour Provisions in G7 Trade Agreements：A Comparative Perspective*，Geneva：International Labour Office，2019，pp. 1 - 2。

[④] 陶涛：《全球经贸规则变化新趋势研究》，《中国高校社会科学》2016 年第 2 期，第 68 页。

的劳工规则，从而实现区域劳工规则的协调。从深层次上看，美国自贸协定以"边境后"措施规制劳工标准，暗含着试图以西方价值观来影响发展中国家法律观念与法律结构的目的，[1] 对此，应从国际层面客观看待国际贸易与劳工标准之间的关系：一方面，在全球社会政策领域，国际劳工组织强调劳动不是商品，[2] 且不得将劳工标准用于贸易保护主义的目的；[3] 另一方面，在全球经济政策领域，强调在发展贸易和投资的同时关注劳工等社会议题的趋势日渐凸显。因此，协调贸易经济发展与社会发展是世界各国都面临的问题。

第三，从国际规则制定层面看，美国突破 WTO 框架，在其主导的自贸协定中纳入有执行力的劳工标准，并通过区域自贸协定扩张其影响力，目的在于重塑全球劳工规则。对此，我们应该对其可能引发的制度层面的冲突有所预见，并做好对我国相关制度进行调整的准备。[4] 在国际关系中，中国拒绝零和博弈，倡导建立人类命运共同体。关于中国与国际规则体系的关系，包容性改进更符合现实。基于此，应对美国主导制定的《全面与进步跨太平洋伙伴关系协定》劳工标准所带来的制度挑战，存在接受、变通、拒绝三种选择情形：对我国有利的新规则，可表达接受的立场；对某些规则，可原则上接受，但在内容上调整，进行变通；对于强加给我们的规则，要拒绝。[5] "中国和世界其他各国一样，有权根据自己的国情选择自己的发展道路包括经济模式"，任何谈判均"不能

---

① 参见常凯《WTO、劳工标准与劳工权益保障》，《中国社会科学》2002 年第 1 期，第 128 页。

② 参见 1944 年《费城宣言》第 I（a）条。

③ 参见国际劳工组织 1998 年《宣言》第 5 条。

④ 参见车丕照《是"逆全球化"还是在重塑全球规则?》，《政法论丛》2019 年第 1 期，第 22 页。

⑤ 参见车丕照《是"逆全球化"还是在重塑全球规则?》，《政法论丛》2019 年第 1 期，第 20 ~ 21 页。

以牺牲中国发展权为代价"，① 这是中国所要坚持的底线。

第二节　我国接受《全面与进步跨太平洋伙伴关系协定》劳工权利的主要障碍及应对措施

一　我国接受《全面与进步跨太平洋伙伴关系协定》劳工权利的主要障碍

依据前述《全面与进步跨太平洋伙伴关系协定》劳工权利及其基本特征，若我国加入《全面与进步跨太平洋伙伴关系协定》，则应接受其载明的两类劳工权利，以下逐一分析我国接受《全面与进步跨太平洋伙伴关系协定》劳工权利的主要障碍。

第一，《全面与进步跨太平洋伙伴关系协定》要求缔约国纳入的第一类基本劳工权利，实际上涉及其对应的 8 项基本劳工公约的批准问题，我国能否接受《全面与进步跨太平洋伙伴关系协定》第一类基本劳工权利，有赖于我国是否批准相关基本劳工公约。截至目前，我国已批准和有效废除童工、消除就业和职业歧视、消除强迫劳动相关的劳工公约。在国际法上，"批准"条约指"一国据以在国际上确定其同意受条约拘束之国际行为"，② 我国批准相关基本劳工公约，表明它们已对我国产生

---

① 中华人民共和国国务院新闻办公室：《关于中美经贸摩擦的事实与中方立场》，中国政府网，http://www.gov.cn/xinwen/2018 - 09/24/content_5324957. htm#allContent，最后访问日期：2020 年 12 月 21 日。

② 《维也纳条约法公约》第 2 条（乙）款。

效力，成为我国劳动法的法律渊源。① 因此，对于加入《全面与进步跨太平洋伙伴关系协定》，在接受有效废除童工、消除就业和职业歧视、消除强迫劳动相关规定方面，我国没有法律上的障碍。但是，我国仍未批准 1948 年《结社自由与保护组织权公约》和 1949 年《组织权与集体谈判权公约》，它们针对结社自由和集体谈判权。在国际法上，我国拒绝批准条约的法律后果是条约对我国不产生效力。② 这意味着我国在上述领域的劳工标准与国际劳工标准之间存在差异。因此，在我国尚未有国内法明确将相关规定纳入我国自贸协定中的情形下，接受《全面与进步跨太平洋伙伴关系协定》关于结社自由和集体谈判权的规定，是一个巨大的挑战。

第二，从我国自贸协定纳入劳动条款的缔约实践看，缔约方或是在主协定中纳入劳动条款，③ 或是签署劳动合作备忘录、合作协议。④ 从可获得的两个中文文本看，⑤ 签署方仅重申其作为国际劳工组织成员国的义务，包括国际劳工组织 1998 年《宣言》所确定的承诺，⑥ 但这两个文件都没有列明该宣言载明的基本劳工权利，也没有规定可接受的工作条件。由此看来，我国自贸协定劳动条款内容与《全面与进步跨太平洋伙

---

① 参见常凯《WTO、劳工标准与劳工权益保障》，《中国社会科学》2002 年第 1 期，第 133～134 页。

② 参见沈子华《我国条约批准的运作机制——以〈宪法〉和〈缔结条约程序法〉的规定为依据》，《国家行政学院学报》2012 年第 3 期，第 72 页；王铁崖主编《国际法》，法律出版社，2000，第 414 页。

③ 参见《中国－冰岛自由贸易协定》第 96 条，中国自由贸易区服务网，http://fta.mofcom.gov.cn，最后访问日期：2020 年 12 月 11 日。

④ 参见《中国－新西兰劳动合作谅解备忘录》《中国－瑞士劳动和就业领域合作协议》。

⑤ 《中国－新西兰劳动合作谅解备忘录》《中国－瑞士劳动和就业领域合作协议》可获得中文文本，因此，本处仅涉及这两个文件。

⑥ 参见汪培、佘云霞《从中国与新西兰〈劳动合作谅解备忘录〉看国际贸易与国际劳工标准问题》，《中国劳动关系学院学报》2009 年第 1 期，第 78 页。

伴关系协定》劳工规定相比，存在一定差异。

上述分析显示，针对《全面与进步跨太平洋伙伴关系协定》劳工权利，既存在我国可接受的方面，即有效废除童工、消除就业和职业歧视、消除强迫劳动以及可接受的工作条件，也存在障碍，即接受其关于结社自由和集体谈判权的规定。

二　我国对于《全面与进步跨太平洋伙伴关系协定》结社自由和集体谈判权的应对措施

关于结社自由和集体谈判权，我国已建立起相关法律制度，但尚未批准相关基本劳工公约这一事实表明，我国在这一领域的法律制度与国际劳工标准之间仍存在差异。如我国《工会法》关于工会的组建必须报上一级工会批准的规定，[①] 与相关基本劳工公约规定的"自由建立和参加自己选择的组织"和"无须事先批准"之间存在差异。[②] 鉴于此，我国在加入《全面与进步跨太平洋伙伴关系协定》时，将不得不考虑对我国相关法律制度进行改革。至于具体方式，可在加入《全面与进步跨太平洋伙伴关系协定》时通过签署附属协定对我国相关法律作出调整或变通，或是加快我国批约进程，与国际劳工标准保持一致，抑或通过制定国内法明确规定我国接受《全面与进步跨太平洋伙伴关系协定》关于结社自由和集体谈判权的规定。

第一，在加入《全面与进步跨太平洋伙伴关系协定》时，通过签署附属协定对我国劳动法相关制度作出调整或变通，重点应放在寻求共同点方面，同时界定我国特殊的方面，对于现阶段达不到的劳动保护水平，

---

① 参见《工会法》第 12 条。
② 林燕玲：《国际劳工标准与中国劳动法比较研究》，中国工人出版社，2015，第 49 页。

可制定和利用例外条款来解决问题，在谈判博弈中求同存异。值得注意的是，近期签署的自贸协定均采取签署附属协定的方式对劳工事项作出例外安排，如在《全面与进步跨太平洋伙伴关系协定》中，加拿大与越南通过签署附属文件对劳动章节与争端解决章节之间关系达成的共识进行确定；又如在《全面与进步跨太平洋伙伴关系协定》的前身《跨太平洋伙伴关系协定》中，美国分别与马来西亚、文莱和越南签署劳动关系促进计划附属协定，要求这三个国家承诺对其国内法律进行改革；再如《美墨加协定》在劳动章节中纳入附件，要求墨西哥对其法律改革作出承诺。① 由此可见，在加入《全面与进步跨太平洋伙伴关系协定》时，通过签署附属协定对相关法律制度作出调整或变通，无论是对《全面与进步跨太平洋伙伴关系协定》缔约国还是对申请加入国都是一种务实可行的选择。对于《全面与进步跨太平洋伙伴关系协定》缔约国来说，先例可为其协定谈判提供操作便利；而对于申请加入国来说，先例提供操作便利，同时比较灵活，其可根据谈判情况充分沟通并在坚持底线思维的基础上及时调整。但这一方式的可行性仍有待我国与《全面与进步跨太平洋伙伴关系协定》缔约国之间的谈判博弈来检验。

第二，在国际法上，国家批准条约是条约对该国产生法律效力的依据，也是该国国内适用条约的条件。② 因此，加快批准相关基本劳工公约，是我国加入《全面与进步跨太平洋伙伴关系协定》而接受其所要求的结社自由和集体谈判权的途径之一。截至目前，国际劳工组织有 187 个成员国，其批准与结社自由和集体谈判权相关的两项基本劳工公约的情形如下：对于第 87 号公约，157 个成员国批准；对于第 98 号公约，

---

① 参见《美墨加协定》第 23 章附件 A。
② 参见沈子华《我国条约批准的运作机制——以〈宪法〉和〈缔结条约程序法〉的规定为依据》，《国家行政学院学报》2012 年第 3 期，第 72 页。

168 个成员国批准。① 这种批约的普遍性状况令我国批约更具紧迫性。就此而言，20 年前已有学者指出，我国已基本具备批准基本劳工公约的法律环境，② 因此，应加大批约可行性研究力度以加速我国批约进程。

第三，在尚未批准关于结社自由和集体谈判权的基本劳工公约的情形下，我国可考虑通过国内立法明确规定我国接受《全面与进步跨太平洋伙伴关系协定》的相关条款，为我国加入该协定提供国内法上的依据，这也是一种选择方案。就此而言，美国在只批准了两项基本劳工公约的情形下，通过国内立法将国际劳工组织 1998 年《宣言》载明的基本劳工权利纳入其自贸协定，具有借鉴意义。2007 年，美国民主党与共和党达成《两党贸易协定》（The Bipartisan Trade Deal，BTD），明确要求美国签订的自贸协定纳入国际劳工组织 1998 年《宣言》中承认的基本劳工原则，并要求劳动争端与贸易争端适用同样的争端解决机制。③ 对此，需要指出的是，国内立法不但能为参加国际规则的制定提供国内法律依据，也能为参加国际规则制定的博弈提供筹码。但国内立法采取的劳工标准，必须与国际劳工标准保持一致，才能对标《全面与进步跨太平洋伙伴关系协定》所要求的劳工权利。由此看来，国内立法与加快批约进程实际上有异曲同工之处。

---

① 参见 ILO，"Ratification by Convention，" https://www.ilo.org/dyn/normlex/en/f? p = 1000：12001：15493239562738：：：：P12001_ INSTRUMENT_ SORT：1，最后访问日期：2023 年 1 月 20 日。

② 参见常凯《WTO、劳工标准与劳工权益保障》，《中国社会科学》2002 年第 1 期，第 130 ~ 131 页。

③ 参见 David A. Gantz，C. Ryan Reetz，Guillermo Aguilar-Alvarez and Jan Paulsson，"Labor Rights and Environmental Protection Under NAFTA and Other US Free Trade Agreements［with Comments］，"（2011）42（2）*The University of Miami Inter-American Law Review*，pp. 341 - 342。

第三节 我国对《全面与进步跨太平洋伙伴关系协定》 劳动争端解决机制及其制裁措施的 可接受程度及调整

一 《全面与进步跨太平洋伙伴关系协定》劳动争端解决机制

《全面与进步跨太平洋伙伴关系协定》劳动争端解决机制包括第 19 章规定的劳动磋商程序和第 28 章规定的争端解决机制。劳动磋商程序主要包括以下几个方面。（1）就劳动磋商的途径而言，可通过缔约国政府联络点开展磋商，[①] 如磋商不成，还可通过联络点请求劳动理事会[②]进行磋商。[③] 此外，无论通过联络点磋商还是通过劳动理事会磋商，磋商方均可咨询独立专家以及诉诸斡旋、调停或调解程序。[④]（2）允许认为对某一磋商所涉问题具有实质性利益的第三方参与该劳动磋商。[⑤]（3）要求磋商方提出具体且充分的信息，包括请求事项以及该请求在劳动章节下的法律依据，这些信息应使各方能够对该事项进行全面审查，以方便

[①] 参见《全面与进步跨太平洋伙伴关系协定》第 19.15.1～19.15.3 条。

[②] 《全面与进步跨太平洋伙伴关系协定》第 19.12.1 条规定："缔约方特此设立一个由各缔约方指定的部长级或其他级别的高级政府代表组成的劳动理事会。"

[③] 参见《全面与进步跨太平洋伙伴关系协定》第 19.15.10 条。

[④] 参见《全面与进步跨太平洋伙伴关系协定》第 19.15.8 条和第 19.15.10 条。

[⑤] 参见《全面与进步跨太平洋伙伴关系协定》第 19.15.4 条。

被申诉方作出回应，更为重要的是要限定劳动磋商的适用范围，[①] 使劳动磋商程序在一定意义上成为争端解决机制的构成内容。（4）劳动磋商应保密且不影响任何缔约方在其他任何程序中的权利。[②]（5）劳动磋商程序是第 28 章规定的争端解决机制的前置程序。[③] 由此可见，《全面与进步跨太平洋伙伴关系协定》对劳动磋商程序的各种步骤和条件等均作出了具体规定，已将劳动磋商程序制度化，具有很强的操作性。

争端解决机制主要包括以下几个方面。（1）场所选择条款。对于同时涉及《全面与进步跨太平洋伙伴关系协定》争端与其他国际贸易协定（包括 WTO 协定）争端的缔约国，其如果提起诉求，可选择争端解决场所；一旦依据规定在《全面与进步跨太平洋伙伴关系协定》下要求成立专家组或将该争端事项提交其他法庭，则被选定的争端解决程序应排斥其他争端解决程序的适用。[④]（2）成立专家组（establishment of a panel）。[⑤] 协定对专家组的职权范围、专家组的组成、专家组成员的资格、专家组主席名册、专家组议事规则、专家组最终报告的效力都作出了具体规定。[⑥] 不过，需要指出的是，该专家组机制无上诉程序。

以上分析显示，《全面与进步跨太平洋伙伴关系协定》规定了多元化的劳动争端解决机制，既包括劳动磋商程序，也包括劳动磋商过程中可诉诸的斡旋、调停或调解，还包括专家组程序，这为解决劳动争端提供了多种途径。此外，从技术层面看，《全面与进步跨太平洋伙伴关系协定》劳动争端解决机制的操作性非常强，具体规定了劳动磋商程序的步

---

① 参见《全面与进步跨太平洋伙伴关系协定》第 19. 15. 2 条。
② 参见《全面与进步跨太平洋伙伴关系协定》第 19. 15. 15 条。
③ 参见《全面与进步跨太平洋伙伴关系协定》第 19. 15. 12 条和第 19. 15. 13 条。
④ 参见《全面与进步跨太平洋伙伴关系协定》第 28. 4 条。
⑤ 参见《全面与进步跨太平洋伙伴关系协定》第 28. 7 条。
⑥ 参见《全面与进步跨太平洋伙伴关系协定》第 28. 8 ~ 28. 19 条。

骤和条件，以及专家组程序规则，体现了劳动争端解决机制的制度化和具体化。尤其是，《全面与进步跨太平洋伙伴关系协定》把劳动章节义务与该协定下的其他章节义务置于同一争端解决机制下，凸显了劳工标准的可强制执行性。但我国历来主张采取对话和磋商解决劳动争端，回避通过强制性争端解决机制解决劳动问题，这一做法在我国申请加入《全面与进步跨太平洋伙伴关系协定》后应有所调整。

二　《全面与进步跨太平洋伙伴关系协定》劳动争端解决机制的救济措施

依据《全面与进步跨太平洋伙伴关系协定》第28章相关规定，解决劳动争端的救济措施包括以下途径。（1）消除与协定不一致或使利益丧失、减损的情形。如果专家组在最终报告中认定，解决方案与缔约一方在协定下的义务不一致，或缔约一方未能履行其在协定下的义务，抑或解决方案正在造成第28.3.1（c）条①规定的情形，被申诉方应尽可能在合理期间内消除与协定不一致或使利益丧失、减损的情形。②（2）赔偿。若被申诉方不执行专家组在最终报告中提出的解决方案，申诉方可要求被申诉方提供赔偿，这是申诉方可选择的一种救济措施，其前提条件是被申诉方已通知申诉方，其不打算消除与协定不一致或使利益丧失、

---

① 《全面与进步跨太平洋伙伴关系协定》第28.3.1条规定："除非本协定另有规定，否则本章争端解决条款适用于：……（c）当缔约一方认为另一方采取了与本协定不一致的措施，导致其根据第2章（产品的国民待遇和市场准入）、第3章（原产地规则和原产地程序）、第4章（纺织品和服装商品）、第5章（海关管理和贸易便利化）、第8章（技术性贸易壁垒）、第10章（跨境服务贸易）或第15章（政府采购）本可合理预期的利益丧失或减损的情况。"
② 参见《全面与进步跨太平洋伙伴关系协定》第28.19.2条和第28.19.3条。

减损的情形，或在根据第 28.19 条（最终报告的实施）确定的合理期限届满后，争端各方对被申诉方是否已消除与协定不一致或使利益丧失、减损的情形存在分歧。① （3）中止利益。如果申诉方与被申诉方在规定期间内未能就赔偿方案达成一致，或已就赔偿方案达成一致但申诉方认为被申诉方未能履行该赔偿方案，申诉方可以根据第 28.20.3 条，中止被申诉方在该协定下的利益。对此，申诉方应向被申诉方发出书面通知，说明其打算中止与其利益丧失或减损数额相当的利益。此外，《全面与进步跨太平洋伙伴关系协定》还对中止利益的原则和程序进行了规定：首先，申诉方应先中止与专家组确定的与协定不一致或使利益丧失、减损的相同主题事项的利益（suspend benefits in the same subject matter）；其次，申诉方如果认为中止相同主题事项的利益不可行或没有效果，并且情况足够严重，则可以中止不同主题事项的利益；最后，如果争端双方对中止利益的数额有分歧，应提交专家组确定。② （4）若申诉方同意，被申诉方可支付罚款以代替申诉方提出的中止利益。③

对于上述救济措施，需要指出的是：其一，赔偿、中止利益和支付罚款意味着制裁；其二，赔偿、中止利益和支付罚款应为临时措施，仅在被申诉方消除与协定不一致或使利益丧失、减损的情形之前，或者在达成双方满意的解决方案之前适用。④ 制裁措施主要是美国的做法，但在《全面与进步跨太平洋伙伴关系协定》中已被加拿大、日本等多个缔约国所接受。我国历来反对使用制裁措施解决相关劳工问题，接受这种做法对我国而言是个挑战。

---

① 参见《全面与进步跨太平洋伙伴关系协定》第 28.20.1 条。
② 参见《全面与进步跨太平洋伙伴关系协定》第 28.20.2 ~ 28.20.5 条。
③ 参见《全面与进步跨太平洋伙伴关系协定》第 28.20.7 ~ 28.20.10 条。
④ 参见《全面与进步跨太平洋伙伴关系协定》第 28.20.15 条。

三 我国对《全面与进步跨太平洋伙伴关系协定》劳动争端解决机制及其制裁措施的可接受程度及应对措施

从历史的视角看，我国一直在避免通过强制性争端解决机制解决劳动争端，其原因主要有二：其一，大多数现行国际法规则都是在西方发达国家主导或影响下制定的，这些规则有时候可能会对中国不利，对这些规则的适用无疑会妨碍我国独立自主地处理内政和国际事务；其二，对前述国际法的承认，意味着要受制于国际司法机构或国际仲裁机构的管辖，更意味着要参与和接受外国或外国国民对中国或中国公民的起诉和申诉，中国会明显处于被动地位。① 这些是中国不愿意见到甚至无法接受的情形。对此，有必要进行客观分析，以形成积极正面的国际法立场。首先，应该认识到国际法在国际事务中的议程设定功能以及在全球治理中的方向引领作用，同时还应该看到国际法的工具作用，我们可以借助国际法这一"工具"提升我国在国际社会的影响力，解决相关问题，塑造自身形象。② 其次，中国在加入 WTO 以后，对于国际事务，参与的领域日趋广泛，参与的程度越来越深，在 WTO 争端解决机制中逐渐赢得主动地位，逐步从当初的观众成为这个舞台上的主角，这是我国接受国际争端解决程序的一个积极例证。③

此外，从我国自贸协定纳入劳动条款的缔约实践看，关于劳动争端

---

① 参见何志鹏《国际法在新时代中国的重要性探究》，《清华法学》2018 年第 1 期，第 9 页。

② 参见何志鹏《国际法在新时代中国的重要性探究》，《清华法学》2018 年第 1 期，第 27 ~ 30 页。

③ 参见李成钢《WTO 争端解决机制与中国》，载唐青阳主编《国际法学讲演录》（第一卷），法律出版社，2010，第 214 ~ 215 页。

的解决，我国仅规定协调员磋商和联合会议磋商，① 并没有规定磋商不成可诉诸其他后续解决程序，回避通过强制性争端解决机制解决劳动争端，也没有规定救济措施。同时，我国自贸协定关于劳动争端解决的程序非常单一，倾向使用磋商程序，通过合作和对话方式解决相关劳动问题。这显示，我国现行自贸协定关于劳动争端解决的规定与《全面与进步跨太平洋伙伴关系协定》相关条款存在较大差异。

因此，对标《全面与进步跨太平洋伙伴关系协定》强制性争端解决机制与制裁措施，应依据我国基本国情和立法现状，重新审视和调整我国关于涉外劳动争端解决的传统立场和现行实践。首先，根据《中共中央关于全面推进依法治国若干重大问题的决定》，多元化纠纷解决机制的建立和健全已上升到推进国家治理体系和治理能力现代化的战略高度。因此，应在国际争端解决中发展多元化争端解决机制。其次，应认识到建立和适用争端解决机制，不仅是实体法规则实施的一个有效途径，更为重要的是，它对于各缔约方也是一种相互制约的机制。最后，从制度层面看，我国自改革开放以来，在国际法和劳动法制建设领域取得了巨大成就。对于参与国际劳工规则的制定，我们有制度方面的基础。尤其是我国自加入 WTO 以来，积极利用 WTO 争端解决机制，有效解决贸易摩擦，创造良好的国际贸易投资环境，维护国家合法权益，取得了积极成果。在此过程中，我国积累了国际贸易争端解决的有益经验，储备了相关涉外法律人才，国际经济法实践能力得到快速提升。因此，对于我国传统上排斥通过强制性争端解决机制和制裁措施解决劳动问题的观念，应借鉴 WTO 方面的立法和司法实践经验加以调整。

---

① 参见《中国－新西兰劳动合作谅解备忘录》第 4 条、《中国－瑞士劳动和就业领域合作协议》第 4 条。

第四节 结语

综上所述，我国加入《全面与进步跨太平洋伙伴关系协定》在劳工标准领域面临两方面的主要挑战，一是接受《全面与进步跨太平洋伙伴关系协定》的结社自由和集体谈判权的条款，二是对《全面与进步跨太平洋伙伴关系协定》强制性争端解决机制和制裁措施的接受及调整。对于前者，在我国加入《全面与进步跨太平洋伙伴关系协定》时签署附属协定比较可行；对于后者，应借鉴 WTO 方面的相关经验，调整我国传统上排斥采用强制性争端解决机制和制裁措施解决劳动问题的观念。

目前，WTO 多边回合谈判长期停滞不前，通过 WTO 制定国际经贸规则并发挥作用日渐艰难。在此背景下，美国在其主导的自贸协定中纳入有执行力的劳工标准，已具有区域劳工规则构建意义，显示出其重塑全球劳工规则的意图。对此，我国应从参与制定国际规则的高度审视这一问题，完善和改革我国相关劳动法律制度，推进高水平对外开放。

第五章

核心劳工标准的确立和实施及其对国际劳动治理的意义

第一节　核心劳工标准概述

2021 年，我国全面建成小康社会，进入新发展阶段，着力贯彻新发展理念，构建新发展格局。《国民经济和社会发展第十四个五年规划和2035 年远景目标纲要》提出实施就业优先战略，完善再分配机制，健全多层次社会保障体系，以满足人民日益增长的美好生活需要为根本目的。[①] 这与 2019 年《国际劳工组织关于劳动世界的未来百年宣言》（ILO Centenary Declaration for the Future of Work）提出的在第二个百年间将进一步采取以人为本的方法构建劳动世界的未来，将工人的权利和所有人的需求、向往和权利置于经济、社会和环境政策的核心，坚持不懈地推进社会正义的使命[②]有高度契合之处。以国际劳工标准为主体形成的全球劳动治理体系，已经并将继续对我国的劳动和社会保障产生影响。当今世界正经历百年未有之大变局，单边主义、贸易保护主义和逆全球化势头也有加重的迹象。在此国际新格局下，我国继续推动"一带一路"建设，倡议构建人类命运共同体，完成《中欧全面投资协定》谈判并正式提出申请加入《全面与进步跨太平洋伙伴关系协定》，统筹推进我国劳动和社会保障领域的国内法治和涉外法治，这些均涉及全球劳动治理议题，尤其涉及国际劳工组织确立的核心劳工标准问题。

---

① 2021 年 3 月 11 日，第十三届全国人民代表大会第四次会议通过《国民经济和社会发展第十四个五年规划和 2035 年远景目标纲要》。

② 参见 ILC, ILO Centenary Declaration for the Future of Work, ILO DOC. ILC. 108th Session of 2019, I. D.。

核心劳工标准是国际劳工组织建立的国际劳工标准的重要组成部分。它是指 1998 年 6 月 18 日通过的国际劳工组织 1998 年《宣言》确立的 4 项"工作中的基本权利"（fundamental rights at work），① 包括"结社自由和有效承认集体谈判权利""消除一切形式的强迫或强制劳动""有效废除童工""消除就业和职业歧视"。② 核心劳工标准确立后，其实施得到不断加强。不仅所有国际劳工组织成员国有义务尊重、促进实现核心劳工标准，而且自由贸易协定劳工标准、国际或区域金融机构对贷款项目的强制性社会政策要求、国际框架协议、国际组织发起的倡议和以市场为导向的跨国企业行为守则中均纳入部分或全部核心劳工标准，将劳动治理延伸到全球不同层面，初步形成了一个全球劳动治理的格局。③ 核心劳工标准实施的加强，开启了全球劳动治理的新阶段。因此，充分认识国际层面劳动治理重点的转向，有助于把握国际劳工标准的要义，加强实施核心劳工标准，同时有利于构建我国对外交往贸易与投资政策中的劳动治理话语体系，尤其是完成《中欧全面投资协定》谈判后为该协

---

① 需要说明的是，2022 年 6 月 6 日，第 110 届国际劳工大会通过了《经 2022 年修正的〈1998 年国际劳工组织关于工作中基本原则和权利宣言〉》，决定将"安全和卫生的工作环境"作为第五项工作中的基本权利，纳入国际劳工组织工作中基本原则和权利框架，同时宣布 1981 年《职业安全与卫生公约》（第 155 号公约）和 2006 年《关于促进职业安全与卫生框架的公约》（第 187 号公约）必须被视为《经 2022 年修正的〈1998 年国际劳工组织关于工作中基本原则和权利宣言〉》意义上的基本劳工公约。参见国际劳工组织《关于将安全和卫生的工作环境纳入国际劳工组织工作中基本原则和权利框架的决议》，https://www.ilo.org/ilc/ReportsavailableinChinese/WCMS_848704/lang--en/index.htm，最后访问日期：2022 年 7 月 28 日。
② 国际劳工组织 1998 年《宣言》第 2 条。
③ 参见 Anke Hassel, "The Evolution of a Global Labor Governance Regime," (2008) 21 (2) *Governance: An International Journal of Policy, Administration, and Institutions*, pp. 231 – 251; Nicolas Valticos and G. von Potobsky, *International Labour Law*, Deventer: Kluwer Law and Taxation Publishers, 1995, pp. 17, 49 – 78; 鲍传健《全球劳动治理引论》，《国外理论动态》2016 年第 10 期，第 112 页。

定的实施进行准备并积极推进加入《全面与进步跨太平洋伙伴关系协定》，统筹推进劳动和社会保障领域的国内法治与涉外法治。有鉴于此，本章第二节首先介绍核心劳工标准的确立，第三节和第四节分别探讨核心劳工标准的实施及其监督机制，第五节研究核心劳工标准在不同领域实施的加强，第六节讨论核心劳工标准的确立和实施对国际劳动治理的意义。

第二节　核心劳工标准的确立

一　关于"核心劳工标准"的概念

"核心劳工标准"概念的提出及在规范意义上的使用与全球化在相关领域的迅速扩展密切相关。自 20 世纪 90 年代以来，随着贸易和金融自由化及全球劳动力市场的兴起，全球化迅速扩展，关于促进实现体面劳动特别是尊重工作中的基本权利的呼声日益高涨。[①] 虽然对基本权利的内容尚未达成正式的国际共识，但似乎已有某些一致意见，认为工作中的基本权利应侧重于劳工标准的一个子集，称为"核心劳工标准"，而不是笼统指称所有的劳工标准。1995 年联合国社会发展问题世界首脑会议（UN World Summit for Social Development）通过的《哥本哈根社会

---

① 参见 GB, Follow-up to the Resolution on the ILO Centenary Declaration for the Future of Work—Proposals Aimed at Promoting Greater Coherence within the Multilateral System, ILO DOC. GB. 338/INS/3/1 of 2020, para. 3。

发展问题宣言》（Copenhagen Declaration on Social Development），就倡导尊重国际劳工组织的有关公约达成共识，它们涉及关于禁止强迫劳动和废除童工的公约，关于结社自由、组织和集体谈判权以及不歧视原则的公约。① 通过指向这一系列国际劳工公约，各国政府强调了这些公约的核心地位，这种地位是相对于多年来通过谈判达成的其他多项国际劳工公约而言的。这是国际层面首次正式确定了 4 项工作中的基本权利。然而，关于某些劳工标准可能是核心或基本劳工标准的想法一直在讨论过程中，而国际劳工组织难以界定此类标准。② 此外，1995 年联合国《社会发展问题世界首脑会议行动纲领》（Programme of Action of the World Summit for Social Development）进一步推动了对核心劳工标准的理解。具体地说，该行动纲领建议，即使不是基本劳工公约的批准国，它们也应该"考虑到这些公约所体现的原则"。③ 关注尚未批准所涉公约的成员国，而不是仅仅关注那些批准基本劳工公约的成员国，对于将基本劳工权利纳入所有成员国的努力来说是一项重大成就。④

1996 年，在新加坡举行的世界贸易组织部长级会议形成的《新加坡部长宣言》（Singapore Ministerial Declaration）中，重申了对遵守国际公认的核心劳工标准的承诺，明确承认国际劳工组织是制定和处理核心劳

---

① 参见 United Nations, Copenhagen Declaration on Social Development, Annex I, A/CONF. 166/9, 1995, "Commitment 3", para. (i)。

② 参见 Steve Charnovitz, "International Labour Organization in Its Second Century," in J. A. Frowein and R. Wolfrum (eds.), *Max Planck Yearbook of United Nations Law*, Deventer: Kluwer Law International, 2000, p. 152。

③ United Nations, Programme of Action of the World Summit for Social Development, A/CONF. 166/9, 14 March 1995, para. 54 (b).

④ 参见 Steve Charnovitz, "International Labour Organization in Its Second Century," in J. A. Frowein and R. Wolfrum (eds.), *Max Planck Yearbook of United Nations Law*, Deventer: Kluwer Law International, 2000, p. 152。

工标准的适格机构，并确认支持其在促进实现劳工标准方面的工作。①
1998 年 6 月 18 日，国际劳工组织 1998 年《宣言》正式确立了"工作中
的基本权利"。②

在国际层面上，虽然上述重要文件都承认尊重核心劳工标准，但国
际劳工组织 1998 年《宣言》却是对这一全球性共识的最明确表达。③ 尽
管国际劳工组织 1998 年《宣言》属于软法，不具法律约束力，但从广义
上讲它也属于国际劳工标准的渊源。在国际劳工组织体系内，该宣言规
定的内容都比较重要，其对国际劳工组织的目标和宗旨、工作中的基本
权利等作出了宣誓性规定。因此在规范意义上，核心劳工标准仅指国际
劳工组织 1998 年《宣言》确立的 4 项基本劳工权利，即结社自由和集体
谈判权、消除强迫劳动、废除童工、消除就业和职业歧视。

二 核心劳工标准的确立

1. 国际劳工组织外部对确立核心劳工标准达成的共识

核心劳工标准的确立，源于 20 世纪 90 年代复杂的国际背景和全球
化的迅速发展。可以说，当时世界各国均已建立了不同模式的劳动和社
会保障制度，其保护水平也存在不同程度的差异。但是，在最低工作条
件方面的劳动法规有很多相似之处。事实上，大多数国家均保障一些基

---

① 参见 World Trade Organization, Singapore Ministerial Declaration, 13 December 1996, para. 4, 参见 https://www.wto.org/english/thewto_e/minist_e/min96_e/wtodec_e.htm，最后访问日期：2023 年 1 月 19 日。
② 参见国际劳工组织 1998 年《宣言》第 2 条。
③ 参见 Yossi Dahan, Hanna Lerner & Faina Milman-Sivan, "Shared Responsibility and the International Labour Organization," (2013) 34 *Michigan Journal of International Law*, p. 684.

本标准，如每周休息日数、带薪病假、带薪休假和加班工资等。① 在国际层面，若干重要文件如 1966 年《公民权利及政治权利国际公约》②、1966 年《经济、社会及文化权利国际公约》③ 和 1989 年《联合国儿童权利公约》，均体现了对确保某些基本劳工权利的肯定。此外，如前所述，其他一些国际文件如 1995 年《哥本哈根社会发展问题宣言》和 1996 年《新加坡部长宣言》，也表达了对确立工作中的基本权利或核心劳工标准的共识或承诺。对于确立核心劳工标准，国际层面逐渐形成一种共识，即需要在法律上保障工人的基本权利。

2. 国际劳工组织内部为推动确立核心劳工标准所作的努力

在国际劳工组织内部，确立核心劳工标准与当时国际劳工组织面临的困境密切相关。

其一，自 1919 年国际劳工组织成立以来，制定的劳工公约数量越来越多，招致批评如劳工公约"生产过剩"、国际劳工组织工作重点丧失；批准公约的数量以及成员国数量不断增加，以致数次出现报告过多、负担过重问题。1976 年，劳工公约总数超过 140 个，成员国数量超过 130 个，收到的公约批准书超过 4000 份，当年收到的报告有 3400 多份。过多的报告不仅使成员国疲于应付，也使国际劳工组织监督机构不堪重负，监督的质量和效率受到影响。④ 从 1977 年起，理事会开始对报告制度进

---

① 参见 Yossi Dahan, Hanna Lerner & Faina Milman-Sivan, "Shared Responsibility and the International Labour Organization," (2013) 34 *Michigan Journal of International Law*, p. 684。

② 1966 年《公民权利及政治权利国际公约》对强迫或强制劳动（第 8 条）、结社自由（第 22 条）和非歧视（第 26 条）作出规定。

③ 1966 年《经济、社会及文化权利国际公约》对工会（第 8 条）和同工同酬（第 7 条）作出规定。

④ 参见 Governing Body Decisions on "the Standards Initiative: Implementing the Workplan for Strengthening the Supervisory System" adopted in November 2018 [GB. 334/INS/5 and GB. 332/INS/5 (Rev.)]; ILO, *Handbook of Procedures Relating to International Labour Conventions and Recommendations*, Centenary Edition, Geneva: International Labour Office, 2019。

行一系列改革，逐渐延长报告周期，但标准过多且其有效实施依赖于成员国的自愿合作，同时国际劳工组织未能在已制定公约规定的不同标准中确定优先顺序，导致实施成效不尽如人意。此外，20世纪90年代以后，关于促进实现体面工作条件特别是尊重工作中的基本权利的呼声日益高涨的情势，① 使国际劳工组织标准制定和实施机制面临日趋严峻的挑战。对此，国际劳工组织内部就确立核心劳工标准进行辩论，1994年，国际劳工组织发布报告指出，从人道主义的角度来看，结社自由、集体谈判权、禁止强迫劳动和消除童工等劳工标准特别重要。②

其二，苏联解体、东欧剧变之后，国际劳工组织内部的东西对峙在后冷战时代转化为南北矛盾，加上世界经济全球化的发展，世界资本不断涌入劳动力相对低廉的发展中国家，导致发达国家就业受到影响，西方工会和西方发达国家政府希望通过加强国际劳工标准的实施来扭转局面。1993年至1994年，西方发达国家在国际劳工组织发起了"社会条款"的讨论，主张将核心劳工标准与国际贸易规则联系起来。③ 但由于发展中国家坚决反对，这场关于"社会条款"的辩论，在无法分出胜负的情势下，被搁置处理，而问题并没有得到解决。1995年1月1日，世界贸易组织成立，在其于1996年在新加坡举行的首届部长级会议期间，劳工议题虽未被列入正式议程，但1996年《新加坡部长宣言》明确承认了在国际体系内国际劳工组织制定和处理核心劳工标准的管辖权与核心地位，这极大推进了国际劳工组织确立核心劳工标准的进程。也就是说，

① 参见 GB, Follow-up to the Resolution on the ILO Centenary Declaration for the Future of Work—Proposals Aimed at Promoting Greater Coherence within the Multilateral System, ILO DOC. GB. 338/INS/3/1 of 2020, para. 3。

② 参见 ILO, The Social Dimensions of the Liberalisation of World Trade, GB. 261/WP/SLD/1 November 1994, Geneva; OECD, *Trade, Employment and Labour Standards: A Study of Core Workers' Rights and International Trade*, Paris: OECD Publishing, 1996, p. 25。

③ 参见刘旭《国际劳工标准概述》，中国劳动社会保障出版社，2003，第100~102页。

在某种程度上，国际劳工组织采取软法途径确立核心劳动标准，主要与将贸易和核心劳工标准联系起来的争论有关。

其三，在国际层面，其他国际人权文件如《公民权利及政治权利国际公约》《经济、社会及文化权利国际公约》等也纳入与特定劳工标准类似的标准。对于国际劳工组织成员国来说，如果其加入了这些国际人权公约，在适用劳工权利过程中，将面临国际劳工组织监督机制与人权监督机制的关系问题。人权监督机构对其标准作出的解释和发展出的判例，不受《国际劳工组织章程》和劳工公约的约束，可能造成对权利的不同定性并导致国际劳工组织的政治和社会影响力下降。为了在后冷战时代继续生存，国际劳工组织必须重新定义其角色和优先事项，增强和保障对劳动世界的治理能力、管辖权以及合法性行动，以应对国际体系框架内机构职责竞争问题以及由此引发的国际劳工组织边缘化问题。①对此，国际劳工组织改变了力推成员国普遍批准劳工公约的策略，决定将其促进活动重点聚焦于所谓的"工作中的基本权利"，以提升其国际形象和在劳动世界进行治理的核心地位。经过长时间的酝酿和辩论，国际劳工大会在其第 86 届会议上通过了国际劳工组织 1998 年《宣言》及其后续措施，明确界定了 4 项基本劳工权利。

第三节　核心劳工标准的实施

如前所述，核心劳工标准是指国际劳工组织 1998 年《宣言》确立的

---

① 参见 Erika de Wet, "Governance Through Promotion and Persuasion: The 1998 ILO Declaration on Fundamental Principles and Rights at Work," (2008) 9 (11) *German Law Journal*, p. 1434, footnote 16。

基本原则和权利，即结社自由和有效承认集体谈判权利、消除一切形式的强迫或强制劳动、有效废除童工、消除就业和职业歧视，[①] 它们体现在以下 8 项基本劳工公约[②]中：（1）1948 年《结社自由与保护组织权公约》（第 87 号公约）；（2）1949 年《组织权与集体谈判权公约》（第 98 号公约）；（3）1930 年《强迫劳动公约》（第 29 号公约）；（4）1957 年《废除强迫劳动公约》（第 105 号公约）；（5）1951 年《对男女工人同等价值的工作付予同等报酬公约》（第 100 号公约）；（6）1958 年《（就业和职业）歧视公约》（第 111 号公约）；（7）1973 年《准予就业最低年龄公约》（第 138 号公约）；（8）1999 年《禁止和立即行动消除最恶劣形式的童工劳动公约》（第 182 号公约）。[③] 对于核心劳工标准的实施，国际劳工组织 1998 年《宣言》明确规定，无论是否批准与基本原则和权利相关的 8 项基本劳工公约，仅从作为国际劳工组织成员国这一事实出发，所有成员国都有义务真诚地并根据《国际劳工组织章程》的要求，尊重、促进实现关于作为这些公约之主题的基本权利的各项原则。[④] 故核心劳工标准的实施依据是国际劳工组织 1998 年《宣言》。

核心劳工标准是劳动者争取改善其工作条件的根本手段。作为体面工作计划的策略性目标，基本劳工权利对于促进社会正义的发展和确保公平稳定的经济全球化的实现起着至关重要的作用。[⑤] 关于核心劳工标准的实施，国际劳工组织 1998 年《宣言》要求国际劳工组织成员国承担

---

① 参见国际劳工组织 1998 年《宣言》第 2 条。

② "这些原则和权利在被国际劳工组织内部和外部承认是基本公约的公约中以具体权利与义务之形式体现和发展。"国际劳工组织 1998 年《宣言》第 1（b）条。

③ 参见 ILO，"Conventions，"https：//www. ilo. org/dyn/normlex/en/f? p = 1000：12000：：：NO：：：，最后访问日期：2020 年 2 月 24 日。

④ 参见国际劳工组织 1998 年《宣言》第 2 条。

⑤ 参见林燕玲《国际劳工组织的历史贡献及其对中国劳动社会保障法制建设的影响——纪念国际劳工组织成立 100 周年》，《中国劳动关系学院学报》2019 年第 6 期，第 8 页。

尊重、促进和实现核心劳工标准的义务,不论是否批准有关基本劳工公约。关于这项义务,首先,国际劳工组织1998年《宣言》本身是一份"没有约束力的政治声明",不会直接为成员国创设国际法上新的额外的法律义务。① 其次,对于基本劳工公约体现的核心劳工标准,其只有在成员国依据其国内法律程序批准相关基本劳工公约后,才对该成员国产生效力;② 对于尚未批准的基本劳工公约,成员国则根据《国际劳工组织章程》第19.5(e)条承担提交报告的义务。③

核心劳工标准的有效实施,有赖于成员国对基本劳工公约的批准。截至2021年,在187个成员国中,批准所有8项基本劳工公约的成员国数目为146个,批准其中7项基本劳工公约的成员国数目为14个,批准其中6项基本劳工公约的成员国数目为11个,批准其中5项基本劳工公约的成员国数目为5个,批准其中4项基本劳工公约的成员国数目为4个,批准其中3项基本劳工公约的成员国数目为1个,批准其中2项基本劳工公约的成员国数目为2个,批准其中1项基本劳工公约的成员国数目为4个。④ 从国际劳工组织1998年《宣言》旨在促进普遍实施核心劳工标准的目标看,现状与这一目标还有一定差距。

---

① 参见 Report of the Committee on the Declaration of Principles, in ILO, Record of Proceedings of the International Labour Conference, 1998, 86 Session, pp. 20, 92 – 93, 转引自陈一峰《劳工、贸易与霸权——国际劳工组织基本劳工权利的缘起与争议》,载《北大法律评论》编委会编《北大法律评论》(第19卷·第2辑),北京大学出版社,2020,第242~243页。

② 参见王家宠《国际劳动公约概要》,中国劳动出版社,1991,第16~17页;常凯《WTO、劳工标准与劳工权益保障》,《中国社会科学》2002年第1期,第130页。

③ 参见1998年《〈国际劳工组织关于工作中基本原则和权利宣言〉的后续措施》第二部分第B条。

④ 参见 ILO, "Ratifications of Fundamental Conventions by Number of Ratifications," https://www.ilo.org/dyn/normlex/en/f? p = 1000: 10011:::: NO: 10011: P10011_ DISPLAY_ BY, P10011_CONVENTION_TYPE_CODE: 2, F, 最后访问日期: 2021年1月4日。

第四节 核心劳工标准实施的监督机制、特征及与其他监督机制的关系

一 核心劳工标准实施的国际劳工组织监督机制

与批准其他国际条约一样，批准是成员国正式承诺使劳工公约的规定在其国内法律和实践中生效的行为，各国在确定是否批准时有绝对的自由裁量权。批准劳工公约将为批准国设置国际法律义务，从而也将启动国际劳工组织的监督程序。就与核心劳工标准有关的 8 项基本劳工公约的实施而言，国际劳工组织建立了如下监督机制。

首先，在国际劳工组织框架内，建立了相互补充的三种监督机制，以监督成员国实施已批准的基本劳工公约的情况以及对《国际劳工组织章程》所载原则的接受程度，目前这些监督机制已演变为有效工具，用以促进各成员国对劳工标准的遵守。① 针对成员国实施已批准的基本劳工公约的情况，国际劳工组织建立了两种监督机制：一是基于政府定期报告的常规监督机制，即根据成员国就其实施已批准公约而采取的措施提交的定期报告，系统地审查相关成员国的法律和实践，以监督这些已批准的劳工公约的实施水平；二是特别监督机制，它涉及对一成员国未能切实遵守

---

① 参见 Philip Alston and James Heenan, "Shrinking the International Labor Code: An Unintended Consequence of the 1998 ILO Declaration on Fundamental Principles and Rights at Work," (2004) 36 *New York University Journal of International Law and Politics*, p. 256。

其已批准公约的行为提起的申诉和控诉程序。① 这两种监督机制都以《国际劳工组织章程》的规定为基础，适用于国际劳工组织通过的所有基本劳工公约，但适用范围是成员国已批准的基本劳工公约。第三种监督机制是依据国际劳工组织理事会通过的《国际劳工组织关于审查指控违反结社自由之控诉的特别程序》（Special Procedures for the Examination in the International Labour Organization of Complaints Alleging Violations of Freedom of Association）建立的结社自由委员会程序，它是针对结社自由的控诉问题而建立的，相关成员国无论是否批准相关劳工公约，均适用该程序。②

其次，在上述已建立的监督机制的基础上，为促进核心劳工标准的实施，国际劳工组织 1998 年《宣言》又建立了两方面的"后续措施"。③

第一，提交有关未批准的基本劳工公约的年度报告，该措施为存在未批准的基本劳工公约的成员国设置，④ 要求这些成员国每年就其对尚未批准的基本劳工公约所作的努力和取得的进展提交报告。对此，成员国应根据《国际劳工组织章程》第 19.5（e）条⑤报告与其尚未批准的基本劳工公约所涉事项有关的国内法律及惯例发生任何变化的信息。⑥ 这些年度报告由国际劳工局汇编，由理事会审查。理事会可对现有程序

① 参见 ILO, "Applying and Promoting International Labour Standards," https://www.ilo.org/global/standards/applying-and-promoting-international-labour-standards/lang--en/index.htm, 最后访问日期：2019 年 8 月 12 日。
② 参见 ILO, "Introductory Note," in *Compendium of Rules Applicable to the Governing Body of the International Labour Office*, Geneva：International Labour Office, 2019, para. 31。
③ 参见 1998 年《〈国际劳工组织关于工作中基本原则和权利宣言〉的后续措施》第二部分。
④ 参见 1998 年《〈国际劳工组织关于工作中基本原则和权利宣言〉的后续措施》第二部分第 A.1 条。
⑤ 《国际劳工组织章程》第 19.5（e）条规定："成员国应按理事会的要求，每隔适当时期，向国际劳工局局长报告该国与未批准公约所涉事项有关的法律及实际情况。"
⑥ 参见 1998 年《〈国际劳工组织关于工作中基本原则和权利宣言〉的后续措施》第二部分第 B.1 条。

进行调整，以允许理事会中没有代表的成员国通过最适当的方式作出澄清，向理事会提供讨论时可能有用的信息，以补充其报告所载的信息。①

需要说明的是，《国际劳工组织章程》第 19.5（e）条规定的义务，是为存在未批准的劳工公约的成员国设定的，一般情况下只有在国际劳工组织理事会提出请求时才触发该报告义务，否则各成员国不必提交额外的资料。② 而国际劳工组织 1998 年《宣言》的"后续措施"，从报告的重点和频率两个方面就成员国对未批准的基本劳工公约的报告义务进行了调整。关于报告重点，应集中在实施核心劳工标准所需要的技术合作方面。这与《国际劳工组织章程》第 19.5（e）条下的报告义务不同，后者主要侧重于有关未批准的劳工公约所有条款的实施情况。③ 关于报告频率，则比《国际劳工组织章程》第 19.5（e）条下的报告义务更为繁重，因为它要求成员国每年就所有未批准的基本劳工公约的法律情况提交报告。④ 事实上，"后续措施"要求的提交报告甚至比《国际劳工组织章程》第 22 条规定的提交已批准公约的报告更频繁。已批准的基本劳工公约和管理劳工公约的报告频率目前为每 3 年提交一次，⑤ 而其他已批

<hr>

① 参见 1998 年《〈国际劳工组织关于工作中基本原则和权利宣言〉的后续措施》第二部分第 B.4 条。
② 参见 Erika de Wet，"Governance Through Promotion and Persuasion：The 1998 ILO Declaration on Fundamental Principles and Rights at Work，"（2008）9（11）*German Law Journal*，p.1444。
③ 参见 Erika de Wet，"Governance Through Promotion and Persuasion：The 1998 ILO Declaration on Fundamental Principles and Rights at Work，"（2008）9（11）*German Law Journal*，pp.1444 – 1445。
④ 参见 1998 年《〈国际劳工组织关于工作中基本原则和权利宣言〉的后续措施》第二部分第 A.1 条。
⑤ 2009 年，理事会将基本劳工公约和管理劳工公约的报告周期从 2 年延长至 3 年。参见 ILO，Committee on Legal Issues and International Labour Standards，Improvements in the Standards-Related Activities of the ILO，ILO DOC. GB. 306/LILS/4（Rev.），（转下页注）

准的劳工公约（除那些被搁置的公约之外）的报告则每6年提交一次。①

第二，汇编综合报告（global report），其目的是就前一个4年期每一类核心劳工标准的实施情况提供一幅总的能动画面，将其作为评估国际劳工组织提供援助的效果的基础，并以特别旨在动员基于实施技术合作所需的内部和外部资源的技术合作行动计划的形式确定下一个4年期的优先重点；每年轮流报告4类核心劳工标准的一个类别。② 综合报告由劳工局局长负责在正式资料或根据既定程序收集和评估的资料的基础上进行汇编。在起草综合报告时，国际劳工局以成员国的报告为基础：对尚未批准相关基本劳工公约的成员国，应以成员国据"后续措施"提交的年度报告为基础；对已批准相关基本劳工公约的成员国，应以成员国据《国际劳工组织章程》第22条提交的报告为基础。③

综合报告作为劳工局局长报告被提交给国际劳工大会，供三方讨论。劳工大会可以决定将该报告和根据《国际劳工大会议事规则》第23条提交的报告分别处理，也可以在专为针对该报告的一次会议上，或以任何其他恰当的方式，对报告进行讨论。在大会会议讨论的基础上，国际劳工组织理事会将审查下一个4年期要实施的技术合作的优先重点和行动计划，并在尽早的一届会议上得出结论。④ 综合报告有两个目的：其一，

（接上页注⑤） of November 2009；ILO, *Handbook of Procedures Relating to International Labour Conventions and Recommendations*, Centenary Edition, Geneva：International Labour Office, 2019, para. 36（b）（i）。

① 参见 ILO, *Handbook of Procedures Relating to International Labour Conventions and Recommendations*, Centenary Edition, Geneva：International Labour Office, 2019, para. 36（b）（Ⅱ）。

② 参见1998年《〈国际劳工组织关于工作中基本原则和权利宣言〉的后续措施》第三部分第 A.1 条和第 A.2 条。

③ 参见1998年《〈国际劳工组织关于工作中基本原则和权利宣言〉的后续措施》第三部分第 B.1 条。

④ 参见1998年《〈国际劳工组织关于工作中基本原则和权利宣言〉的后续措施》第三部分第 B.2 条。

综合报告具有主题性质，可对某一类核心劳工标准的实施情况提供定期的总概述，并确定主要发展趋势；其二，它将作为评估国际劳工组织在前一个 4 年期提供援助的效果的基础，并确定下一个 4 年期的优先重点。① 也就是说，依据国际劳工组织 1998 年《宣言》，国际劳工组织通过年度报告（成员国提交）和综合报告（国际劳工局编制）这两种后续措施，确定成员国核心劳工标准的实施进展情况，发现问题并界定需要提供技术援助的方面，为国际劳工组织的资源和活动用于充分实现该宣言确定的目标提供支撑。②

综上，无论是年度报告还是综合报告，在严格意义上均属于促进性质，不涉及任何惩罚性措施，不与现有程序重叠，不增设新义务。③ 其目的是鼓励成员国促进国际劳工组织 1998 年《宣言》重申的基本原则和权利，并为此目的确定国际劳工组织的技术合作可能有助于支持成员国实施这些基本原则和权利的领域。④

二 国际劳工组织框架内 1998 年《宣言》⑤后续措施与其他监督机制的关系

国际劳工组织自 1919 年成立后，出于注重监督成员国履行劳工公约义务的情况以及对《国际劳工组织章程》所载原则的接受程度，已建立

---

① 参见 1998 年《〈国际劳工组织关于工作中基本原则和权利宣言〉的后续措施》第三部分第 A. 1 条。

② 参见 Hilary Kellerson，"The ILO Declaration of 1998 on Fundamental Principles and Rights：A Challenge for the Future，"（1998）137（2）*International Labour Review*，p. 226。

③ 参见 Hilary Kellerson，"The ILO Declaration of 1998 on Fundamental Principles and Rights：A Challenge for the Future，"（1998）137（2）*International Labour Review*，p. 226。

④ 参见 1998 年《〈国际劳工组织关于工作中基本原则和权利宣言〉的后续措施》第一部分第 1 条。

⑤ 本部分"1998 年《宣言》"即指国际劳工组织 1998 年《宣言》，视上下文语境选择术语。

了前述不同的监督机制。① 在此基础上，国际劳工组织框架内 1998 年
《宣言》后续措施与其他监督机制的关系应从以下方面来理解。

第一，在国际劳工组织框架内，基于已有的监督机制建立的 1998 年
《宣言》后续措施，是对已有监督程序的补充，属于促进性质。② 它既不
是既有监督机制的替代，也不会妨碍其运转，因此不会在后续措施的框
架范围内对既有监督机制审查范围内的特定情况进行审查或复审，其目
的是在确定的相关领域由国际劳工组织通过技术合作活动帮助成员国实
施相关基本原则和权利。③ 换言之，国际劳工组织 1998 年《宣言》后续
措施不受既有监督机制的影响。而后续措施建立之前的既有监督机制，
原则上只有在各成员国批准了相关基本劳工公约的情况下才可适用，即
成员国受《国际劳工组织章程》第 22 条、第 24 条和第 26 条分别规定的
报告程序、申诉程序和控诉程序约束。

第二，国际劳工组织框架内还建立了一种单独的监督程序，成员国
无论是否批准相关基本劳工公约均应适用。早在 1951 年，理事会设立了
结社自由委员会（Committee on Freedom of Association），以审查与成员国
违反结社自由有关的控诉。结社自由委员会是一个三方机构，成员国政
府、工人组织或雇主组织都可以向其提起控诉。控诉的对象是成员国政
府，而不论该成员国是否批准了 1948 年《结社自由与保护组织权公约》

---

① 参见 Philip Alston and James Heenan，"Shrinking the International Labor Code: An Unin-
tended Consequence of the 1998 ILO Declaration on Fundamental Principles and Rights at
Work," (2004) 36 *New York University Journal of International Law and Politics*, p. 256。

② 参见 Yossi Dahan, Hanna Lerner & Faina Milman-Sivan, "Shared Responsibility and the In-
ternational Labour Organization," (2013) 34 *Michigan Journal of International Law*, p. 732；
郑丽珍《跨国劳动监管制度的重构》，社会科学文献出版社，2014，第 86～99 页。

③ 参见 1998 年《〈国际劳工组织关于工作中的基本原则和权利宣言〉的后续措施》第一
部分第 2 条。

和 1949 年《组织权与集体谈判权公约》。①

需要指出的是，结社自由委员会程序自 1951 年建立以来，独立运行，其适用仅限于结社自由问题。而对于 1998 年《宣言》载明的其他基本劳工权利，则没有建立类似的监督程序。② 因此，国际劳工组织内部一直呼吁为受国际普遍承认的基本劳工权利的其他权利建立类似于结社自由委员会的程序，而 1998 年《宣言》的通过正是这一呼吁的最终结果。1998 年《宣言》后续措施与结社自由委员会程序一样，均以《国际劳工组织章程》原则为基础，但也有所区别，后者是一种基于申诉的程序，因此两个机制是平行运行的关系。③

第三，国际劳工组织监督机制的运行基于成员国对劳工公约的适用，其所有问责机制启动的基本前提是合作与对话。国际劳工组织没有手段或授权实施如黑名单或金融制裁等治理技术，但联合国安全理事会等就可采取制裁措施。国际劳工组织的治理技术与联合国系统内许多人权监督机构的治理技术更具可比性。它们都将报告、对话和技术援助作为执行特定国际义务的手段，不过这些制度都不具有强制性。④ 换句话说，在考虑国际劳工组织监督程序能够在多大程度上对其监督事项作出积极回应时，需谨记尽管它们具有某些准司法特征，但它们并不能作出具有

① 参见 Erika de Wet，"Governance Through Promotion and Persuasion：The 1998 ILO Declaration on Fundamental Principles and Rights at Work，"（2008）9（11）*German Law Journal*，p. 1447，footnote 80。

② 参见 Erika de Wet，"Governance Through Promotion and Persuasion：The 1998 ILO Declaration on Fundamental Principles and Rights at Work，"（2008）9（11）*German Law Journal*，p. 1448，footnote 80。

③ 参见 Hilary Kellerson，"The ILO Declaration of 1998 on Fundamental Principles and Rights：A Challenge for the Future，"（1998）137（2）*International Labour Review*，p. 223。

④ 参见 Erika de Wet，"Governance Through Promotion and Persuasion：The 1998 ILO Declaration on Fundamental Principles and Rights at Work，"（2008）9（11）*German Law Journal*，pp. 1429 – 1430。

法律约束力的裁决。到目前为止，在没有国际法院帮助的情况下，国际劳工组织必须依靠道德压力来获得政府的自愿合作。因此，国际劳工组织各个监督机构的报告在本质上与欧洲人权法院等机构的裁决有所不同。[①] 对此应强调，上述治理技术是整个国际劳工组织的标志，而不仅仅是1998年《宣言》的标志，国际劳工组织实现其目标的基本前提是合作与对话，而不是制裁。[②]

三 国际劳工组织1998年《宣言》后续措施与其他国际监督机制的关系

如前所述，核心劳工标准的部分内容或全部内容已被纳入自由贸易协定劳工标准、国际或区域金融机构对贷款项目的强制性社会政策要求、国际框架协议、国际组织发起的倡议和以市场为导向的跨国企业行为守则中，因此在适用核心劳工标准过程中，国际劳工组织将面临其宣言的后续措施与其他国际监管机制的关系问题。

第一，在国际劳工组织1998年《宣言》通过前，与核心劳工标准类似的标准已被纳入其他国际人权文件中，如1966年《公民权利及政治权利国际公约》、1966年《经济、社会及文化权利国际公约》，前已述及。这种重叠性规定意味着标准的碎片化，对于国际劳工组织成员国来说，

---

① 参见 Klaus Samson, "The Standard-Setting and Supervisory System of the International Labour Organization," in Krzysztof Drzewicki, Catarina Krause and Allan Rosas (eds.), *Social Rights as Human Rights: A European Challenge*, Abo: Institute for Human Rights Abo Akademi University, 1994, p. 147。

② 参见 Erika de Wet, "Governance Through Promotion and Persuasion: The 1998 ILO Declaration on Fundamental Principles and Rights at Work," (2008) 9 (11) *German Law Journal*, p. 1429。

如果其加入的国际人权公约已纳入与基本劳工权利类似的标准，在适用基本劳工权利过程中，将面临国际劳工组织监督机制与人权监督机制冲突的问题。其一，存在对在不同国际文件中得到保障的标准进行不一致解释的风险。虽然解决法律冲突有一定原则与考量因素，如对工人最有利原则，但人权监督机构根本不受《国际劳工组织章程》和劳工公约的约束。因此，不能保证它们以符合国际劳工组织设想的方式进行解释。[①]其二，解释上的不一致可能导致对权利定性不同，从而引起适用不同监督程序的风险。例如，与1966年《经济、社会及文化权利国际公约》等其他国际人权文件规定的申诉程序不同，劳工组织的申诉程序不向声称为缔约国侵害相关劳工公约所载劳工权利的受害者个人开放，其目的是审查并确保解决有关国家的法律和实践与已批准劳工公约的要求不符的一般性情况，是一个公共利益问题。[②]因此，如强迫劳动问题是劳工标准问题还是人权问题，关涉国家是在劳工公约下还是在人权公约下承担国际义务，也关涉适用不同的监督机制的可能性，其判定在国际法上有着重要的意义。

第二，就布雷顿森林体系机构的项目而言，对标准的不一致规定以及由此产生的标准适用碎片化的风险似乎更为突出。2018年10月1日生效的世界银行《针对投资项目融资的环境和社会政策》（Environmental and Social Policy for Investment Project Financing，IPF）规定了针对投资项

---

① 参见 Erika de Wet，"Governance Through Promotion and Persuasion：The 1998 ILO Declaration on Fundamental Principles and Rights at Work，"（2008）9（11）*German Law Journal*，p. 1441。

② 参见 Klaus Samson，"The Standard-Setting and Supervisory System of the International Labour Organization，"in Krzysztof Drzewicki，Catarina Krause and Allan Rosas（eds.），*Social Rights as Human Rights：A European Challenge*，Abo：Institute for Human Rights Abo Akademi University，1994，p. 133。

目的强制性社会政策要求，使其成为发放贷款的前提条件。然而，世界银行规定的条件是要求国家遵守劳工和工作条件，而不是援引国际劳工组织 1998 年《宣言》。因此，它把关键标准的定义权留给各国，致使产生了国际劳工组织 1998 年《宣言》载明的基本原则和权利碎片化甚至削弱的风险。① 国际金融公司在《环境和社会可持续性绩效标准》中描述了有关社会可持续性的承诺、作用和责任，明确指出该绩效标准的部分要求参照了包括国际劳工组织基本劳工公约在内的公约和法规。欧洲复兴开发银行（Europe Bank for Reconstruction and Development，EBRD）于 2019 年 4 月 25 日批准的《环境和社会政策》（Environment and Social Policy，ESP），虽然没有规定强制性社会政策要求，但其关于劳工和工作条件的软法要求也不容小觑，因为它直接参照使用了国际劳工组织的核心劳工标准。

　　第三，核心劳工标准被纳入其他领域的劳动治理框架也存在同样的问题。如一些区域自贸协定虽纳入核心劳工标准，但均建立了自贸协定劳动争端解决机制；虽规定了场所选择条款，对于同时涉及自贸协定争端与其他国际贸易协定争端的缔约方，其如果提起诉求，可选择争端解决场所，但一般设置有劳动磋商前置程序，对于劳动争端而言，选择其他争端解决场所并不容易。可以说，这种重叠性规定意味着标准的碎片化可能源于其他文件在实际中解释和应用的方式。其他监督机构根本不受《国际劳工组织章程》、基本劳工公约和国际劳工组织 1998 年《宣言》的约束。因此，在其原则和权利与国际劳工组织的规定重叠时，不能保证它们会以符合劳工组织在这方面的设想的方式解释国际劳工组织

---

① 参见 Erika de Wet，"Governance Through Promotion and Persuasion：The 1998 ILO Declaration on Fundamental Principles and Rights at Work，"（2008）9（11）*German Law Journal*，p. 1442，footnote 55。

1998 年《宣言》或任何其他劳工组织文件中载明的基本原则和权利。①

不过，这种碎片化随着国际机构之间的协商合作有所缓解。如在 1966 年《公民权利及政治权利国际公约》、1966 年《经济、社会及文化权利国际公约》、1961 年《欧洲社会宪章》（European Social Charter）的审查期间，有国际劳工组织的代表在场。此外，上述 3 个国际法文件均规定允许就其与国际劳工组织的监督机制之重叠领域协调国家报告。② 人权监督机构在解释与核心劳工标准重叠的权利和义务时，在实践中也常常参考国际劳工组织的做法。③ 此外，有必要指出的是，1966 年《经济、社会及文化权利国际公约》第 8.3 条规定："关于结社自由及保障组织权利之国际劳工组织一九四八年公约缔约国，不得依据本条采取立法措施或应用法律，妨碍该公约所规定之保证。"这条规定意味着，同时是 1966 年《经济、社会及文化权利国际公约》和 1948 年《结社自由与保护组织权公约》缔约国的国家，应优先适用后者。这为解决关于结社自由的不同条约制度之间的法律冲突提供了依据，但偏离了"后定条约优先"或"特别法优于一般法"的原则（如果认为 1966 年《经济、社会及文化权利国际公约》第 8 条是关于结社自由的"特别法"）。④ 同时，

---

① 参见 Erika de Wet，"Governance Through Promotion and Persuasion：The 1998 ILO Declaration on Fundamental Principles and Rights at Work，"（2008）9（11）*German Law Journal*，p. 1441。

② 参见 Arts. 66 et seq. ICESCR；Art. 40 ICCPR；and Arts. 21 et seq. ESC，http://www. unhchr. ch，最后访问日期：2008 年 6 月 3 日。

③ 例如，在界定强迫劳动时，经济、社会及文化权利委员会（《经济、社会及文化权利国际公约》的监督机构）会援引 1930 年《强迫劳动公约》和 1957 年《废除强迫劳动公约》的相关规定。参见 Committee on Economic，Social and Cultural Rights，General Comment No. 18（Right to Work），6 February 2006，E/C. 12/GC/18，para. 9，https://www. unhchr. ch，最后访问日期：2008 年 6 月 3 日。

④ 参见〔澳〕本·索尔、戴维·金利、杰奎琳·莫布雷《〈经济社会文化权利国际公约〉评注、案例与资料》，孙世彦译，法律出版社，2019，第 515~516 页。

1966 年《公民权利及政治权利国际公约》第 22.3 条规定："本条并不授
权参加一九四八年关于结社自由及保护组织权国际劳工组织公约的缔约
国采取足以损害该公约中所规定的保证的立法措施，或在应用法律时损
害这种保证。"

第五节 核心劳工标准实施的加强

国际劳工组织 1998 年《宣言》的通过，标志着规范意义上核心劳工
标准的确立，同时也意味着在国际劳工组织体系内国际劳工标准的实施
转向聚焦于核心劳工标准。随着全球化和自由贸易的发展，核心劳工标
准内容被纳入越来越多的国际和区域层面的机制和政策框架中，使核心
劳工标准的实施得到极大加强。同时，通过在上述不同机制或政策框架
中援用核心劳工标准，劳动治理延伸到了全球层面，初步形成了一个全
球劳动治理的格局。① 以下根据纳入核心劳工标准的不同文件的执行力
度，由大至小，逐一讨论核心劳工标准实施的加强。

一 核心劳工标准被纳入越来越多的自由贸易协定中

相关研究结果显示，目前有越来越多的自由贸易协定纳入部分或全
部核心劳工标准内容。2000 年，在自由贸易协定纳入的劳工条款中，约

---

① 参见鲍传健《全球劳动治理引论》，《国外理论动态》2016 年第 10 期，第 112 页；
Philip Alston and James Heenan, "Shrinking the International Labor Code: An Unintended
Consequence of the 1998 ILO Declaration on Fundamental Principles and Rights at Work,"
(2004) 36 *New York University Journal of International Law and Politics*, p. 231。

有 1/4 援用核心劳工标准；到 2013 年，约有 4/5 援用核心劳工标准，1/5 左右援用其他具体的劳工公约相关标准。① 近年来，一些大型自由贸易协定均纳入核心劳工标准。如 2018 年，11 个国家签署的《全面与进步跨太平洋伙伴关系协定》正式生效，成为世界上最大的自由贸易协定之一。该协定第 19 章专章规定了劳工事项，要求缔约国在其国内法律和实践中纳入劳动权利条款，其中包括核心劳工标准。② 2020 年生效的《美墨加协定》是 1994 年《北美自由贸易协定》的升级版，被认为向劳动者提供了高标准的劳动保护。《美墨加协定》第 23.3.1 条要求缔约国在其法律中"采纳和维持"国际劳工组织 1998 年《宣言》载明的 4 项基本劳工权利，即结社自由和集体谈判权、消除强迫劳动、废除童工、消除就业和职业歧视。此外，2017 年临时生效的《欧盟与加拿大全面经济贸易协定》和 2019 年生效的《欧盟与日本经济伙伴关系协定》也纳入核心劳工标准。这表明，核心劳工标准已成为自由贸易协定援用频率最高的国际劳工标准，影响也最大，已逐步被越来越多的自由贸易协定缔约国所接受。

1. 被逐渐纳入美国的自由贸易协定中

自 20 世纪 90 年代以来，美国已签订并实施 13 个纳入劳工标准的自由贸易协定。③ 然而，这些自由贸易协定并不是一开始就纳入核心劳工标准的，从纳入"劳工原则"到纳入"国际上承认的劳工权利"再到纳入"核心劳工标准"，有一个逐渐演变的过程，大致分为三

---

① 参见 Jordi Agustí-Panareda, Franz Christian Ebert and Desirée LeClercq, Labour Provisions in Free Trade Agreements: Fostering their Consistency with the ILO Standards System, ILO, Background Paper, Social Dimensions of Free Trade Agreements, 2014, pp. 8–9。

② 参见《全面与进步跨太平洋伙伴关系协定》第 19.3 条。

③ 参见美国贸易代表办公室网站，https://ustr.gov/trade-agreements/free-trade-agreements，最后访问日期：2022 年 6 月 22 日。

个阶段，这既缘于不同时期复杂的国际背景，也受其国内立法的相关规定影响。

在第一个阶段，1994 年《北美劳工合作协定》规定的 11 项劳工原则，虽然体现了某些国际劳工公约的相关标准，但并不涉及国际劳工标准的实施，既没有使用"国际上承认的劳工权利"这样的措辞，[①] 也没有使用"核心劳工标准"的用语。[②]

在第二个阶段，部分核心劳工标准内容被纳入美国的一些自由贸易协定中。2002 年 8 月，美国国会通过《2002 年贸易法》，通过"贸易促进授权"（authorization to promote trade），授权政府参与贸易谈判并签署协议，为美国政府参加多边贸易机制及推动双边和区域自由贸易谈判提供了新的动力。在政府满足相关法律要求如关于劳工标准的条件下，国会只能全盘通过或全盘否决达成的自由贸易协定，不能进行任何修改。[③] "贸易促进授权"明确纳入国会所要求的劳工目标，包括促进实现对劳动者权利和儿童权利的尊重，使其与国际劳工组织核心劳工标准相一致，提升对贸易与劳动者权利之间关系的理解。[④] 根据《2002 年贸易法》，劳工标准谈判目标适用于自 2002 年 8 月 6 日起开始谈判至 2007 年 6 月 30

[①] 参见 Jordi Agustí-Panareda，Franz Christian Ebert and Desirée LeClercq，Labour Provisions in Free Trade Agreements: Fostering Their Consistency with the ILO Standards System，ILO，Background Paper，Social Dimensions of Free Trade Agreements，2014，p. 29。

[②] 其原因在于，"核心劳工标准"概念最早是在 1995 年召开的联合国社会发展问题世界首脑会议上提出的，晚于《北美劳工合作协定》的谈判和签订。

[③] 参见 Cleopatra Doumbia-Henry and Eric Gravel，"Free Trade Agreements and Labour Rights: Recent Developments，"（2006）3 *International Labour Review*，p. 190。

[④] 参见 David A. Gantz，C. Ryan Reetz，Guillermo Aguilar-Alvarez and Jan Paulsson，"Labor Rights and Environmental Protection Under NAFTA and Other US Free Trade Agreements [with Comments]，"（2011）42（2）*The University of Miami Inter-American Law Review*，pp. 330 – 331。

日前签署的自由贸易协定。这组自由贸易协定包括美国与智利、新加坡、澳大利亚、摩洛哥、巴林、多米尼加和 5 个中美洲国家以及阿曼签订的自由贸易协定。① 但是，这一组自由贸易协定也没有使用"核心劳工标准"概念，而是采用美国普惠制下的"国际上承认的劳工权利"概念。② "国际上承认的劳工权利"包括了核心劳工标准的部分内容，但二者并不完全相同，主要区别是国际上承认的劳工权利以"有关最低工资、工作时间、职业安全与健康的可接受的工作条件"代替了核心劳工标准中的"消除就业和职业歧视"。其根本原因在于，《2002 年贸易法》的相关限制性规定的模糊措辞，使布什总统能将劳工问题纳入自由贸易协定中而无须承担将核心劳工标准纳入国内法中的约束性义务。③

在第三个阶段，全部核心劳工标准内容被纳入美国的另一些自由贸易协定中。2007 年 6 月 30 日，美国《2002 年贸易法》中的"贸易促进授权"到期，共和党与民主党于 2007 年达成《两党贸易协定》，修改了

---

① 参见 David A. Gantz，C. Ryan Reetz，Guillermo Aguilar-Alvarez and Jan Paulsson，"Labor Rights and Environmental Protection Under NAFTA and Other US Free Trade Agreements〔with Comments〕，"（2011）42（2）*The University of Miami Inter-American Law Review*，pp. 330，340。

② 参见 Bob Hepple，*Labour Laws and Global Trade*，Oxford：Hart Publishing，2005，p. 92，转引自郑丽珍《劳动标准纳入区域自由贸易协定的机制分析》，《国际经济法学刊》2013 年第 1 期，第 71 页。

③ 如以下两点。（1）确保与美国签订贸易协定的缔约方不得以影响双方贸易或投资的方式，通过持续的或反复的作为或不作为，而未能有效实施其国内劳动法。（2）承认贸易协定的缔约方有权在以下方面行使自由裁量权：调查、检察、监督和遵守相关事项；为确定优先实施的其他劳动事项而作出关于资源配置的决定；如果一个国家的作为或不作为的过程体现了一种合理地行使自由裁量权或是对资源配置作出善意决定的结果，这种情形应被视为该国正在有效地实施其法律。参见 David A. Gantz，C. Ryan Reetz，Guillermo Aguilar-Alvarez and Jan Paulsson，"Labor Rights and Environmental Protection Under NAFTA and Other US Free Trade Agreements〔with Comments〕，"（2011）42（2）*The University of Miami Inter-American Law Review*，pp. 332–333。

"贸易促进授权"中自贸协定劳工方面的相关要求。① 2007 年《两党贸易协定》关于劳工标准的谈判目标有两个显著变化。其一，要求缔约国在其国内法律和实践中"采纳和维持"国际劳工组织 1998 年《宣言》载明的基本劳工权利：结社自由和有效承认集体谈判权利，消除一切形式的强迫或强制劳动，有效废除童工并禁止最恶劣形式的童工，在就业和职业方面消除歧视。其二，要求劳动争端与贸易争端的解决适用同样的争端解决机制。② 这些变化意味着把国际劳工组织 1998 年《宣言》载明的核心劳工标准纳入国内法中是缔约国的一项强制性义务，体现了核心劳工标准的可强制执行性，对于自由贸易协定劳工规则而言是突破性发展。2007 年《两党贸易协定》关于纳入可执行的核心劳工标准的要求，体现在 2007 年 6 月 30 日之后美国签订的自由贸易协定中，如《美国与秘鲁自由贸易协定》（2009 年 2 月 1 日生效)③、《美国与韩国自由贸易协定》（2012 年 3 月 15 日生效)④、《美国与哥伦比亚自由贸易协定》（2012 年 5 月 15 日生效)⑤、《美国与巴拿马自由贸易协定》（2012 年 10 月 31 日生效)⑥、《美墨加协定》（2020 年 7 月 1 日生效)⑦。这些自贸协定要求缔约国在国内法中纳入有执行力的劳工标准，对工作中的基本原

---

① 参见 David A. Gantz, C. Ryan Reetz, Guillermo Aguilar-Alvarez and Jan Paulsson, "Labor Rights and Environmental Protection Under NAFTA and Other US Free Trade Agreements〔with Comments〕," (2011) 42 (2) *The University of Miami Inter-American Law Review*, p. 341。

② 参见 David A. Gantz, C. Ryan Reetz, Guillermo Aguilar-Alvarez and Jan Paulsson, "Labor Rights and Environmental Protection Under NAFTA and Other US Free Trade Agreements〔with Comments〕," (2011) 42 (2) *The University of Miami Inter-American Law Review*, pp. 341 - 342。

③ 参见《美国与秘鲁自由贸易协定》第 17.2 条、第 17.7.6 条和第 17.7.7 条。

④ 参见《美国与韩国自由贸易协定》第 19.2 条、第 19.7.4 条和第 19.7.5 条。

⑤ 参见《美国与哥伦比亚自由贸易协定》第 17.2 条、第 17.7.6 条和第 17.7.7 条。

⑥ 参见《美国与巴拿马自由贸易协定》第 16.2 条、第 16.7.6 条和第 16.7.7 条。

⑦ 参见《美墨加协定》第 23.3 条和第 23.17 条。

则和权利相关的法律和政策作出承诺，为缔约国的劳动标准和工作条件提供一个公平的竞争环境，同时，这些自贸协定施以缔约方在其国内法律和实践中"采纳和维持"核心劳工标准的义务，通过这种具有可执行性的义务的设定，与国际劳工组织核心劳工标准直接建立起联系，加强核心劳工标准在其覆盖议题领域的实施。

值得指出的是，有 11 个国家加入的《全面与进步跨太平洋伙伴关系协定》于 2018 年 12 月 30 日生效，虽然美国不是该协定缔约国，但美国主导制定该协定有执行力的劳工标准是不争的事实。该协定采用美国模式的自贸协定劳工标准，纳入国际劳工组织 1998 年《宣言》载明的核心劳工标准。

2. 被逐渐纳入欧盟自由贸易协定中

从 20 世纪 90 年代中期起，欧盟就开始力推将尊重劳工权利扩展至其对外关系中。截至 2019 年，欧盟已签署并实施 18 个纳入劳工标准的自由贸易协定［包括"联系协定"（Association Agreements）① 和被纳入"关税同盟"（Customs Unions）中的自由贸易协定②］，其中绝大部分不同程度地援用 1998 年《宣言》载明的核心劳工标准。③ 如《欧盟与南非

---

① 《欧洲联盟运行条约》第 217 条（《欧共体条约》第 310 条）规定："欧盟可与一个或多个第三国或国际组织缔结联系协定，以建立包括互惠权利与义务、共同行动和特殊程序的联系关系。"参见叶斌《欧盟贸易协定政策的变化和影响——法律的视角》，《欧洲研究》2014 年第 3 期，第 109 页。

② 在欧盟的国际贸易协定分类中，自由贸易协定不仅包括冠以"自由贸易协定"名称的自由贸易协定，还包括综合贸易协定如"联系协定"和"关税同盟"中的自由贸易协定。参见 European Commission, "The EU's Free Trade Agreements—Where are We?" MEMO, 25 March 2013, http://europa. eu/rapid/press-release_ MEMO - 13 - 282_ en. htm, 最后访问日期：2015 年 10 月 6 日。

③ 参见 Marva Corley and Elizabeth Echeverria Manrique, *Labour Provisions in G7 Trade Agreements: A Comparative Perspective*, Geneva: International Labour Office, 2019, pp. 50 - 51.

自由贸易协定》（2000 年 5 月 1 日生效）要求缔约方履行其在国际劳工组织 1998 年《宣言》下的承诺，然而没有设置具体的劳工条款；① 《欧盟与智利联系协定》（2003 年 2 月 1 日生效）要求尊重基本社会权利，特别是促进实施国际劳工组织的有关劳工公约，涉及结社自由、集体谈判权、不歧视、废除强迫劳动和童工以及男女平等待遇；② 《欧盟与加勒比论坛国经济伙伴关系协定》（2008 年 12 月 29 日生效）在社会事务（Social Aspects）章节，要求缔约方遵守国际劳工公约规定的核心劳工标准，特别是结社自由和集体谈判权、废除强迫劳动、消除最恶劣形式的童工以及消除就业领域的歧视。③

欧盟新一代自由贸易协定如《欧盟与韩国自由贸易协定》（2011 年临时生效）和《欧盟与哥伦比亚/秘鲁综合贸易协定》（2013 年生效），前者援用国际劳工组织 1998 年《宣言》载明的核心劳工标准，后者则要求缔约方承诺有效实施国际劳工组织基本劳工公约规定的核心劳工标准，二者均涉及结社自由与有效承认集体谈判权、消除一切形式的强迫或强制劳动、有效废除童工、消除就业和职业歧视。④ 《欧盟与加拿大全面经济贸易协定》（2017 年临时生效）和《欧盟与日本经济伙伴关系协定》（2019 年生效）也都援用国际劳工组织 1998 年《宣言》载明的核心劳工标准，同时要求缔约方承诺有效实施已批准的基本劳工公约，并争取批

---

① 参见 Jordi Agustí-Panareda, Franz Christian Ebert and Desirée LeClercq, *Labour Provisions in Free Trade Agreements: Fostering Their Consistency with the ILO Standards System*, ILO, Background Paper, Social Dimensions of Free Trade Agreements, 2014, p. 31。

② 参见 Agreement Establishing an Association Between the European Community and Its Member States, of the One Part, and the Republic of Chile, of the Other Part, Part III (cooperation), Title V (Social cooperation), Article 44 (Social cooperation)。

③ 参见《欧盟与加勒比论坛国经济伙伴关系协定》第 191.1 条。

④ 参见《欧盟与韩国自由贸易协定》第 13.4.3 条、《欧盟与哥伦比亚/秘鲁综合贸易定》第 269 条。

准尚未批准的基本劳工公约。① 欧盟新一代自由贸易协定纳入核心劳工标准之范式的趋向，凸显了欧盟加强实施核心劳工标准的意图。这一方面体现了欧盟在对外贸易关系中遵守核心劳工标准的政治意愿，另一方面也与欧盟所有成员国均批准8项基本劳工公约有关。②

综上，欧盟在越来越多的自由贸易协定中不同程度地纳入核心劳工标准，并在欧盟新一代自由贸易协定中承诺遵守核心劳工标准。然而，欧盟对外签订的自由贸易协定中的劳工条款大多是促进性的，主要集中在政府磋商、执法监督和能力建设方面。另外，欧盟自由贸易协定下的劳动争端的解决不适用强制性争端解决机制和贸易制裁措施，欧盟拒绝适用贸易制裁方法解决劳工问题。换言之，欧盟自由贸易协定纳入的核心劳工标准不具有强制执行力。③

3. 核心劳工标准被纳入自由贸易协定的国际法意义

首先，自贸协定纳入核心劳工标准使其成为协定义务，加大了核心劳工标准的实施力度，由自贸协定缔约方承担实施核心劳工标准的协定义务，而非国际劳工组织1998年《宣言》下的促进性义务。核心劳工标准纳入自贸协定，并不涉及因批准特定基本劳工公约而产生的劳工公约义务。

其次，自贸协定纳入核心劳工标准，体现了在发展贸易的同时关注劳工等社会议题的趋势日渐凸显。然而，协调国际贸易与社会发展是世界各国都面临的问题。

---

① 参见 Comprehensive Economic and Trade Agreement（CETA）Between Canada，of the One Part，and the European Union and Its Member States，of the Other Part，Chapter 23，Article 23.3；Agreement Between the European Union and Japan for an Economic Partnership，Chapter 16，Article 16.3。

② 参见国际劳工组织网站，http：//www.ilo.org/dyn/normlex/en/f？p = 1000：11200：0：：NO：11200：P11200_COUNTRY_ID：102582，最后访问日期：2018年4月13日。

③ 参见李西霞《欧盟自由贸易协定中的劳工标准及其启示》，《法学》2017年第1期。

二 核心劳工标准被纳入世界银行等主要国际或区域金融机构的保障政策中

劳工问题在世界银行等主要国际或区域金融机构的政策中占据越来越重要的地位。20 世纪 90 年代以前，主要金融机构对劳工权利或社会保护几乎没有关注。对此，这些机构多年来备受批评，相关批评认为其贷款条件对人类发展产生了不利影响，它们由此对社会资本在促进经济增长中的作用产生了更充分的理解，这导致情况发生了一些变化。如在考虑劳工问题时，世界银行和国际货币基金组织开始邀请国际劳工组织提供意见。1994 年，国际劳工组织应邀作为观察员出席世界银行和国际货币基金组织年会。1999 年，国际劳工组织在国际货币基金组织临时委员会（现为国际货币金融委员会，International Monetary and Financial Committee）获得观察员地位；同年，国际开发协会（International Development Association，IDA）要求世界银行的国家援助战略考虑核心劳工标准。[①] 2020 年通过的《关于〈国际劳工组织关于劳动世界的未来百年宣言〉的决议的后续措施》（Follow-up to the Resolution on the ILO Centenary Declaration for the Future of Work）指出，在过去十年间，若干重要的区域多边开发银行为其贷款和投资业务制定了与国际金融公司相似的环境和社会保障措施，基于或直接参照国际劳工组织核心劳工标准及其他关于工作条件和职业安全与卫生的重要劳工标准，纳入核心劳工标准和工作条件标准，[②] 这一实践加大了核心劳工标准在国际金融机构贷款和投

---

① 参见 GB, ILO Relations with Bretton Wood Institutions, ILO DOC. GB. 276/ESP/5 of November 1999。

② 参见《关于〈国际劳工组织关于劳动世界的未来百年宣言〉的决议的后续措施》（GB. 338/INS/3/1）第 2 条和第 25 条。

资项目中的实施力度。

1. 被纳入世界银行、国际金融公司和欧洲复兴开发银行的保障政策中

世界银行集团（World Bank Group）是一个独特的全球性合作伙伴集团，共有五家机构，其目的在于共同致力于发展中国家的减贫和建设可持续的共享繁荣。这五家机构是国际复兴开发银行（International Bank for Reconstruction and Development，IBRD）、国际开发协会（International Development Association，IDA）、国际金融公司（International Finance Corporation，IFC）、多边投资担保机构（Multilateral Investment Guarantee Agency，MIGA）和国际投资争端处理中心（International Centre for Settlement of Investment Disputes，ICSID），它们各有成员国、理事会和章程。国际复兴开发银行和国际开发协会组成世界银行（World Bank，WB），与政府合作，向发展中国家的政府提供资金、政策咨询和技术援助。国际金融公司、多边投资担保机构和国际投资争端处理中心与私营部门合作，重点是加强发展中国家的私营部门。世界银行集团通过这三家机构向私营企业包括金融机构提供资金、技术援助、政治风险担保和争端调解服务。① 申言之，世界银行和国际金融公司发放贷款或融资的对象分别为发展中国家的政府和私营机构，其贷款或融资条件各有不同，以下主要讨论与本研究相关的保障政策。

第一，2016 年 8 月 4 日，世界银行执行董事会批准《环境和社会框架》（Environmental and Social Framework，ESF），该框架包括世界银行《针对投资项目融资的环境和社会政策》、十项《环境和社会标准》（Environmental and Social Standards，ESS）等保障政策。《环境和社会框架》

---

① 参见世界银行"组织机构"，https://www.shihang.org/zh/who-we-are，最后访问日期：2022 年 7 月 3 日。

于 2018 年 10 月 1 日生效，适用于此日期之后启动的所有投资项目，① 规定了世界银行对贷款项目的强制性社会政策要求，而具体的十项《环境和社会标准》阐明了适用于借款国的要求，以避免人员和环境遭受世界银行项目的潜在不利影响，并促进可持续发展。②

根据《环境和社会框架》的相关规定，世界银行将协助借款国将十项《环境和社会标准》适用于投资项目。十项《环境和社会标准》第二项为"劳工和工作条件"（Labor and Working Conditions）。它承认在追求减贫和包容性经济增长中创造就业和增加收入的重要性。借款国可以通过公平对待项目工人、提供安全健康的工作条件、促进良好的劳资关系，来提高项目的发展效益。③ 劳工和工作条件标准除了规定适用范围④和申诉机制，还规定了不歧视和平等机会，结社自由和集体谈判权，劳动保护如禁止童工、废除强迫劳动、职业健康与安全等劳动权利。⑤ 不过，需要指出的是，这些劳工和工作条件均指应符合借款国国内法律的相关规定，而没有直接援用国际劳工组织 1998 年《宣言》或国际劳工组织的

---

① 参见 World Bank, Environmental and Social Framework, https://projects.shihang.org/zh/projects-operations/environmental-and-social-framework，最后访问日期：2022 年 7 月 3 日。

② 参见 World Bank, World Bank Environmental and Social Policy for Investment Project Financing, paras. 2, 5, 7, https://thedocs.worldbank.org/en/doc/360141554756701078 – 029002 2019/original/WorldBankEnvironmentalandSocialPolicyforInvestmentProjectFinancing.pdf，最后访问日期：2022 年 7 月 6 日。

③ 参见 World Bank, World Bank Environmental and Social Framework, ESS2, para. 1, https://thedocs.worldbank.org/en/doc/837721522762050108 – 0290022018/original/ESFFramework.pdf，最后访问日期：2022 年 7 月 6 日。

④ 参见 World Bank, World Bank Environmental and Social Framework, ESS2, para. 3, https://thedocs.worldbank.org/en/doc/837721522762050108 – 0290022018/original/ESFFramework.pdf，最后访问日期：2022 年 7 月 6 日。

⑤ 参见 World Bank, World Bank Environmental and Social Framework, ESS2, paras. 9 – 20, 24 – 30, https://thedocs.worldbank.org/en/doc/837721522762050108 – 0290022018/original/ESFFramework.pdf，最后访问日期：2022 年 7 月 6 日。

基本劳工公约。① 不过，也有研究指出，这些劳工与工作条件借鉴了国际劳工组织 1998 年《宣言》确立的核心劳工标准。②

第二，国际金融公司是世界银行集团的组成机构，专注于促进发展中国家私营部门的发展。国际金融公司在其《可持续性框架》（Sustainability Framework）中详细阐述了该机构致力于可持续发展的战略承诺，并且其是公司风险管理不可或缺的一部分。《可持续性框架》包括《环境和社会可持续性》《环境和社会可持续性绩效标准》《信息使用政策》。③《环境和社会可持续性绩效标准》描述了国际金融公司有关社会可持续性的承诺、作用和责任。④ 其中"绩效标准 2"为"劳工和工作条件"，目标在于促进员工的公平待遇、不歧视和平等机会的发展，构建、维护并改善劳资关系，促进项目所在国的就业和对劳动法的实施，保护员工尤其是员工中的脆弱群体（如童工、外来务工者、第三方雇用的员工和客户供应链中的员工），保障安全和卫生的工作条件以及员工健康，避免强迫劳动。它明确指出这些绩效标准的要求部分参照了一些国际公约的规定，包括国际劳工组织和联合国的相关公约，其中有国际劳工组

① 参见 ILO, ILO Statement on the World Bank Environmental and Social Policy, 8 August 2016, https://www.ilo.org/global/about-the-ilo/newsroom/statements-and-speeches/WCMS_508328/lang--en/index.htm，最后访问日期：2022 年 7 月 6 日。

② 参见陈一峰《世界银行与全球管理主义——对世界银行〈环境与社会框架〉的思考》，《北京大学学报》（哲学社会科学版）2016 年第 6 期，第 72 页。

③ 参见 IFC, IFC Sustainability Framework, https://www.ifc.org/wps/wcm/connect/topics_ext_content/ifc_external_corporate_site/sustainability-at-ifc/policies-standards/sustainability+framework，最后访问日期：2022 年 7 月 6 日。

④ 参见 IFC, Performance Standards on Environmental and Social Sustainability, para. 1 of the "Overview", https://www.ifc.org/wps/wcm/connect/topics_ext_content/ifc_external_corporate_site/sustainability-at-ifc/policies-standards/performance-standards，最后访问日期：2022 年 9 月 5 日。

织 8 项基本劳工公约。①

第三，欧洲复兴开发银行于 2019 年制定的《环境和社会政策》是指导该机构所有投资和技术合作活动致力于促进"无害环境和可持续发展"的关键文件，它阐明了该机构实施这些政策的方式。《环境和社会政策》是欧洲复兴开发银行董事会于 2019 年 4 月 25 日批准的最新文件，它适用于 2020 年 1 月 1 日之后启动的项目。② 2019 年《环境和社会政策》包含十项"实施要求"（Performance Requirements），其中第二项为"劳工和工作条件"，明确要求欧洲复兴开发银行资助的项目必须遵守国家劳动、就业和社会保障法律，国际劳工组织基本劳工公约中体现的核心劳工标准如禁止童工、避免强迫劳动、非歧视和机会平等以及保障工人组织。③ 这些标准直接援用了国际劳工组织的核心劳工标准。

2. 核心劳工标准被纳入主要金融机构保障政策中的国际劳动治理意义

首先，加大核心劳工标准在金融政策和投资项目领域的实施力度。世界银行《针对投资项目融资的环境和社会政策》规定了针对投资项目的强制性社会政策要求，使其成为贷款条件，由此加强其执行力。社会政策中包含的类似于核心劳工标准的劳工和工作条件内容，虽然没有直接援用国际劳工组织 1998 年《宣言》的核心劳工标准，却是借鉴其选定

---

① 参见 IFC, Performance Standards on Environmental and Social Sustainability, para. 2 of "Performance Standard 2: Labor and Working Conditions", https://www.ifc.org/wps/wcm/connect/topics_ext_content/ifc_external_corporate_site/sustainability-at-ifc/policies-standards/performance-standards, 最后访问日期：2022 年 9 月 5 日。

② 参见 EBRD, Environmental and Social Policy（ESP）, https://www.ebrd.com/news/publications/policies/environmental-and-social-policy-esp.html, 最后访问日期：2022 年 9 月 5 日。

③ 参见 EBRD, Environmental and Social Policy（2019）, paras. 7, 11 - 15 of "EBRD Performance Requirement 2: Labour and Working Conditions", https://www.ebrd.com/news/publications/policies/environmental-and-social-policy-esp.html, 最后访问日期：2022 年 9 月 5 日。

的。2012 年 12 月 1 日新修订的国际金融公司《环境和社会可持续性绩效标准》，针对新兴市场的私营部门项目，直接参照使用核心劳工标准。欧洲复兴开发银行 2019 年《环境和社会政策》虽然没有规定强制性要求，但其关于劳工和工作条件实施的软法要求也不容小觑，因为它明确要求其项目遵守国际劳工组织的核心劳工标准。[①] 它们关于劳工和工作条件的规定，或是借鉴或是参照使用或是要求其项目遵守国际劳工组织的核心劳工标准，都不同程度地加强了金融政策和投资项目领域核心劳工标准的实施力度。

其次，表明国际金融政策与劳工政策之间已建立起联系，这会增大核心劳工标准适用的碎片化风险。如世界银行通过劳工和工作条件的强制性社会政策要求，将主权国家管辖的劳动治理事项纳入其贷款政策中，并对实施情况进行监督和评估，这会在不同方面对借款国国内劳动法和相关政策的实施产生影响，并使世界银行以贷款项目管理者的身份发挥一定的作用，逐渐演变为在全球框架内实施世界银行贷款项目社会政策的推动者和管理者。[②]

三　核心劳工标准被纳入国际框架协议

1. 国际框架协议及其性质

国际框架协议（International Framework Agreements，IFAs）起源于 20 世纪 80 年代，在 2000 年后得到迅速发展。依据国际劳工组织的相关

---

① 参见 Principle 2，http://www.ifc.org/ifcext/enviro.nsf/Content/SustainabilityPolicy，最后访问日期：2008 年 6 月 3 日；Sec. IV of the OECD Guidelines for Multinational Enterprises，which resembles the core ILO standards，http://www.oecd.org/，最后访问日期：2022 年 3 月 15 日。

② 参见陈一峰《世界银行与全球管理主义——对世界银行〈环境与社会框架〉的思考》，《北京大学学报》（哲学社会科学版）2016 年第 6 期，第 68～69 页。

规定，国际框架协议是跨国企业与国际工会联合会（Global Union Federation，GUF）之间的谈判文件，目的是在双方之间建立持续的联系，并确保跨国企业在不同国家的经营活动中遵守相同的标准，其中包括核心劳工标准。① 虽然国际框架协议起源于欧洲，但它已被欧洲之外的跨国企业借鉴使用。② 国际框架协议方法与核心劳工标准的相关性在于协议纳入核心劳工标准，其虽然在确保遵守核心劳工标准方面发挥积极作用的潜力仍在初始阶段，但如果获得全球性认可，则可能发挥重要作用。③

国际框架协议的内容因所涉跨国企业和国际工会联合会的不同要求和特点以及各方劳资关系传统的差异而有所不同。总体而言，它们一般包含三个层次的实质性规定：其一，纳入核心劳工标准，并具体援用国际劳工组织的基本劳工公约；其二，对于就业、工资和工作时间等事项，倾向于接受国内立法；其三，职业安全与健康、培训或重组依据跨国企业规章的具体情况进行处理。④

关于国际框架协议的性质，应从以下方面理解。其一，国际框架协议是跨国企业承担企业社会责任的一种形式，属于自愿性质；但它有别于企业社会责任倡议，因为其突破了企业社会责任倡议的单边性，是跨国企业与国际工会联合会之间通过谈判达成的结果。企业社会责任的辩论经常提到国际框架协议，这仅因为在此意义上国际框架协议是跨国企

① 参见 ILO，"International Framework Agreements：A Global Tool for Supporting Rights at Work，" 31 January 2007，https：//www. ilo. org/global/about-the-ilo/newsroom/news/WCMS_080723/lang--en/index. htm，最后访问日期：2022 年 3 月 26 日。
② 参见郑丽珍《跨国劳动监管制度的重构》，社会科学文献出版社，2014，第 233 ~ 235 页。
③ 参见 Kofi Addo，*Core Labour Standards and International Trade：Lessons from the Regional Context*，Berlin：Springer-Verlag，2015，p. 5。
④ 参见 Nikolaus Hammer，"International Framework Agreements：Global Industrial Relations Between Rights and Bargaining，"（2005）11（4）*Transfer*，p. 522。

业表达其对遵守某些原则的承诺的方式之一。其二，国际框架协议不能替代企业和工人之间在国家层面或企业层面的直接谈判，它只是提供了一个框架，促使这些谈判以建设性方式进行并达到最低标准。其三，大多数国际框架协议适用于整个供应链上的劳工保护，即使相关供应商等不是国际框架协议的当事方。跨国企业通常负有义务将国际框架协议内容告知其所有子公司、供应商、承包商和分包商。一方如果发现他方子公司或关联企业不遵守国际框架协议，可以与其总部联系，通过对话寻求解决方案，由此，跨国企业在实践中具有了进行跨国劳动监管的主体地位。① 其四，大多数国际框架协议包括有工会参与的后续监督机制。这些机制包括管理层和工人代表的具体行动，如在公司范围内传播（必要时翻译）国际框架协议内容或制订联合培训计划。有些国际框架协议还规定，国家层面的工会和国际工会联合会要派出联合特派团，对国际框架协议的执行情况进行现场监督。同时，大多数国际框架协议还包括国际工会联合会在跨国企业违反协议条款时提起诉讼的机制。② 鉴于上述理由，国际劳工组织认为国际框架协议是全球化时代劳资关系的可能发展趋势之一。国际劳工组织《关于多国企业和社会政策的三方原则宣言》（Tripartite Declaration of Principles Concerning Multinational Enterprises and Social Policy）为国际框架协议内容的选择提供了有用的参照依据，尤其是该宣言就企业在就业、核心劳工标准③、技能培训、工作条件、

---

① 参见郑丽珍《跨国劳动监管制度的重构》，社会科学文献出版社，2014，第237页。

② 参见 ILO，"International Framework Agreements: A Global Tool for Supporting Rights at Work," 31 January 2007，https://www.ilo.org/global/about-the-ilo/newsroom/news/WCMS_080723/lang--en/index.htm，最后访问日期：2022 年 5 月 26 日。

③ 参见《关于多国企业和社会政策的三方原则宣言》第 4 段和第 9 段，http://oit.org/wcmsp5/groups/public/---ed_emp/---emp_ent/documents/publication/wcms_579898.pdf，最后访问日期：2021 年 7 月 23 日。

职业安全与健康以及劳资关系方面的可取行为提供了建议。①

2. 国际框架协议对核心劳工标准实施的作用

在国际框架协议下，跨国企业通常承诺遵守国际劳工组织 1998 年《宣言》中的核心劳工标准。在审查这些核心劳工标准的具体实施状况时，国际框架协议的影响力进一步凸显，它适用于在全球范围内的整个供应链，因此将核心劳工标准不着痕迹地从跨国企业母国延伸到国界之外的整个供应链，在供应链上的延伸不仅强调行业方面，当然也强调全球方面。② 可以看出，已有一些跨国企业将非常具体的核心劳工标准义务赋予它们的供应商，并在一定程度上建立了一个监督"社会责任"的复杂治理结构。此外，这种协议有更大的可能性将核心劳工标准规定的保护范围延伸到从事出口生产的工人和为跨国企业工作的工人之外，从而纳入从事国内生产的工人。在某种程度上，这将有助于在多边经济规则制定过程中，通过回应社会关切在国家和企业层面实现公平。③

有研究指出，国际框架协议为国际劳资关系建立了一个平台，将国际工会联合会界定为合法的谈判伙伴。它们显然超越了既有行为准则，因为它们不仅是单方面声明，而且包含义务，尽管这些义务在法律上不可执行。此外，他们通过制定全球最低标准以及使跨国企业对整个供应链的劳工权利状况承担一定责任来应对政府执法的不力。④ 国际框架协

---

① 参见 ILO, "International Framework Agreements: A Global Tool for Supporting Rights at Work," 31 January 2007, https://www.ilo.org/global/about-the-ilo/newsroom/news/WCMS_080723/lang--en/index.htm, 最后访问日期：2022 年 5 月 26 日。

② 参见 Nikolaus Hammer, "International Framework Agreements: Global Industrial Relations Between Rights and Bargaining," (2005) 11 (4) *Transfer*, pp. 525 – 526, 528。

③ 参见 Kofi Addo, *Core Labour Standards and International Trade: Lessons from the Regional Context*, Berlin: Springer-Verlag, 2015, p. 3。

④ 参见 Nikolaus Hammer, "International Framework Agreements: Global Industrial Relations Between Rights and Bargaining," (2005) 11 (4) *Transfer*, p. 518。

议虽然还远未成为一个成熟的劳资关系工具，但仍定位在跨国劳资关系组织和活动的前端。在这一点上，他们的战略进展在于注重自愿标准（行为守则、公司谈判）和多边立法（国际劳工公约）对劳工权利的保护以及劳工运动的不同层次、结构和行动方式。因此，国际框架协议解决了既有行为准则中备受批评的缺点，充分利用多边社会对话，同时允许工会集中精力组织、宣传以及与跨国企业谈判。①

四　核心劳工标准被纳入国际组织发起的倡议中

第二次世界大战结束后，布雷顿森林体系的建立为跨国企业的国际化运营提供了有利条件，由此推动了跨国企业的迅猛发展和世界经济的繁荣，然而跨国企业在其生产运营国际化的同时也产生了新的社会问题，如忽视投资东道国劳动者利益等。这些问题引起了国际社会各方面的高度关注，也促使国际组织在 20 世纪 70 年代开始加强对跨国企业的劳动监管。在国际组织制定的旨在加强对跨国企业监管的国际文件中，最具影响力的有以下三个。一是 1976 年《经济合作与发展组织跨国企业准则》（OECD Guidelines for Multinational Enterprises），该准则后经数次审查修改，现行为 2011 年修改版文本。② 二是 1977 年国际劳工组织《关于多国企业和社会政策的三方原则宣言》，该宣言经 2000 年、2006 年和 2017 年修改，现行为 2017 年修改版文本。③ 三是 1999 年"联合国全球

① 参见 Nikolaus Hammer，"International Framework Agreements: Global Industrial Relations Between Rights and Bargaining,"（2005）11（4）*Transfer*，p. 515。

② 参见 OECD, OECD Guidelines for Multinational Enterprises, 2011 Edition（Chinese version），http://dx.doi.org/10.1787/9789264204881-zh，最后访问日期：2022 年 4 月 23 日。

③ 参见 ILO, Tripartite Declaration of Principles Concerning Multinational Enterprises and Social Policy, Fifth Edition, 2017。

契约"（United Nations Global Compact）十项原则①。

与本研究相关的是，上述三个国际文件均纳入核心劳工标准并要求相关当事方遵从。

1. 被纳入《经济合作与发展组织跨国企业准则》中

《经济合作与发展组织跨国企业准则》是经合组织成员国政府针对在这些国家经营的跨国企业提出的共同建议，提出了符合所适用的法律及国际公认标准的良好做法的原则，其目的是确保与跨国企业存在雇佣关系的工人得到应有的保护。②

《经济合作与发展组织跨国企业准则》第五部分"就业和劳资关系"的相关规定，包括了要求跨国企业尊重雇员参加工会的权利、支持开展集体谈判、废除童工、消除强迫劳动、实行就业机会和待遇平等原则。③ 对此，该部分"就业和劳资关系评注"第51条明确指出，这些原则体现的是国际劳工组织1998年《宣言》所载的4项工作中的基本原则和权利。④ 然而，该准则明确规定企业自愿遵守该准则，而无法律强制性。⑤

---

① 全称为《联合国全球契约关于人权、劳工、环境和反腐败的十项原则》，参见 UN，"Global Compact,"www. unglobalcompact. org，最后访问日期：2021 年 3 月 25 日。

② 参见 OECD，OECD Guidelines for Multinational Enterprises，2011 Edition（Chinese version），paras. 1 and 49 of "V. Employment and Industrial Relations"，http://dx. doi. org/10. 1787/9789264204881 – zh，最后访问日期：2022 年 5 月 19 日。

③ 参见 OECD，OECD Guidelines for Multinational Enterprises，2011 Edition（Chinese version），paras. 1 – 8 of "V. Employment and Industrial Relations"，http://dx. doi. org/10. 1787/9789264204881 – zh，最后访问日期：2022 年 5 月 19 日。

④ 参见 OECD，OECD Guidelines for Multinational Enterprises，2011 Edition（Chinese version），para. 51 of "V. Commentary on Employment and Industrial Relations"，http://dx. doi. org/10. 1787/9789264204881 – zh，最后访问日期：2022 年 5 月 19 日。

⑤ 参见 OECD，OECD Guidelines for Multinational Enterprises，2011 Edition（Chinese version），para. 1 of "I. Concepts and Principles"，http://dx. doi. org/10. 1787/9789264204881 – zh，最后访问日期：2022 年 5 月 19 日。

2. 被纳入《关于多国企业和社会政策的三方原则宣言》中

在 1976 年《经济合作与发展组织跨国企业准则》通过后，1977 年国际劳工组织通过《关于多国企业和社会政策的三方原则宣言》，以解决在 20 世纪 70 年代新独立的发展中国家融入国际经济新秩序的进程中对跨国企业的国际规制问题。2017 年修订的《关于多国企业和社会政策的三方原则宣言》提出其适用范围和目的，该宣言指导跨国企业及其母国和东道国的政府、雇主组织和工人组织采取措施和行动，并通过社会政策包括那些基于《国际劳工组织章程》及国际劳工组织相关劳工公约和建议书规定的原则的社会政策，来促进社会进步和体面劳动的实现;[①] 并明确要求，所有成员国，即使尚未批准有关的基本劳工公约，但基于作为国际劳工组织成员国这一事实，都有义务本着诚意根据《国际劳工组织章程》尊重、促进实现作为公约主题的基本权利。[②]

依据《关于多国企业和社会政策的三方原则宣言》，国际劳工组织仅提供社会政策指南，鼓励各方接受它在就业、培训、工作条件以及产业关系等方面的原则，建议成员国政府、雇主组织和工人组织以及跨国企业自愿遵守,[③] 这体现了该宣言的自愿性和非拘束性。

3. 被纳入"联合国全球契约"十项原则中

1999 年 1 月，时任联合国秘书长的科菲·安南（Kofi Annan）在达沃斯世界经济论坛年会上向"全球商业界"（world business）提出了关于

---

① 参见 ILO, Tripartite Declaration of Principles Concerning Multinational Enterprises and Social Policy, Fifth Edition, 2017, para. 4。

② 参见 ILO, Tripartite Declaration of Principles Concerning Multinational Enterprises and Social Policy, Fifth Edition, 2017, para. 9。

③ 参见 ILO, Tripartite Declaration of Principles Concerning Multinational Enterprises and Social Policy, Fifth Edition, 2017, para. 7。

人权、劳工标准、环境和反腐败的"联合国全球契约"十项原则,[①] 以解决 20 世纪 90 年代出现的与反全球化运动相关的跨国企业问题。"联合国全球契约"十项原则于 2000 年 7 月在联合国总部正式启动,呼吁全球商业界遵守这十项原则,促进企业、政府、民间社会、劳工组织和联合国之间建立伙伴关系和公开化机制。在这十项原则中,有四项原则涉及劳工问题,它们明确参照国际劳工组织确立的核心劳工标准。截至 2021 年,有 160 个国家和 12765 家企业是该全球契约的积极参与者。[②] 中国也建立了全球契约中国网络。[③]

"联合国全球契约"十项原则是一项有意不对企业进行监督的自愿性倡议。签署了该全球契约的企业承诺遵守这十项原则,并被要求提供相关证据证明自己遵守了这些原则。但全球契约组织本身并不会去核实这些信息。全球契约的目的并不是像国际劳工组织那样用政府监管来取代公民社会活动,而是将私人参与者整合到一个以前完全由各国政府主导的领域中。[④]

综上,这三个倡议产生的时代背景虽有不同,但均关涉跨国企业劳动事项的国际规制问题,具有以下共同特征。首先,均属倡议,具有促

---

① 具体包括以下四类。第一,人权领域。(1)支持和尊重对国际公认人权的保护;(2)确保它们不会参与侵犯人权的行为。第二,劳工领域。(3)维护结社自由及对集体谈判权的有效认可;(4)消除一切形式的强迫劳动;(5)有效废除童工;(6)消除关于就业和职业的歧视。第三,环境。(7)支持开展环境挑战的预防措施;(8)主动采取行为以提高环境责任感;(9)鼓励开发及推广环保技术。第四,反腐败。(10)努力打击一切形式的腐败,包括勒索和贿赂。参见 UN, "Global Compact," https://www.unglobalcompact.org,最后访问日期:2021 年 3 月 25 日。

② 参见 UN, "Global Compact," https://www.unglobalcompact.org,最后访问日期:2021 年 3 月 25 日。

③ 参见"全球契约中国网络",http://www.gcchina.org.cn/more_about.php,最后访问日期:2021 年 3 月 25 日。

④ 参见〔德〕安科·哈塞尔《全球劳动治理体制的演化》,聂子涵译,《国外理论动态》2016 年第 10 期,第 129 页。

进性质，不具有强制性规范意义，采取软法形式，提出相关建议和准则，呼吁跨国企业遵守。其次，均包含核心劳工标准，并建议跨国企业遵守。最后，这三个倡议虽然适用的范围有所差异，但均产生了巨大影响，其内容被诸多跨国企业吸纳，对核心劳工标准的实施起到了促进和提升作用。

五　核心劳工标准被纳入跨国企业行为守则

跨国企业行为守则产生于 20 世纪 70 年代末，20 世纪 90 年代以来被越来越多的跨国企业采用。它是指跨国企业自行制定的内部规章，承诺在生产和经营过程中遵守相关劳工标准等，适用于跨国企业总部及子公司、供应商与承包商等。[①] 跨国企业行为守则是企业承担社会责任的一种形式，同时也是降低声誉风险的一种市场策略。

相关研究表明，到目前为止影响较为广泛的跨国企业行为守则有五项，它们是《全球企业责任基准原则》（1998 年进行重大修改）、《苏利文原则》（Sullivan Principles，1977 年发起，1999 年成为一般性指南）、《考克斯圆桌商业原则》（Caux Round Table Principles for Business，1994 年公布）、《全球报告倡议》（Global Reporting Initiative，始于 1999 年）和《社会责任标准 SA8000》（Social Accountability 8000 International Standard，始于 1997 年）。[②] 跨国企业行为守则内容各有不同，基本包括劳

[①]　参见周长征《跨国公司生产行为守则与中国劳动标准》，载《武大国际法评论》（第 1 卷），武汉大学出版社，2003，第 269 页。

[②]　在这五项影响较为广泛的跨国企业行为守则中，只有《考克斯圆桌商业原则》的劳工标准没有纳入废除童工、消除强迫劳动、结社自由和集体谈判权，其他四项行为守则均纳入了全部基本劳工权利。参见〔德〕安科·哈塞尔《全球劳动治理体制的演化》，聂子涵译，《国外理论动态》2016 年第 10 期，第 127～130 页。

动条件、遵守当地法律以及核心劳工标准等，[①] 同时设置透明度措施、监督程序、强制措施（如一方违反行为守则，则另一方可要求对方消除违反守则的情形，要求对方支付违约金，中止合同，拒绝商业关系）。比如，1997 年，总部设在美国的社会责任国际组织（Social Accountability International，SAI）联合欧美跨国企业和其他国际组织，制定了《社会责任标准 SA8000》，该标准绝大部分源于基本劳工公约，其中包括废除童工、消除强迫劳动、结社自由和集体谈判权。[②]

在前述五项跨国企业行为守则中，《全球企业责任基准原则》《苏利文原则》《考克斯圆桌商业原则》由企业自身发起，《全球报告倡议》《社会责任标准 SA8000》由公民社会组织发起，尽管发起主体不同，但它们都有别于前述国际组织倡议。"联合国全球契约"十项原则属于基于规范的倡议，企业的逆向选择和搭便车问题可能会引起对全球契约的信任危机。《社会责任标准 SA8000》属于基于激励的倡议，其认证为企业带来的经济预期正向影响了企业遵守劳动标准的选择。发达国家可以引导行业进行民间规制或与国家共同规制，并利用消费者运动和社会压力惩罚不遵守劳动标准的行为。[③] 不过，虽然跨国企业行为守则是自己制定的一种内部制度，不具备法律上的强制执行力，由跨国企业自行负责其遵守情况、监督以及对违反守则的企业进行制裁，这实际上类似于国际框架协议，使跨国企业在实践中具有了进行跨国劳动监管的主体

---

① 参见周长征《跨国公司生产行为守则与中国劳动标准》，载《武大国际法评论》（第 1 卷），武汉大学出版社，2003，第 279 页。

② 参见王全兴、汪敏《经济与社会断裂的法律修复路径》，《湘潭大学学报》（哲学社会科学版）2006 年第 4 期，第 44 页。

③ 参见鲍传健《全球劳动治理引论》，《国外理论动态》2016 年第 10 期，第 113 页。

地位。①

六　核心劳工标准被纳入国际和区域层面的机制和政策框架中的意义

在全球化和后冷战时代的新自由主义使贸易成为国际社会上最重要的议题之后，国际劳工规制的核心劳工标准从贸易领域扩展到贸易之外的其他领域。国际金融机构越来越多地将核心劳工标准纳入其政策保障措施、合作伙伴对话中，并在某些情况下纳入其贷款条件中。② 如国际金融公司允许把废除童工和消除强制劳动列为贷款条件。③ 在社会发展领域，1999 年"联合国全球契约"十项原则将核心劳工标准与环境和人权置于同等重要地位。④ 同时，企业层面的国际框架协议和跨国企业行为守则也都不同程度地纳入核心劳工标准。所有机制和政策框架最重要的共同点是认可国际劳工组织1998 年《宣言》确立的核心劳工标准，这为核心劳工标准在不同领域和不同层面的实施提供了制度保障。

---

① 参见周长征《跨国公司生产行为守则与中国劳动标准》，载《武大国际法评论》（第 1 卷），武汉大学出版社，2003，第 276 页；郑丽珍《跨国劳动监管制度的重构》，社会科学文献出版社，2014，第 237 页。

② 参见 Philip Alston and James Heenan，"Shrinking the International Labor Code：An Unintended Consequence of the 1998 ILO Declaration on Fundamental Principles and Rights at Work，"（2004）36 *New York University Journal of International Law and Politics*，p. 231，footnote 35。

③ 参见 Philip Alston and James Heenan，"Shrinking the International Labor Code：An Unintended Consequence of the 1998 ILO Declaration on Fundamental Principles and Rights at Work，"（2004）36 *New York University Journal of International Law and Politics*，p. 232，footnote 35。

④ 参见 The Global Compact Office，United Nations，"What Is the UN Global Compact?" http://www.unglobalcompact.org，最后访问日期：2022 年 9 月 17 日。

第六节　核心劳工标准确立和实施的国际法意义

一　核心劳工标准确立的意义

首先，国际劳工组织的作用是使人们认识到社会正义是保持社会稳定和促进经济发展并具有竞争力的良性投资。[①] 国际劳工组织 1998 年《宣言》的目的之一是努力通过后续措施和技术援助来推广这种认识，即促进实现《国际劳工组织章程》和 1944 年《费城宣言》（Declaration of Philadelphia，即《关于国际劳工组织的目标和宗旨的宣言》，Declaration Concerning the Aims and Purposes of the International Labour Organization）所包含的并在国际劳工组织 1998 年《宣言》中得到重申的社会正义原则。[②] 在这个意义上，国际劳工组织 1998 年《宣言》确立的核心劳工标准具有内在价值，因为它代表着各成员国政府及其社会伙伴（雇主组织和工人组织）在基本原则和权利表现出很大不确定性并广受质疑的时期，对这些基本原则和权利之普遍性的再次确认，这是国际社会取得的重要成就。[③]

其次，国际劳工组织 1998 年《宣言》将普遍义务集中在界定基本

---

① 参见 ILC, Report of the Director General, the ILO, Standard Setting and Globalization, ILO DOC. ILC. 85th Session of 1997, p. 11。

② 参见 Erika de Wet, "Governance Through Promotion and Persuasion: The 1998 ILO Declaration on Fundamental Principles and Rights at Work," (2008) 9 (11) *German Law Journal*, p. 1443。

③ 参见 Hilary Kellerson, "The ILO Declaration of 1998 on Fundamental Principles and Rights: A Challenge for the Future," (1998) 137 (2) *International Labour Review*, p. 227。

权利上，这些基本权利既具有基本人权的根本性质，又具有实现其他权利的功能作用。国际劳工组织 1998 年《宣言》在这方面要处理的任务，基本上是基于其内在重要性和在实现其他权利方面所起的"作用"，确定在全球化经济中那些应该被视为"游戏规则"的工人权利。这些基本权利处于国际劳工组织两大职能的交汇处，其"基本"属性非常重要：作为政策问题，传播以利益平衡为基础的社会进步模式，需要有一个通过承认基本权利来确保这些利益的自由表达的环境；作为社会正义问题，为工人创造"公平竞争环境"的动力和前提，是他们至少有权要求（如果可能的话）公平分享其为之作出贡献的财富。①

最后，国际劳工组织 1998 年《宣言》的通过，回应了对国际劳工组织的两项批评。一是国际劳工组织未能在已制定公约规定的不同权利和标准中确定优先顺序。对此，国际劳工组织 1998 年《宣言》通过聚焦 4 项基本权利来解决这一问题。以国际劳工组织 1998 年《宣言》为标志，国际劳工组织将重心放在促进成员国批准并有效实施 8 项基本劳工公约方面，对于新的国际劳工标准的制订则采取更为严格的选择标准。1998 年之后，制订国际劳工公约的步伐明显放缓。一方面，国际劳工组织将主要精力放在促进基本劳工公约的普遍批准和有效实施上；另一方面，通过推行"体面工作计划"，以工作（work）代替劳动（labor），打破了标准雇用的传统模式，将各种创造性工作（包括自我雇用等）都纳入该计划的保护范围中。"体面工作计划"包括核心劳工标准、就业促进、社会保护和社会对话四个支柱。国际劳工组织以此努力开创 1944 年《费城宣言》所包含的更为全面的社会政策目标的新篇章。② 二是国际劳工

---

① 参见 Francis Maupain，*The Future of the International Labour Organization in the Global Economy*，Oxford：Hart Publishing，2013，p. 53。

② 参见林燕玲《国际劳工组织的历史贡献及其对中国劳动社会保障法制建设的影响——纪念国际劳工组织成立 100 周年》，《中国劳动关系学院学报》2019 年第 6 期，第 8 页。

组织使各国很容易享有成员国资格，而一些国家在工人基本权利待遇方面却很少承担实质性义务。虽然国际劳工组织早在 1951 年就设立了一个特别程序，以审查对尚未批准相关劳工公约的成员国侵犯结社自由的控诉，但该程序并不适用于其他基本权利。当然，在国际法中，要求公约非批准国遵守公约并不具有代表性，因此对国际劳工组织的这一抱怨并非事出无因。然而，值得称道的是，国际劳工组织经受了考验，并精心设计了文本措辞，即各成员国加入国际劳工组织意味着承担与国际劳工组织 1998 年《宣言》基本原则和权利有关的义务。

二　核心劳工标准实施的意义

核心劳工标准是在国际劳工标准发展过程中分离出来的，依据国际劳工组织 1998 年《宣言》确立的，体现在 8 项基本劳工公约中的国际劳工标准的重要组成部分。核心劳工标准的确立，对于全球劳动治理具有里程碑意义，是后冷战时代国际劳工组织优先发展事项的确定，[①] 标志着国际劳工标准的实施转向聚焦于核心劳工标准。核心劳工标准既包括国际劳工组织 1998 年《宣言》界定的基本原则和权利，也包括"后续措施"中的年度报告和综合报告。

其一，核心劳工标准的实施，不仅在很大程度上结束了关于哪些具体劳工权利构成国际公认的一套"核心"劳工标准的争议，凝聚了国际社会的共识，也表明国际劳工组织所有成员国同意承担义务，尊重和促

---

① 参见 Erika de Wet, "Governance Through Promotion and Persuasion: The 1998 ILO Declaration on Fundamental Principles and Rights at Work," (2008) 9 (11) *German Law Journal*, pp. 1434 – 1435。

进实施这些核心劳工标准，而无论它们是否批准相关基本劳工公约，①
这意味着核心劳工标准的适用范围被扩展到国际劳工组织所有成员国。

其二，国际劳工组织1998年《宣言》根本性地改变了核心劳工标准
的实施方法。依据该宣言，所有成员国，无论是否批准有关基本劳工公
约，都有义务根据《国际劳工组织章程》的要求，尊重、促进实现基本
劳工权利。通过这项规定，核心劳工标准从国际劳工组织内部和外部均
承认为基本劳工公约的公约中提炼出来，② 并确立了新的后续措施来监
督这些基本权利的实施，然而，国际劳工组织1998年《宣言》确立的核
心劳工标准的义务是促进性的，核心劳工标准低于基本劳工公约之标准，
两者之间仍存在差距。③

其三，国际劳工组织有义务利用其章程手段、行动手段和预算手段
促进核心劳工标准实施，并鼓励其他国际组织也支持这种努力。④ 换言
之，国际劳工组织1998年《宣言》将国际劳工组织的资源（包括章程
手段、行动手段、预算手段以及外部资源）放在新的重点上，即尊重、
促进实现国际劳工组织1998年《宣言》载明的核心劳工标准。⑤ 申言
之，国际劳工组织1998年《宣言》所要求的促进核心劳工标准实现的努
力，意味着重新定位国际劳工组织的章程资源、行动资源和预算资源，
以支持综合报告中确定的优先事项，而综合报告则是基于年度报告和国

---

① 参见国际劳工组织1998年《宣言》第2条；Jonathan P. Hiatt and Deborah Greenfield,
"The Importance of Core Labor Rights in World Development," (2004) 26 (1) *Michigan
Journal of International Law*, p. 43。

② 参见国际劳工组织1998年《宣言》第1 (b) 条。

③ 参见〔德〕安科·哈塞尔《全球劳动治理体制的演化》，聂子涵译，《国外理论动态》
2016年第10期，第126页。

④ 参见国际劳工组织1998年《宣言》第3条。

⑤ 参见 Hilary Kellerson, "The ILO Declaration of 1998 on Fundamental Principles and Rights: A
Challenge for the Future," (1998) 137 (2) *International Labour Review*, p. 225。

际劳工组织可获得的其他官方信息而编制的。上述转变得益于为实施技术援助而开展的额外促进活动和提供的资源。这种做法的一个令人称道之处在于，其旨在实现人们追求公平、社会进步和消除贫困的愿望——它代表了积极追求社会正义的集体决定，而不是在国际贸易中为达到保护目的滥用制裁。

三　核心劳工标准实施的加强显示社会政策和经济、金融等政策之间存在重大联系

1944 年《费城宣言》阐述了社会正义基本目标与国际经济和金融政策存在重要联系这一观点的制度后果，即"只有以社会正义为基础，才能建立世界持久和平"，[①] 并规定国际劳工组织有责任"根据这一基本目标审查和审议一切国际经济和金融政策及措施"。[②] 这显示，国际劳工组织在经历战争期间的挫折之后，试图通过赋予自己一种"监督权"，监督国家和其他组织的经济和金融政策对实现国际劳工组织自身目标的影响，从而影响经济政策的进程。但这一尝试并未取得预期效果。

1998 年，国际劳工组织确认将社会进步与经济增长联系起来的重要性，在通过国际劳工组织 1998 年《宣言》时，将促进实现基本原则和权利完全置于《国际劳工组织章程》原则和程序的框架内。国际劳工组织 1998 年《宣言》的全部价值取决于国际劳工组织内外各方面积极实施后续措施，这一点随着时间的推移逐渐显现。国际劳工组织面临的挑战是确保国际劳工组织 1998 年《宣言》实现和达到其所设定的意义和目的。[③] 国

---

① 《国际劳工组织章程》第 1 段。

② 1944 年《费城宣言》第 II（d）条。

③ 参见 Hilary Kellerson，"The ILO Declaration of 1998 on Fundamental Principles and Rights：A Challenge for the Future，"（1998）137（2）*International Labour Review*，p. 227。

际劳工组织 1998 年《宣言》强调核心劳工标准对促进人的全面发展的重要意义，即"为寻求保持社会进步和经济增长之间的联系，保证工作中基本原则和权利具有特殊重要意义，因为它能使有关人员在机会平等基础之上自由要求公平分享其为之作出贡献的财富，以及全面实现人的潜力"。①

2019 年《国际劳工组织关于劳动世界的未来百年宣言》宣称，国际劳工组织必须立足于其权责②，在多边体系中发挥重要作用，通过加强与其他组织的合作并发展与它们之间的制度化安排，在追求用以人为本的方法来实现劳动世界未来的过程中，促进政策协调一致，承认社会、贸易、金融、经济和环境政策之间存在的各种强劲、复杂和重要的联系。③

2020 年通过的《关于〈国际劳工组织关于劳动世界的未来百年宣言〉的决议的后续措施》指出，《国际劳工组织章程》序言是关于社会和经济相互依存性的最早声明之一。这表明国际层面的政策一致性问题一直与国际劳工组织及其三方成员息息相关。1944 年《费城宣言》加强和补充了该章程所赋予的权责，还强调了国际劳工标准与经济、金融和贸易政策之间的关系。第二次世界大战后成立的主要国际经济、金融和贸易机构——国际货币基金组织、世界银行、经济合作与发展组织，以及较近期成立的世界贸易组织的章程规约都提到了就业和/或工作条件。此外，在此前十年间，若干重要的区域多边开发银行为其贷款和投资业务制定了与世界银行相似的环境和社会保障措施。这些保障措施通常纳入一些劳工和工作条件标准，这些标准基于或直接参照国际劳工组织的核

---

① 国际劳工组织 1998 年《宣言》序言。

② 参见 1944 年《费城宣言》第 II（d）条。

③ 参见 ILC，ILO Centenary Declaration for the Future of Work，ILO DOC. ILC. 108th Session of 2019，IV，F.

心劳工标准及其他关于工作条件和职业安全与卫生的重要标准。①

　　总之，国际劳工组织1998年《宣言》的意义重大，不仅得到了国际劳工组织成员国的承认，而且得到了许多国际和区域组织以及公共和私人管理机构的承认。从国际劳工组织的审议信息看，该宣言已被广泛援用于：众多的政策文件和讨论，工人组织和雇主组织的各项活动，企业和工会之间的框架协议，企业社会责任的文件，双边贸易协定，全球和区域金融机构和开发银行文件。根据国际劳工组织1998年《宣言》指定的技术合作方案，也已得到捐助国的继续支持。这种支持大多是面向废除童工和消除强迫劳动，而结社自由和不歧视方面得到的资助则较少。②

　　通过国际劳工组织1998年《宣言》，国际劳工组织在理论上将核心劳工标准的适用范围扩展到其所有成员国，然而这些权利的保护标准仍低于国际劳工公约之标准。核心劳工标准明确地从构成其基础的各项劳工公约中分解出来，并且一整套新的机制被建立起来以执行这些核心劳工标准。③ 不过，国家的国内劳动法及其执行在全球产业关系中仍然处于核心地位，国际劳工公约、企业行为守则、国际框架协议等将在全球劳动治理中发挥越来越多元的作用。④

---

① 参见《关于〈国际劳工组织关于劳动世界的未来百年宣言〉的决议的后续措施》（GB.338/INS/3/1）第2条和第25条。

② 参见《审议1998年国际劳工组织〈关于工作中基本原则和权利宣言后续措施〉》第12条。

③ 参见〔德〕安科·哈塞尔《全球劳动治理体制的演化》，聂子涵译，《国外理论动态》2016年第10期，第126页。

④ 参见鲍传健《全球劳动治理引论》，《国外理论动态》2016年第10期，第112页。

第六章

论自由贸易区劳工
标准的构建

自 1995 年 1 月 1 日世界贸易组织成立以来，自由贸易区在全球范围内呈快速发展态势。这引发了区域经贸规则的重构，其中一个重要的方面就是自由贸易区劳工标准的发展。这一标准突破了世界贸易组织拒绝纳入劳工议题的既有规则，实现了国际贸易与劳工标准不同程度的挂钩，对多边贸易体制造成挑战，并对国际贸易和劳动者保护产生重大影响。在此情势下，我国实施自由贸易区战略以应对这一挑战。构建我国可接受的自由贸易区劳工标准并积极推进加入《全面与进步跨太平洋伙伴关系协定》，是迫切而重大的现实课题，同时关涉"一带一路"倡议的顺畅推进。由是，探讨全球范围内具有代表性的自由贸易区劳工标准的构建依据、制度模式和发展特征，具有重要的启示价值。

第一节　自由贸易区劳工标准概述

"自由贸易区"① 是指两个及以上的主权国家或单独关税区通过签署协定，在世贸组织法最惠国待遇的基础上，相互进一步开放市场，分阶段取消绝大部分产品的关税和非关税壁垒，改善服务和投资的市场准入条件而形成的实现贸易和投资自由化的特定区域。② 在国际法上，主权

---

① 本书讨论的"自由贸易区"不同于我国自 2013 年起开始建立的"自由贸易试验区"。参见车丕照《中国（上海）自由贸易试验区的"名"与"实"——相关概念的国际经济法学解读》，《国际法研究》2014 年第 1 期。本书讨论的"自由贸易区劳工标准"，是指相关主权国家或单独关税区通过签署自由贸易协定对该协定中的劳工议题具体制度达成的一致标准，本书在行文过程中为切合不同的语境，选择性使用"自由贸易区劳工标准"和"自由贸易协定劳工标准"，但两者具有同样的含义。

② 参见《商务部　海关总署关于规范"自由贸易区"表述的函》（商国际函〔2008〕15 号），2008 年 5 月 9 日，https://www.mofcom.gov.cn/article/b/e/200805/20080505531434.html，最后访问日期：2015 年 7 月 6 日。

国家或单独关税区为建立自由贸易区签署的自由贸易协定是世贸组织法最惠国待遇原则的一项合法例外机制，[①] 它允许自由贸易区内成员方在世贸组织法律框架内，给予区内其他成员方更优惠的待遇，而对自由贸易区外的非成员方则保持一致的贸易壁垒，共同应对来自区外的竞争。[②] 自由贸易区自 20 世纪 90 年代中期以来在世界各地得到快速发展，已成为开拓国际市场的一种最佳途径。有数据显示，截至 2019 年，欧盟建立了 41 个自由贸易区，美国建立了 14 个自由贸易区，加拿大建立了 14 个自由贸易区，[③] 这凸显了自由贸易区在国际贸易中的重要性，引起各国政府的高度重视。然而，更具挑战性的是，自由贸易区劳工标准突破了世贸组织法拒绝纳入劳工议题的既有规则，引发了区域劳工规则的重构，且呈快速发展态势。依据相关统计数据，在 1995 年，全球有 4 个自由贸易区建立了劳工标准；2005 年，增加到 21 个；2011 年，则猛增到 47个；[④] 到 2019 年，已有 85 个自贸协定纳入劳工议题。[⑤] 另外，新近生效的自由贸易协定《美墨加协定》也纳入了劳工标准。[⑥] 就本章研究对象

---

① 根据世界贸易组织的相关规定，区域贸易协定包括关税联盟、自由贸易区以及自由贸易区性质的"临时协议"。参见赵维田《世贸组织（WTO）的法律制度》，吉林人民出版社，2000，第 84～88 页。

② 参见曾令良《区域贸易协定的最新趋势及其对多哈发展议程的负面影响》，《法学研究》2004 年第 5 期。

③ 参见 Marva Corley and Elizabeth Echeverria Manrique, *Labour Provisions in G7 Trade Agreements: A Comparative Perspective*, Geneva: International Labour Office, 2019, pp. 53 – 54。

④ 参见 Jordi Agustí-Panareda, Franz Christian Ebert and Desirée LeClercq, *Labour Provisions in Free Trade Agreements: Fostering Their Consistency with the ILO Standards System*, ILO, Background Paper, Social Dimensions of Free Trade Agreements, 2014, p. 7。

⑤ 参见 Marva Corley and Elizabeth Echeverria Manrique, *Labour Provisions in G7 Trade Agreements: A Comparative Perspective*, Geneva: International Labour Office, 2019, pp. 15 – 16。

⑥ 美国、墨西哥和加拿大于 2018 年 11 月 30 日签署的《美墨加协定》的第 23 章为劳动章节，该协定于 2020 年 7 月 1 日生效。

欧盟、美国和加拿大这三个主要经济体而言，截至 2019 年，欧盟有 18
个自由贸易区建立了劳工标准，美国有 13 个，加拿大有 12 个;① 然而，
其制度模式并不相同，总体上呈现出分化态势。② 这一方面加剧了国际
劳动法的碎片化，另一方面也对国际贸易产生重大影响，因为劳工标准
正在演变为加入或建立自由贸易区的实质性要求。

主要经济体建立自由贸易区劳工标准，重构区域经贸规则，势必对
作为世界贸易组织成员方的中国产生影响。为应对这一挑战，党的十八
大提出要加快实施自由贸易区战略，在全球经贸规则重构中抢占先机，
赢得主动，实行更加积极主动的开放战略。2004 年，中国开始启动自由
贸易区建设，目前已经签署 19 个自由贸易协定，③ 其中 5 个自贸协定纳
入了劳工条款，④ 这种积极的实践切合中国的重大现实需求。同时，在
新一轮国际经贸规则和劳工规则重塑背景下，中国已有重大突破，2020
年 12 月 30 日完成《中欧全面投资协定》谈判，2021 年 9 月 16 日正式申
请加入《全面与进步跨太平洋伙伴关系协定》，而且与加拿大就中加自
贸协定可行性研究举行了四次会议，这些国际协定均涉及劳工标准问题
带来的挑战。鉴于此，依据我国的政治和法律制度以及社会经济发展水
平，在实施我国自由贸易区战略进程中，提出我国可接受的自由贸

---

① 参见 Marva Corley and Elizabeth Echeverria Manrique, *Labour Provisions in G7 Trade Agree-*
ments: *A Comparative Perspective*, Geneva: International Labour Office, 2019, pp. 15 – 16,
47 – 51。

② 参见李西霞《自由贸易协定中劳工标准的发展态势》，《环球法律评论》2015 年第 1 期。

③ 参见中国自由贸易区服务网，http://fta. mofcom. gov. cn/singapore/singapore_ special. shtml，
最后访问日期：2022 年 7 月 15 日。

④ 参见《中国与智利自由贸易协定》第 108 条、《中国与新西兰自由贸易协定》第 177
条、《中国与秘鲁自由贸易协定》第 161 条、《中国与瑞士自由贸易协定》第 13.5 条、
《中国与冰岛自由贸易协定》第 96 条。

易区劳工标准制度安排，是一项重大的现实课题。

现实中，自由贸易区是在多边贸易体制的形成过程中，为满足西方发达国家已达成的区域贸易协定而作出的一种例外安排。这种例外制度被欧盟、美国与加拿大充分利用，它们建立起自由贸易区劳工标准，并将国际贸易与劳工标准进行不同程度的挂钩。这些实践在区域层面产生了重要影响，同时，伴随着贸易全球化进程的快速推进，发展中国家在劳工标准问题的态度上也出现了分化，如墨西哥、智利和秘鲁等发展中国家不同程度地在其自由贸易协定中纳入劳工标准。基于发达国家对世界经济和规则制定具有较强的影响力，本章仅选取欧盟、美国和加拿大这三个主要经济体的自由贸易区劳工标准作为研究对象。在研究思路上，本节作出概述后，第二节探讨欧盟、美国和加拿大自由贸易区劳工标准的建立依据，第三节研究其制度模式，第四节分析其发展特征，第五节提出启示意义，第六节作简单结语。

第二节　自由贸易区劳工标准的建立依据

一　自由贸易区劳工标准的国际规制

从现实主义视角看，自由贸易区劳工标准的建立通常受制于既有国际规制，因此，与自由贸易区劳工标准相关的国际规制是本节考虑的第一个问题。

第一，世贸组织法关于自由贸易区的规定。依据世贸组织法的相关规定，自由贸易区是最惠国待遇原则的一项合法例外机制，其建立依据有以下三项规定：其一，《关税与贸易总协定》第 24 条规定，只要成员方符合该条规定的特定条件①，该协定之规定就不得阻止成员方在领土之间成立关税同盟或自由贸易区，或者为成立关税同盟或自由贸易区而订立一项临时协定；其二，《服务贸易总协定》第5条规定，允许成员方订立区域服务贸易自由化协定；其三，《关于发展中国家差别和更优惠待遇、互惠和更充分参与的决定》规定，允许发展中国家成员方签署比最惠国待遇还要优惠的关税减让协定。②

第二，世贸组织法对劳工标准的态度。作为全球第一个多边贸易协定，《关税与贸易总协定》只在第20条规定了一般例外条款，即允许成员方"采取或实行措施"保护公共道德或抵制监狱劳动产品。换言之，《关税与贸易总协定》没有纳入劳工标准，排除了对劳工议题的关注。

1995年1月1日，世界贸易组织成立。世贸组织法沿袭了《关税与贸易总协定》第20条的规定，③ 即允许成员方采取或实施与世界贸易组织不一致的贸易限制措施以保护公共道德或抵制监狱劳动产品。也就是说，世贸组织法的此项规定与《关税与贸易总协定》保持了一致。虽然1996年世界贸易组织《新加坡部长宣言》重申了对遵守国际公认的核心劳工标准的承诺，但它承认国际劳工组织是制定和处理这些标准的适格

---

① 就自由贸易区的建立而言，这些条件包括：（1）《关税与贸易总协定》第24.5（a）条和第24.5（b）条规定的自由贸易区的关税或贸易法规，不得严于在建立该自由贸易区或签署协定之前相同成员领土内存在的相应关税或贸易法规；（2）《关税与贸易总协定》第24.5（c）条关于"合理持续期间"的规定；（3）《关税与贸易总协定》第24.7条关于自由贸易区通知和报告的规定。参见赵维田《世贸组织（WTO）的法律制度》，吉林人民出版社，2000，第547～548页。

② 参见曾令良《区域贸易协定的最新趋势及其对多哈发展议程的负面影响》，《法学研究》2004年第5期。

③ "在1954～1955年的关于GATT 1947的评审会议上，对第20条第8款和第二节进行过修改，这些修改于1957年10月7日生效。"曾令良、陈卫东：《论WTO一般例外条款（GATT第20条）与我国应有的对策》，《法学论坛》2001年第4期，第35页。

机构,① 从而排除了纳入劳工议题的可能性。

　　这表明,对于国际贸易与劳工标准的关系问题,《关税与贸易总协定》和世贸组织法均持谨慎且中立态度,只在个别问题上达成了一致,即允许成员方采取措施保护公共道德或抵制监狱劳动产品。② 一方面,世贸组织必须确保劳工标准不致成为多边贸易体制内新的贸易壁垒,以确保世贸组织规则按照其目的运行;③ 另一方面,它全面考虑了在全球化进程中贸易自由化产生的不均衡现象以及歧视发展中国家拥有比较优势领域的趋势。④ 因此,"对发展中国家而言,国际经济法必须是发达国家与发展中国家不平等关系的一种补偿",⑤ 对此,世贸组织法应"保证发展中国家,尤其是最不发达国家,在国际贸易增长中获得与其经济发展需要相当的份额"。⑥

　　故从法理上讲,世贸组织法为自由贸易区的建立提供了国际法依据,但它并未涉及劳工标准议题。换言之,世贸组织法尚无关于自由贸易区劳工标准建立的国际规制,这使欧盟、美国与加拿大得以确立其各自自由贸易区劳工标准的建立依据。

---

① 参见 World Trade Organization, Singapore Ministerial Declaration, 13 December 1996, para. 4, https: //www. wto. org/english/thewto_ e/minist_ e/min96_ e/wtodec_ e. htm, 最后访问日期: 2023 年 1 月 16 日。

② 参见曾令良、陈卫东《论 WTO 一般例外条款(GATT 第 20 条)与我国应有的对策》,《法学论坛》2001 年第 4 期,第 32 ~ 49 页;佘云霞《自由贸易协议谈判中的劳工标准问题——以美国和柬埔寨纺织品服装贸易协议为例》,《中国劳动关系学院学报》2005 年第 3 期,第 17、21 页。

③ 参见曾令良主编《21 世纪初的国际法与中国》,武汉大学出版社,2005,第 286 页。

④ 参见缪剑文《世贸组织劳工标准之争及其法律评析》,《国际贸易问题》1998 年第 12 期,第 47 页。

⑤ 〔阿尔及利亚〕穆罕默德·贝贾维:《争取建立国际经济新秩序》,欣华、任达译,中国对外翻译出版公司,1982,第 102 页,转引自缪剑文《世贸组织劳工标准之争及其法律评析》,《国际贸易问题》1998 年第 12 期,第 47 页。

⑥ 《建立世界贸易组织的马拉喀什协定》序言。

二 欧盟、美国和加拿大自由贸易区劳工标准的建立依据

1. 欧盟自由贸易区劳工标准的建立依据

1993 年 11 月 1 日，欧洲联盟成立，它当数最先进的自由贸易区，是一个完全的共同市场，实现了产品、服务、资本和劳动力自由流动。[①] 在这一共同市场内部，关于劳动力自由流动的劳工标准属于欧盟内部劳工标准。同时，欧盟还将尊重劳工权利纳入其与他方的贸易关系（如自由贸易协定劳工标准）中。[②] 在 2006 年前，欧盟自贸协定劳工标准并未形成统一范式。2006 年，欧盟开始实施新一代自由贸易协定，[③] 它要求在可持续发展领域（劳工标准等方面）达成新的承诺，[④] 由此形成了新一代自由贸易协定劳工标准范式，包含以下元素：阐明纳入劳工标准是为了促进可持续发展和国际贸易被适当地"管理"，援用核心劳工标准，拒绝适用正式的争端解决机制处理劳动争端。[⑤] 2015 年，基于欧盟 2006 年承诺的高劳工和环境标准，欧盟委员会制定《惠及所有人的贸易：迈向更负责任的贸易与投资政策》（Trade for All：Towards a More Responsi-

---

① 参见〔美〕弗朗切斯科·迪纳《自由贸易的社会建构——欧洲联盟、北美自由贸易协定及南方共同市场》，黄胜强、许铭原译，中国社会科学出版社，2009，第 16～17 页。

② 参见 Christian Häberli，Marion Jansen and José-Antonio Monteiro，*Regional Trade Agreements and Domestic Labour Market Regulation*，Geneva：ILO，2012，http://www.ilo.org/wcmsp5/groups/public/@ed_emp/documents/publication/wcms_180616.pdf，最后访问日期：2021 年 6 月 15 日。

③ 参见 European Commission，Global Europe：Competing in the World—A Contribution to the EU's Growth and Jobs Strategy，Brussels，4.10.2006，COM（2006）567 Final。

④ 参见叶斌《欧盟贸易协定政策的变化和影响——法律的视角》，《欧洲研究》2014 年第 3 期。

⑤ 参见 James Harrison，Ben Richardson and Adrian Smith，"Working Beyond the Border？A New Research Agenda for the Evaluation of Labour Standards in EU Trade Agreements，"（2015）*International Labour Review*，p.6。

ble Trade and Investment Policy),① 它加大了欧盟在区域贸易协定中融入可持续发展的力度,② 为欧盟的贸易与投资提供政策指引。据此,欧盟理事会通过一系列谈判指令,指示欧盟委员会代表欧盟与不同的贸易伙伴进行谈判。然而,这些谈判指令,包括欧盟旨在纳入区域自贸协定的关于可持续发展的具体承诺,并不总是公开的。③

这表明,欧盟关于新一代自由贸易协定劳工标准的承诺、欧盟委员会制定的《惠及所有人的贸易:迈向更负责任的贸易与投资政策》以及欧盟理事会通过的谈判指令,构成了欧盟自由贸易区劳工标准的建立依据。④

2. 美国自由贸易区劳工标准的建立依据

2002 年前,美国签署的自由贸易协定中的劳工标准并未有明确的国内法依据。《2002 年贸易法》对此作出改变。该法通过"贸易促进授权"⑤,明确要求美国在其签署的国际贸易协定中纳入劳工标准,⑥ 主要

---

① 参见 European Commission, Trade For All: Towards a more Responsible Trade and Investment Policy, 2015, http://trade. ec. europa. eu/doclib/docs/2015/october/tradoc _ 153846. pdf, 最后访问日期:2022 年 6 月 15 日。

② 参见 Marva Corley and Elizabeth Echeverria Manrique, *Labour Provisions in G7 Trade Agreements: A Comparative Perspective*, Geneva: International Labour Office, 2019, p. 19, footnote 17。

③ 例见 the Directives for the negotiation of a Free Trade Agreement with Japan, where guidelines are set for the negotiation of the trade and sustainable development chapter (Council of the European Union, 2017)。参见 Marva Corley and Elizabeth Echeverria Manrique, *Labour Provisions in G7 Trade Agreements: A Comparative Perspective*, Geneva: International Labour Office, 2019, p. 20, footnote 18。

④ 参见 Marva Corley and Elizabeth Echeverria Manrique, *Labour Provisions in G7 Trade Agreements: A Comparative Perspective*, Geneva: International Labour Office, 2019, pp. 19 – 20。

⑤ "贸易促进授权"是指美国国会授权总统行政部门参与国际贸易协定谈判、提出谈判目标和限制条件、监督谈判过程的一种国际贸易协定谈判机制。朱瑜:《争论与妥协:美国"贸易促进授权"新探》,《亚太经济》2008 年第 5 期。

⑥ 参见陈功《美国"贸易促进权"研究》,博士学位论文,西南政法大学,2009,第 3 页;Jean-Marc SIROËN, "Labour Provisions in Preferential Trade Agreements: Current Practice and Outlook," (2013) 152 (1) *International Labour Review*, p. 88。

内容为：促进实现对劳动者权利与儿童权利的尊重，并促使其与核心劳工标准保持一致；要求协定方不能为了鼓励贸易而降低国内劳动法上的保护水平；等等。这些关于劳工标准的要求被纳入美国自 2002 年 8 月 6 日起开始谈判至 2007 年 6 月 30 日前签署的自由贸易协定中。①

2007 年 6 月 30 日"贸易促进授权"到期后，民主党和共和党经协商达成《两党贸易协定》，并通过该协定修改了"贸易促进授权"中关于建立自由贸易区劳动标准的要求。《两党贸易协定》规定：（1）自由贸易协定缔约方应在其国内法律及实践中，"采纳和维持"国际劳工组织 1998 年《宣言》载明的基本原则与权利；（2）自由贸易协定缔约方可在劳动争端解决中适用与贸易争端解决同样的争端解决机制。② 这些新规定被美国纳入其 2007 年以后签订的自由贸易协定中。

美国最近一项规定自由贸易协定中劳工标准义务的法案是《2015 年两党国会贸易优先事项与责任法案》（Bipartisan Congressional Trade Priorities and Accountability Act of 2015，TPA 2015），又称《2015 年贸易促进授权法》。该法案要求区域自贸协定确保：（1）缔约方务必（does not fail to）有效实施其国内劳动法，而且这些法律必须包括国际劳工组织 1998 年《宣言》所载的基本劳工权利；（2）缔约方不得以影响它们之间贸易或投资的方式减损或放弃劳工标准。③ 该法案允许缔约方政府在实

---

① 参见 David A. Gantz，C. Ryan Reetz，Guillermo Aguilar-Alvarez and Jan Paulsson，"Labor Rights and Environmental Protection Under NAFTA and Other US Free Trade Agreements［with Comments］，"（2011）42（2）*The University of Miami Inter-American Law Review*，pp. 330，340。

② 参见 David A. Gantz，C. Ryan Reetz，Guillermo Aguilar-Alvarez and Jan Paulsson，"Labor Rights and Environmental Protection Under NAFTA and Other US Free Trade Agreements［with Comments］，"（2011）42（2）*The University of Miami Inter-American Law Review*，pp. 341 - 342。

③ 参见 Marva Corley and Elizabeth Echeverria Manrique，*Labour Provisions in G7 Trade Agreements：A Comparative Perspective*，Geneva：International Labour Office，2019，p. 19，footnote 16。

施其各自劳动法规时保留自由裁量权，但此项自由裁量权不得妨碍其遵守自贸协定规定的相关义务。此外，该法案还强调要加强贸易伙伴在履行劳动标准义务方面的能力，并将劳工标准方面的义务与自贸协定规定的其他义务置于相同的争端解决机制和补救措施之下。[1]

由此可见，就美国自由贸易区劳工标准而言，除2002年以前签署的自由贸易协定之劳工标准外，其余劳工标准的实体性权利和程序性规则均有国内法上的依据，这体现了美国国内贸易和劳工政策的向外延伸。

3. 加拿大自由贸易区劳工标准的建立依据

自2001年第三届美洲国家首脑会议（Summit of the Americas）在魁北克举行以来，加拿大一直在推动将核心劳工标准纳入其贸易协定中。[2]不过，加拿大是在实践中逐渐发展出了自由贸易区劳工标准建立的指导性原则，主要内容包括：适用劳动法的义务；在协商与合作的基础上实施劳工标准；在独立的第三方协助下透明地解决劳动争端；发展合作与技术援助；在劳动立法（包括争端解决程序）与批准国际劳工公约之间，自由贸易区劳工标准的建立应首先符合国内劳动法的相关规定。[3]此外，为应对《北美自由贸易协定》的升级谈判，加拿大在2017年之后逐步发展出了"进步的贸易议程"（Progress Trade Agenda），主张国际贸易协定除纳入劳工议题外，还应强调包容性贸易，尤其应使妇女、土著人民和其他一些群体受益，因为从历史上看这些群体从贸易中获益较

---

① 参见 Marva Corley and Elizabeth Echeverria Manrique, *Labour Provisions in G7 Trade Agreements: A Comparative Perspective*, Geneva: International Labour Office, 2019, p. 19。

② 参见 Marva Corley and Elizabeth Echeverria Manrique, *Labour Provisions in G7 Trade Agreements: A Comparative Perspective*, Geneva: International Labour Office, 2019, p. 20。

③ 参见 Jean-Marc SIROËN, "Labour Provisions in Preferential Trade Agreements: Current Practice and Outlook," (2013) 152 (1) *International Labour Review*, p. 90。

少。① 然而，这些只是指导性原则，不具有法律约束力。

综上，由于世贸组织法对自由贸易区劳工标准没有统一规制，欧盟、美国和加拿大或是通过制定全球贸易战略，或是通过制定国内法，或是通过在实践中形成指导性原则，对各自自由贸易区劳工标准的建立提供政策或法律或指导性原则的依据。对此，有分析指出，无论通过哪一种方式将劳工标准与国际贸易建立起联系，这三个经济体都日渐将促进执行国际劳工标准视为一种贸易政策工具，同时，与劳工议题有关的目标的范围和深度也随着时间的推移而拓展。②

第三节　自由贸易区劳工标准建立的制度模式

一　欧盟自由贸易区劳工标准的制度模式

如前所述，欧盟已将尊重劳工权利纳入其与他方签订的自由贸易协定中。截至 2019 年，欧盟已签署并实施 18 个纳入劳工标准的自由贸易协定，主要包括《欧盟与巴勒斯坦民族权力机构贸易协定》（1997 年生效）、《欧盟与南非自由贸易协定》（2000 年生效）、《欧盟与摩洛哥自由贸易协定》（2000 年生效）、《欧盟与以色列自由贸易协定》（2000 年生效）、《欧盟与智利联系协定》（2003 年生效）、《欧盟与阿尔及利亚自由

---

① 参见 Dan Ciuriak，Cieriak Consulting INC.，"Canada's Progressive Trade Agenda and the NAF-TA Renegotiation，" https://papers. ssrn. com/sol3/papers. cfm? abstract_ id = 3055948，最后访问日期：2018 年 1 月 6 日。

② 参见 Marva Corley and Elizabeth Echeverria Manrique，*Labour Provisions in G7 Trade Agreements: A Comparative Perspective*，Geneva：International Labour Office，2019，p. 19。

贸易协定》（2005 年生效）、《欧盟与黑山联系协定》（2008 年生效）、
《欧盟与加勒比论坛国经济伙伴关系协定》（2008 年生效）、《欧盟与韩
国自由贸易协定》（2011 年临时生效）、《欧盟与哥伦比亚/秘鲁综合贸易
协定》（2013 年生效）、《欧盟与中美洲联系协定》（2013 年生效）、《欧
盟与乌克兰联系协定》（2014 年生效）、《欧盟与喀麦隆经济伙伴关系协
定》（2014 年临时生效）、《欧盟与摩尔多瓦联系协定》（2014 年生效）、
《欧盟与格鲁吉亚联系协定》（2014 年临时生效）、《欧盟与南部非洲发
展共同体经济伙伴关系协定》（2016 年生效）、《欧盟与加拿大全面经济
贸易协定》（2017 年临时生效）、《欧盟与日本经济伙伴关系协定》（2019
年生效）等。① 这些自由贸易协定中的劳工标准具有以下明显特征。②

1. 劳工标准权利内容互不相同，保护水平存在差异

首先，在欧盟纳入劳工标准的自由贸易协定中，劳工标准权利内容
互不相同。如 2008 年《欧盟与加勒比论坛国经济伙伴关系协定》，在其
投资章节规定，对于劳工标准，"将依据国际劳工组织 1998 年《宣言》
和国际劳工公约中关于结社自由、消除强迫劳动、废除童工、消除基于
工作场所的歧视的相关规定，进一步阐述"；③ 而在其社会事务章节，却
将劳工标准界定为"结社自由和集体谈判权、废除强迫劳动、消除最恶
劣形式的童工、消除就业领域的歧视"。④

其次，欧盟自由贸易协定劳工标准的保护水平存在差异。《欧盟与加

---

① 参见 Marva Corley and Elizabeth Echeverria Manrique, *Labour Provisions in G7 Trade Agree-ments: A Comparative Perspective*, Geneva: International Labour Office, 2019, pp. 50 – 52, footnote 24。

② 参见李西霞《欧盟自由贸易协定中的劳工标准及其启示》，《法学》2017 年第 1 期，第 107~110 页。

③ 《欧盟与加勒比论坛国经济伙伴关系协定》第 72 （b）条脚注。

④ 《欧盟与加勒比论坛国经济伙伴关系协定》第 191.1 条。

勒比论坛国经济伙伴关系协定》要求，各缔约方应努力进行"逐高竞争",① 持续完善劳动法规与政策;② 而《欧盟与韩国自由贸易协定》则明确规定，缔约方有权确定自己的劳动保护水平。③

由此可见，欧盟自由贸易协定的劳工标准权利内容并不完全一致，保护水平也存在差异。

2. 劳动争端解决程序互不相同，但均不采用强制性争端解决机制，并拒绝采用贸易制裁措施解决劳动争端

关于自由贸易协定下劳动争端的解决，欧盟主要采用政府磋商与专家组审查程序，而不采用强制性争端解决机制。另外，欧洲理事会于1999 年通过立场结论文件，明确拒绝采用贸易制裁措施解决劳工问题。④ 这是欧盟自由贸易协定下劳动争端解决最具特色的制度安排。

在欧盟纳入劳工标准的自由贸易协定中，劳动争端解决程序互不相同。如《欧盟与加勒比论坛国经济伙伴关系协定》规定，该协定实施过程中有关劳动争端的解决遵循磋商程序,⑤ 但没有设立相应机制。而新一代自由贸易协定的劳动争端解决机制已较为完善,⑥ 不仅设立了政府磋商与专家组审查程序，还建立了相关制度机构。如依据《欧盟与韩国自由贸易协定》，对和贸易与可持续发展章节相关的劳动争端，应通过政府磋商程序解决;⑦ 如若依据该磋商程序在规定的期间内无法解决，缔

① Christian Häberli, Marion Jansen and José-Antonio Monteiro, "Regional Trade Agreements and Domestic Labour Market Regulation," http://www.ilo.org/wcmsp5/groups/public/@ed_emp/documents/publication/wcms_180616.pdf, 最后访问日期: 2014 年 1 月 21 日。
② 参见《欧盟与加勒比论坛国经济伙伴关系协定》第 192 条。
③ 参见《欧盟与韩国自由贸易协定》第 13.3 条。
④ 参见 Council Conclusions of October 1999 on Trade and Labour。
⑤ 参见《欧盟与加勒比论坛国经济伙伴关系协定》第 195 条。
⑥ 参见陈志阳《多双边贸易协定中的国际核心劳工标准分析》,《国际贸易问题》2014 年第 2 期，第 60 页。
⑦ 参见《欧盟与韩国自由贸易协定》第 13.14 条。

约任何一方可请求建立专家组，专家组对所涉劳动争端进行审查并提出意见和建议；各缔约方应尽力落实这些意见和建议，① 但其并不具有约束力。

这表明，欧盟自由贸易协定中的劳动争端解决程序并不完全一致，但主要采用政府磋商与专家组审查程序，且均不适用强制性争端解决机制，并拒绝采用贸易制裁措施。

3. 新一代自由贸易协定劳工标准趋于范式化，但仍存在差异

欧盟新一代自由贸易协定劳工标准的构建范式，主要体现在四个方面：其一，在自由贸易协定中设置贸易与可持续发展章节来规定劳工事项；其二，援用核心劳工标准；其三，建立相关制度机构，并成立由缔约方代表组成的委员会，负责监督贸易与可持续发展章节相关规定的实施；其四，对劳动争端的解决，采用政府磋商和专家组审查程序，拒绝采用强制性争端解决机制，故各缔约方均不得采取强制性行动，以避免造成与其他缔约方的贸易中断。尽管这四个方面足以确认劳工标准"范式"的形成，② 但新一代自由贸易协定的劳工标准仍存在稍许差异。

如前所述，欧盟分别与韩国以及哥伦比亚/秘鲁签署的自由贸易协定，都要求遵守核心劳工标准；③ 但是，前者还规定，贸易与可持续发展章节所指"劳动"还涵盖与 1999 年国际劳工组织通过的《体面工作议程》、2006 年联合国经济及社会理事会通过的《创造就业机会和体面工作部长级宣言》等有关的事项；④ 而后者还要求，缔约方应保护合法移徙工

---

① 参见《欧盟与韩国自由贸易协定》第 13.15 条。

② 参见 James Harrison, Ben Richardson and Adrian Smith, "Working Beyond the Border? A New Research Agenda for the Evaluation of Labour Standards in EU Trade Agreements," (2015) *International Labour Review*, pp. 5 – 6。

③ 参见《欧盟与韩国自由贸易协定》第 13.4.3 条、《欧盟与哥伦比亚/秘鲁综合贸易协定》第 269 条。

④ 参见《欧盟与韩国自由贸易协定》第 13.2 条脚注。

人的权利。① 显而易见，欧盟新一代自由贸易协定劳工标准的权利内容不
尽相同。此外，在劳动争端解决的程序性规则方面也有所差异。欧盟分别
与韩国以及哥伦比亚/秘鲁签署的自由贸易协定，均拒绝采用强制性争端解
决机制，然而，前者只规定了政府磋商程序②与专家组程序③，后者则规
定了国内机制④、市民社会对话机制⑤、政府磋商程序⑥和专家组程序⑦。

综上所述，欧盟自由贸易协定劳工标准的制度模式有三个主要特征。
其一，欧盟在不同时期签订的自由贸易协定纳入的劳工标准权利内容互
有不同，且保护水平也存在差异。这一方面和国际社会在不同历史时期
对劳工与可持续发展之关系达成的共识有差异（如1998年国际劳工组织
《宣言》及2006年《创造就业机会和体面工作部长级宣言》有不同目
标）相关；另一方面也与欧盟在自贸协定中纳入劳工标准的政治意愿进
程，及由此带来的其向贸易伙伴推广相应的价值观相关。其二，欧盟自
贸协定的劳动争端解决程序亦互不相同，但均不采用强制性争端解决机
制，并拒绝采用贸易制裁措施解决劳工问题，形成了欧盟自由贸易协定
下劳动争端解决最具特色的制度安排。其三，欧盟新一代自由贸易协定
劳工标准趋于范式化，但仍存在差异。

二 美国自由贸易区劳工标准的制度模式

截至2019年，美国已在13个自由贸易区建立劳工标准，其分别依

---

① 参见《欧盟与哥伦比亚/秘鲁综合贸易协定》第276条。
② 参见《欧盟与韩国自由贸易协定》第13.14条。
③ 参见《欧盟与韩国自由贸易协定》第13.15条。
④ 参见《欧盟与哥伦比亚/秘鲁综合贸易协定》第281条。
⑤ 参见《欧盟与哥伦比亚/秘鲁综合贸易协定》第282条。
⑥ 参见《欧盟与哥伦比亚/秘鲁综合贸易协定》第283条。
⑦ 参见《欧盟与哥伦比亚/秘鲁综合贸易协定》第284条。

据美国与相关国家签订的劳工合作协定或自由贸易协定:《北美劳工合作
协定》以及美国与新加坡、智利、澳大利亚、巴林、摩洛哥、多米尼加
和 5 个中美洲国家、秘鲁、阿曼、约旦、韩国、巴拿马、哥伦比亚签订
并实施的自由贸易协定。① 虽然《美墨加协定》在生效后已取代《北美
自由贸易协定》及其附属协定《北美劳工合作协定》,但是最早在自贸
协定中纳入劳工标准的《北美自由贸易协定》对美国后续一系列自贸协
定劳工标准的发展产生了重要的影响,有必要一并研究。分析美国自由
贸易区劳工标准,可以发现以下主要特征。

1. 除北美自由贸易区外,其他自由贸易区的劳工标准权利内容均有
国内法上的依据,但相互之间存在差异,保护水平也各不相同

美国在其自由贸易区设立的劳工标准的权利内容及保护水平,具体
可分为三种情况。

其一,《北美劳工合作协定》纳入的 11 项劳工原则,是缔约国经过
协商谈判达成的,当时美国国内法并未对劳工原则的谈判提出具体要求,
也没有提及国际上承认的劳工标准。② 而关于 11 项劳工原则所涉权利的
保护水平,缔约方承担的协定义务仅为有效实施与 11 项劳工原则有关的
各自国内劳动法。③

其二,美国《2002 年贸易法》通过"贸易促进授权",并要求在国
际贸易协定中纳入劳工标准,这些要求体现在自 2002 年 8 月 6 日起开始
谈判至 2007 年 6 月 30 日前签署的自由贸易协定中。④ 如《美国与智利自

① 参见 Office of the United States Trade Representative, Free Trade Agreements, https://us-tr. gov/trade-agreements/free-trade-agreements,最后访问日期:2021 年 11 月 6 日。
② 参见《北美劳工合作协定》附录 1。
③ 参见《北美劳工合作协定》第 3 条。
④ 参见 David A. Gantz, C. Ryan Reetz, Guillermo Aguilar-Alvarez and Jan Paulsson, "Labor Rights and Environmental Protection Under NAFTA and Other US Free Trade Agreements [with Comments]," (2011) 42 (2) *The University of Miami Inter-American Law Review*, pp. 330, 340。

由贸易协定》将纳入的劳工标准界定为国际劳工组织1998年《宣言》中的基本劳工权利和国际上承认的劳工权利：结社自由，组织和集体谈判的权利，消除一切形式的强迫或强制劳动，童工就业的最低年龄和禁止最恶劣形式的童工，有关最低工资、工作时间、职业安全与健康的可接受的工作条件。同时规定，最低工资水平由各缔约国自主确定。① 关于保护水平，该协定要求缔约国努力保证前述劳工权利在各自国内法上得到承认和保护。② 显而易见，无论是劳工标准的权利内容还是保护水平，该协定与《北美劳工合作协定》都存在明显不同。

其三，2007年，美国两党达成《两党贸易协定》，要求自贸协定纳入更高水平的劳工标准，这些要求被纳入2007年以后签署的自由贸易协定中。如《美国与秘鲁自由贸易协定》规定，缔约国应在其国内法律法规和实践中"采纳和维持"国际劳工组织1998年《宣言》中的基本劳工权利，并具体列明权利内容，即结社自由和有效承认集体谈判权，消除一切形式的强迫或强制劳动，有效废除童工并禁止最恶劣形式的童工，在就业和职业方面消除歧视。③ 经比较分析可见，该协定援用国际劳工组织1998年《宣言》载明的基本劳工权利，既不同于《北美劳工合作协定》（因为其没有提及核心劳工标准），也不同于《美国与智利自由贸易协定》（因为其还援用国际上承认的劳工权利）。关于劳工标准的保护水平，该协定要求缔约国在其国内法律法规和实践中纳入国际劳工组织1998年《宣言》中的基本劳工权利；如一缔约国未能实施此规定，将在事实上构成违反协定，其他缔约国可依据此规定请求对方履行该项协定义务。显而易见，该协定劳工标准的保护水平明显高于《北美劳工合作协定》与《美国与智利自由贸易协定》。此外，《2015年贸易促进授

① 参见《美国与智利自由贸易协定》第18.8条。
② 参见《美国与智利自由贸易协定》第18.1条。
③ 参见《美国与秘鲁自由贸易协定》第17.2条。

权法》关于区域自贸协定纳入劳工标准的要求，① 基本上与 2007 年
《两党贸易协定》关于劳工标准的权利内容及保护水平的要求保持一
致，主要体现在《美墨加协定》中。《美墨加协定》要求缔约国在其
法律中"采纳和维持"两类劳工权利，前已述及，此处不赘。关于保
护水平，该协定要求缔约国在其国内法中纳入前述劳工权利并提供
保护。②

**2. 劳动争端解决程序不尽相同，并逐渐允许采用与贸易争端相同的
解决机制解决劳动争端**

不同的自由贸易协定设置了不同的劳动争端解决程序，并逐渐允许
采用与贸易争端相同的解决机制解决劳动争端。如依据 1994 年《北美劳
工合作协定》，解决劳动争端的程序有磋商程序③、专家评估程序④和仲
裁程序⑤。但这些程序的适用范围有明确限定，如专家评估程序仅适用
于技术性劳工标准争端，无权对非技术性劳工标准如结社自由和保护组
织权、集体谈判权以及罢工权进行审查；⑥ 仲裁程序仅适用于涉及违反
保护童工、最低工资与职业健康和安全方面的国内法律和法规的情形。

自 2007 年起，《两党贸易协定》开始允许劳动争端与贸易争端适用
同一争端解决机制，如《美国与秘鲁自由贸易协定》（但要求磋商程序

---

① 参见 Marva Corley and Elizabeth Echeverria Manrique, *Labour Provisions in G7 Trade Agree-ments: A Comparative Perspective*, Geneva: International Labour Office, 2019, p. 19, foot-note 16。
② 参见《美墨加协定》第 23.3 条。
③ 参见《北美劳工合作协定》第 21~22 条。
④ 参见《北美劳工合作协定》第 23~26 条。
⑤ 参见《北美劳工合作协定》第 27~41 条；Tamara Kay, "Legal Transnationalism, The Relationship Between Transnational Social Movement Building and International Law," (2011) 36 (2) *Law and Social Inquiry*, p. 431。
⑥ 参见《北美劳工合作协定》第 23 条；刘文军、王祎主编《国际劳工标准案例评析》，中国劳动社会保障出版社，2009，第 158 页。

是启动该争端解决机制的前置程序）。① 《美墨加协定》也作出类似规定。② 这些规定明显有别于《北美劳工合作协定》中的劳动争端解决的规定，凸显了劳工标准实施力度的加大，并为美国政府启动争端解决程序提供了法律基础。③

3. 劳动争端解决的救济措施有所差别，并允许采用贸易制裁措施解决劳工问题

对于劳动争端的解决，《北美劳工合作协定》规定了三种救济措施。一是制定和实施当事方认可的行动计划。④ 二是罚款。如果所涉当事方未能有效实施上述行动计划，且存在未能有效实施其国内法中和保护童工、最低工资以及职业安全与健康相关的法律法规的一贯行为模式，可裁定当事方缴纳罚款。罚款数额在该协定生效之日起第一年内，不得超过 2000 万美元；在此之后，不得超过有关数据可查的最近一年争端双方产品贸易总额的 0.007%。⑤ 三是中止利益。若所涉缔约方在规定的期限内拒绝缴纳罚款，缔约另一方可中止给予其在《北美自由贸易协定》下的贸易利益，中止利益的数额不得超过罚款的数额。⑥ 在此尤其需要指出的是，罚款措施与中止利益措施在劳工问题与贸易制裁措施之间建立起联系，表现为罚款和中止利益的数额与产品贸易总额挂钩，显示出特定类型劳工标准的执行力。

---

① 参见《美国与秘鲁自由贸易协定》第 17.7 条。

② 《美墨加协定》第 23.17.12 条规定了劳动磋商程序作为主协定争端解决机制的前置程序。

③ 参见 David A. Gantz, C. Ryan Reetz, Guillermo Aguilar-Alvarez and Jan Paulsson, "Labor Rights and Environmental Protection Under NAFTA and Other US Free Trade Agreements [with Comments]," (2011) 42 (2) *The University of Miami Inter-American Law Review*, p. 350。

④ 参见《北美劳工合作协定》第 38 条。

⑤ 参见 Jean-Marc SIROËN, "Labour Provisions in Preferential Trade Agreements: Current Practice and Outlook," (2013) 152 (1) *International Labour Review*, pp. 90 – 91；《北美劳工合作协定》第 39 条和附录第 1 条。

⑥ 参见《北美劳工合作协定》第 41 条。

《美国与秘鲁自由贸易协定》则规定了命令、处罚和临时关闭工作场所措施,① 但并没有规定具体的适用条件。这些措施不同于上述《北美自由贸易协定》下的制裁措施。

《美墨加协定》劳动争端的救济措施更加多样化,不仅包括消除不符合协定或使利益丧失、减损的情形,或者提供双方可接受的赔偿,或者争端方可能同意的任何其他补救措施,② 还包括中止利益,③ 而且扩大了该协定下贸易制裁的适用范围,使核心劳工标准、最低工资、工作时间、职业安全与健康皆为可执行的劳工标准,如若违反,将施以缴纳赔偿金和中止贸易利益的制裁。

综上分析可见,美国国内法上关于自由贸易协定劳工标准的不同要求,促成了美国自由贸易协定劳工标准的上述特征,同时体现出不同时期美国国内贸易和劳工政策向外延伸的内容。

三 加拿大自由贸易区劳工标准的制度模式

截至 2019 年,在加拿大签署的 14 个自贸协定中,有 12 个纳入劳工标准。在这 12 个纳入劳工标准的自贸协定中,有 8 个通过附属劳工合作协定建立劳工标准:《北美劳工合作协定》(加拿大、美国和墨西哥,1994 年生效,后被 2020 年 7 月 1 日生效的《美墨加协定》取代)、《加拿大与智利劳工合作协定》(1997 年生效)、《加拿大与哥斯达黎加劳工合作协定》(2002 年生效)、《加拿大与秘鲁劳工合作协定》(2009 年生效)、《加拿大与哥伦比亚劳工合作协定》(2011 年生效)、《加拿大与约旦劳工合作协定》(2012 年生效)、《加拿大与巴拿马劳工合作协定》

---

① 参见《美国与秘鲁自由贸易协定》第 17.4.6 条。
② 参见《美墨加协定》第 31.18.2 条。
③ 参见《美墨加协定》第 31.19 条。

（2013 年生效）、《加拿大与洪都拉斯劳工合作协定》（2014 年生效）。有
4 个是在主协定文本中纳入劳工标准：《加拿大与韩国自由贸易协定》
（2015 年生效）、《加拿大与乌克兰自由贸易协定》（2017 年生效）、《欧
盟与加拿大全面经济贸易协定》（2017 年临时生效）、《全面与进步跨太
平洋伙伴关系协定》（2018 年生效）。① 加拿大自由贸易区劳工标准的建
立依据是在实践中形成的指导性原则，因此在处理国际贸易与劳工标准
的关系方面，加拿大从技术层面作出了创新性制度安排，即通过附属劳
工合作协定纳入劳工标准并设立劳动争端解决机制，避免劳动争端与贸
易争端适用同一解决机制，以阻却劳工标准与贸易制裁直接挂钩，加拿
大的这种制度安排极具特色。然而，2015 年《加拿大与韩国自由贸易协
定》及其他 3 个自贸协定却改变了这种通过附属劳工合作协定纳入劳工
标准的模式，转而采用在主协定中设专章对劳工事项进行规定的方式；
另外，其允许在特定情形下采用与贸易争端相同的解决机制解决劳动争
端，并允许采用贸易制裁措施。这一最新制度发展趋势值得特别关注，
因为它已显露出与美国近期签订的自由贸易协定之劳工标准模式趋同的
迹象。

1. 通过附属劳工合作协定或在自由贸易主协定中纳入劳工标准，其
权利内容存在差异，保护水平也互不相同

首先，1994 年《北美劳工合作协定》是加拿大、美国和墨西哥签订
的国际协定，因此该协定规定的 11 项劳工原则适用于加拿大，前面已作
介绍，此处不再赘述。其次，2009 年《加拿大与秘鲁劳工合作协定》具
体规定了两类劳工标准：一类与国际劳工组织 1998 年《宣言》相关，具
体指结社自由和集体谈判权（包括组织权和罢工权）、消除一切形式的

---

① 参见 Marva Corley and Elizabeth Echeverria Manrique，*Labour Provisions in G7 Trade Agree-
ments：A Comparative Perspective*，Geneva：International Labour Office，2019，pp. 15，48 -
49。

强迫或强制劳动、有效废除童工（包括保护儿童和青年人）、消除就业和职业歧视；另一类和1999年国际劳工组织《体面工作议程》有关，具体包括有关最低工资、工作时间、职业安全与健康的可接受的工作条件，缔约国在工作条件方面向移徙工人提供与其国民同等的法律保护。① 它们与《北美劳工合作协定》规定的11项劳工原则明显有别。再次，2015年《加拿大与韩国自由贸易协定》将纳入的劳工标准界定为"国际上承认的劳工权利"，具体包括：有效承认结社自由和集体谈判权；禁止强迫或强制劳动；有效废除童工和禁止最恶劣形式的童工；消除就业和职业歧视；可接受的最低就业标准，如工薪阶层（包括未签订集体协议的劳动者）的最低工资和加班工资；预防工伤和职业病；对工伤和职业病的补偿；消除对移徙工人在工作条件方面的歧视。② 最后，2018年《全面与进步跨太平洋伙伴关系协定》要求缔约国在国内法和相关实践中"采纳和维持"两类劳工权利，前已述及，此处不赘。这些显示，加拿大在不同自由贸易区建立的劳工标准的权利内容并不完全相同。

就保护水平而言，《北美劳工合作协定》将其界定为实施与11项劳工原则有关的各缔约国国内劳动法；加拿大分别与秘鲁和韩国设定的劳工标准的保护水平为缔约国各自国内劳动法提供的保护水平并涵盖国际上承认的劳工权利；③《全面与进步跨太平洋伙伴关系协定》则要求，缔约国应在国内法和相关实践中"采纳和维持"两类劳工权利并提供法律保护。

总之，加拿大在不同自由贸易区建立的劳工标准的权利内容及保护水平各不相同，这主要与前述论及的加拿大自由贸易区劳工标准的建立依据密切相关，其建立依据仅为指导性原则，不具有约束力，因此其权

---

① 参见《加拿大与秘鲁劳工合作协定》第1条。
② 参见《加拿大与韩国自由贸易协定》第18.2条。
③ 参见《加拿大与秘鲁劳工合作协定》第1条、《加拿大与韩国自由贸易协定》第18.2条。

利内容及保护水平呈现出较大的灵活性。此外，这些指导性原则也使加拿大在不同的自由贸易协定中设置了不完全相同的劳动争端解决程序，制裁措施的采用情况也不尽相同，见以下部分论述。

2. 劳动争端解决程序各不相同，并允许在特定情形下采用与贸易争端相同的解决机制解决劳动争端

加拿大在其纳入劳工标准的不同自由贸易协定中，设置了不同的劳动争端解决程序，具体包括劳动磋商程序、审查程序（review panel）、仲裁程序，并允许在特定情形下采用与贸易争端相同的解决机制解决劳动争端。然而，它们并不是都设置于每一个自贸协定中，而是在不同的自贸协定中被选择性采用。首先，劳动磋商程序被纳入所有的自由贸易协定中，适用最为广泛。[①] 其次，审查程序被纳入绝大多数自由贸易协定中，适用较为广泛。[②] 再次，仲裁程序只在《北美劳工合作协定》中设置，且其适用范围受到严格限制，前已述及，此处不赘。最后，贸易争端的解决机制用于解决劳动争端仅规定于两个自贸协定中。其一，2015年《加拿大与韩国自由贸易协定》规定，劳动争端仅在审查程序中被认定实质上与贸易或投资有关时，才能适用该协定第21章规定的争端解决机制，其适用被严格限制，[③] 这一规定强化了特定情形下劳工标准的实施水平，并在实质上将劳工标准的保护范围限定于与贸易或投资相关的事项，这极有可能对正常的贸易关系产生负面影响。其二，《全面与进步跨太平洋伙伴关系协定》规定，劳动争端可适用第28章规定的争端解决

---

① 如《北美劳工合作协定》第21条、第22条和第27条，《加拿大与秘鲁劳工合作协定》第11条和第12条，《加拿大与韩国自由贸易协定》第18.12条、第18.13条和第21.4条。

② 如《北美劳工合作协定》第23~26条、《加拿大与秘鲁劳工合作协定》第13~21条、《加拿大与韩国自由贸易协定》第18.14~18.18条。

③ 参见《加拿大与韩国自由贸易协定》第18.14条和第18.24条。

机制,但第 19 章规定的劳动磋商程序为其前置程序。《全面与进步跨太平洋伙伴关系协定》为美国主导制定,因此该协定主要体现了美国自贸协定的劳工标准模式。

3. 通过附属劳工合作协定设置单独的劳动争端解决机制,进而阻却劳工问题与贸易制裁措施发生关联

国际贸易与劳工标准关系的焦点之一,是可否通过采取贸易制裁措施来解决劳工问题。这个问题在加拿大自由贸易协定中得到了较好的处理,加拿大主要是通过签署附属劳工合作协定作出制度安排。如《北美劳工合作协定》和《加拿大与秘鲁劳工合作协定》都通过附属协定设置单独的劳动争端解决机制,但前者在劳工问题的解决与国际贸易之间建立起联系,罚款数额与特定期间的贸易量相关,并与中止利益数额相当;而后者则对其作出重大修正,阻却劳工问题与贸易制裁措施发生关联,①对罚款设置限额,②并排除适用中止利益措施。这说明,加拿大通过附属劳工合作协定建立劳工标准,当侵害劳动者权利的违反协定行为与贸易相关且可处罚时,可以通过附属协定中限定数额的罚款提供补救,而不采取与贸易量相关的罚款或中止利益等贸易制裁措施。通过限定数额的罚款而非基于贸易量或贸易利益额的罚款解决劳动争端,这种制度安排在一定程度上阻却了劳工问题与贸易制裁措施的关联,它既在贸易协定中纳入劳工标准,不致使缺乏劳工标准成为自由贸易协定谈判的障碍,又在附属协定(除美国主导的《北美劳工合作协定》外)中作出制度安

---

① 参见 Ian F. Fergusson et al. , "The Trans-Pacific Partnership Negotiations and Issues for Congress(R42694)," in Congressional Research Service Report for Congress, 17 June 2013, at 41。

② 《加拿大与秘鲁劳工合作协定》附件 4 第 1 条规定,"罚款金额每年不得超过 1500 万美元或以被申诉方货币计算的等值金额"(The amount of the assessment shall not exceed 15 million U. S. dollars annually, or its equivalent in the currency of the Party complained against)。

排，阻却劳工标准与贸易制裁措施的直接关联，即便缔约国不遵行协定中关于劳工权利的规定，它也只需以限定数额的罚款提供补救，而不必采取与贸易量或贸易利益额相关的罚款这种措施，从而排除了影响贸易正常化的制裁措施的适用。可以说，这项制度是加拿大关于劳工问题与贸易关系的一项最具特色的制度安排，它展示了加拿大在处理国际贸易与劳工问题上的灵活性和创新性，同时显现出其对国际法的娴熟运用。加拿大这一独特的制度安排，对我国具有高度借鉴意义。

当然，这项制度不排除加拿大一些自贸协定关于劳动争端解决和救济措施的其他制度安排，如《全面与进步跨太平洋伙伴关系协定》允许采用贸易争端的解决机制解决劳动争端，劳动争端解决的救济措施包括消除违反协定的情形①、赔偿②、中止利益③和支付罚款④。赔偿、中止利益和支付罚款都意味着制裁，将这些措施与劳工问题的解决联系起来，凸显了劳工权利的可执行性。

由此可见，加拿大在不同自由贸易区建立了各不相同的劳工标准，保护水平也存在差异，并适用互不相同的争端解决程序和救济措施，但最具特色的是通过附属劳工合作协定建立单独的劳动争端解决机制，并在一定程度上阻却贸易制裁措施的适用。有研究认为，加拿大政府实际上是支持它与秘鲁签订的劳工合作协定中的劳工标准的制度安排，即通过签署附属劳工合作协定设立劳工标准；当侵害劳工权利的违法行为与贸易相关且可处罚时，劳工权利可通过设定限额的罚款补救，⑤ 进而在

---

① 参见《全面与进步跨太平洋伙伴关系协定》第28.19条。
② 参见《全面与进步跨太平洋伙伴关系协定》第28.20.1条。
③ 参见《全面与进步跨太平洋伙伴关系协定》第28.20.2条。
④ 参见《全面与进步跨太平洋伙伴关系协定》第28.20.7条。
⑤ 参见 Ian F. Fergusson et al. , "The Trans-Pacific Partnership Negotiations and Issues for Congress（R42694），" in Congressional Research Service Report for Congress，17 June 2013，at 41。

一定程度上阻却劳工问题与贸易制裁措施发生进一步关联。

综上分析可见，欧盟、美国和加拿大自由贸易区的劳工标准模式既存在共性，又具有各自的特征，以下详细论述。

第四节　自由贸易区劳工标准模式的发展特征

一　欧盟、美国和加拿大自由贸易区劳工标准模式的发展特征

1. 欧盟、美国和加拿大对自贸协定劳工标准的处理方式存在显著差异

欧盟更多地依赖国际劳工组织的议程，包括承诺批准其基本劳工公约。欧盟自贸协定劳工标准模式是一种促进性方法。它意味着自贸协定中的劳工条款"不会将遵守劳工标准与经济后果挂钩，而是提供了一个对话、合作和/或监督的框架"。而美国自贸协定劳工标准模式主要是指要求缔约国在国内法中纳入国际劳工组织 1998 年《宣言》中的基本劳工权利，涉及前提条件的使用。这相当于自贸协定包含劳工条款，使自贸协定的缔结以遵守特定劳工标准为条件（批准前的条件）和/或以在已缔结的自贸协定中授权在违反劳工标准的情况下实施制裁为条件（批准后的条件）。① 加拿大政府实际上是支持《加拿大与秘鲁劳工合作协定》中的劳工标准的制度安排，将劳工权利纳入附属劳工合作协定中，当侵

---

① 参见 Aneta Tyc, *Global Trade, Labour Rights and International Law: A Multilevel Approach*, London: Routledge, 2021, p. 143。

害劳动者权利的违法行为与贸易相关且可处罚时，劳工权利可通过设定限额的罚款补救，① 以阻却劳工问题与贸易制裁性措施的关联。② 虽然美国和加拿大都使用"基于制裁的"方法，但美国模式下，罚款数额与特定期间的贸易量相关，并与中止利益额相当；而加拿大则对其作出重大修正，对罚款设置限额，并排除适用中止利益措施。

2. 欧盟、美国和加拿大对自贸协定劳工标准权利内容的界定存在不同

自贸协定是在协定缔约方之间通过谈判达成的，对各缔约方具有约束力。除非协定另有规定，否则所有缔约方，不论其发展水平如何，都必须真诚地遵守协定规定。这些自贸协定可能包括软法性质的劳动条款，如作出承诺（"缔约方应努力"），以及硬性法律义务（"缔约方应执行"或"不得放弃"）。这些规定，不论是软法条款还是硬法义务，都指具体的原则、标准和规则。例如，有些自贸协定要求缔约方承诺有效实施国内劳动法（在这种情况下，有些协定还明确提到理解劳动法涉及的内容）或国际原则和标准。③ 自贸协定最经常援用的是国际劳工组织 1998 年《宣言》，还会援用国际劳工组织的劳工公约（主要是基本劳工公约）、1999 年国际劳工组织《体面工作议程》和 2008 年《国际劳工组织关于争取公平全球化的社会正义宣言》，也会援用其他劳工标准，如可接

---

① 参见《加拿大与秘鲁劳工合作协定》第 19 条和附件 4。

② 参见 Ian F. Fergusson et al.，"The Trans-Pacific Partnership Negotiations and Issues for Congress（R42694），" in Congressional Research Service Report for Congress，17 June 2013，at 41。

③ 在美国和加拿大的一些协定中，劳动法是指有关国际公认的劳动权利的法律法规。一些自贸协定如《北美自由贸易协定》，排除了不歧视原则。另外有些协定，特别是美国签署的协定，明确提到由哪个政府机关颁布此类法律，以便各缔约方可以考虑这些法律。参见 Marva Corley and Elizabeth Echeverria Manrique，*Labour Provisions in G7 Trade Agreements：A Comparative Perspective*，Geneva：International Labour Office，2019，p. 23，footnote 1。

受的最低工作条件。①

  对此，欧盟、美国和加拿大传统上均在其自贸协定中纳入有效实施劳动法的义务。此类法律包括具体的权利和原则，即国际劳工组织基本劳工公约所载国际公认的核心劳工标准（internationally recognized core labour standards as contained in the ILO fundamental conventions，欧盟的做法，欧盟一贯要求缔约方承诺有效实施已批准的国际劳工公约，并承担义务努力批准所有基本劳工公约），国际劳工组织 1998 年《宣言》所载的基本劳工权利（the rights stated in the ILO 1998 Declaration，美国的做法），"国际公认的劳工权利"（internationally recognized labour rights，加拿大的做法）。② 加拿大自《北美劳工合作协定》生效以后，一直将"移徙工人在工作条件方面不受歧视的权利"作为"国际公认的劳工权利"的一部分，但《全面与进步跨太平洋伙伴关系协定》是例外，其仅将这种权利作为合作问题纳入协定。③ 欧盟、美国和加拿大的自贸协定均规定，构成对上述义务的违反，是发生了未有效实施义务的情形且存在持续的或反复的作为或不作为，加拿大和美国在其协定的上述义务方面增加了劳工问题与贸易的关系，而欧盟仅在与日本的协定中涉及这一关系。④

---

① 参见 Marva Corley and Elizabeth Echeverria Manrique, *Labour Provisions in G7 Trade Agreements: A Comparative Perspective*, Geneva: International Labour Office, 2019, p. 23, footnote 1。

② 参见 Marva Corley and Elizabeth Echeverria Manrique, *Labour Provisions in G7 Trade Agreements: A Comparative Perspective*, Geneva: International Labour Office, 2019, p. 23。

③ 参见 Marva Corley and Elizabeth Echeverria Manrique, *Labour Provisions in G7 Trade Agreements: A Comparative Perspective*, Geneva: International Labour Office, 2019, pp. 23 – 24, footnote 23。

④ 参见 Marva Corley and Elizabeth Echeverria Manrique, *Labour Provisions in G7 Trade Agreements: A Comparative Perspective*, Geneva: International Labour Office, 2019, p. 24, footnote 24。

3. 欧盟、美国和加拿大自贸协定劳动争端解决机制各有特点

第一，欧盟自由贸易协定中的劳工条款大多是促进性的，劳动争端解决主要适用政府磋商程序和审查程序，排除强制性争端解决机制的适用。解决争端的处理意见和建议，不具有强制约束力。① 这是欧盟在自贸协定劳动争端解决机制方面与美国和加拿大的最大不同之处。

第二，美国在其纳入劳工标准的自由贸易协定中，设置了不同的劳动争端解决程序，包括磋商程序、专家评估程序、仲裁程序，并在符合规定的条件下采用与贸易争端相同的解决机制解决劳动争端。自 2007 年起开始允许劳动争端与贸易争端适用同一解决机制，是美国自由贸易协定劳动争端解决机制的最大特色之一，这是美国国内法要求所致。如《美国与韩国自由贸易协定》规定，劳动争端的解决可适用第 21 章规定的争端解决机制，虽然劳动争端诉诸该机制被严格限制，但该机制强化了劳工标准的实施水平，同时也实质性地将劳工标准的保护范围限定于与贸易相关的事项。也就是说，美国趋于采用可执行的劳工标准，允许采用贸易争端的解决机制解决劳动争端。

第三，加拿大自由贸易区劳动争端解决机制，或是通过劳工合作协定或是通过自贸协定设置，具体有磋商程序、审查程序、仲裁程序以及与贸易争端的解决相同的机制。不过，劳动争端与贸易争端的解决适用同一机制仅被设置在《加拿大与韩国自由贸易协定》中，该协定规定劳动争端实质上与贸易或投资有关时才能适用第 21 章规定的争端解决机制。虽然加拿大新近出现了这种规定，但其主要仍是通过劳工合作协定设立单独的劳动争端解决机制，避免劳动争端与贸易争端的解决适用同一解决机制，这是加拿大劳动争端解决机制的最大特色。

---

① 参见《欧盟与韩国自由贸易协定》第 13. 15 条。

4. 欧盟、美国和加拿大自贸协定劳动争端解决的救济措施各具特色

第一，欧盟自由贸易协定拒绝采用贸易制裁措施解决劳工问题，因此，任一缔约方均不得采取措施，旨在中止对其他缔约方的贸易利益，这种制度安排与欧盟自身政治方面的可接受性有关。① 欧洲理事会于1999 年通过立场结论文件，对贸易与劳工的关系问题予以阐述，明确拒绝以贸易制裁措施解决劳工问题。② 因此任何缔约方都不得采取行动，旨在导致其他缔约方贸易利益的中止。③ 可以说，在欧盟自贸协定劳工标准模式下，对于涉及侵犯劳动权利的争端，缺乏有效的执行机制。同时，也不可能诉诸司法管辖程序。比如，2017 年临时生效的《欧盟与加拿大全面经济贸易协定》不允许使用主协定争端解决机制解决劳工问题，④ 因而也无法采用该争端解决机制下的制裁措施。⑤ 因此，在很大程度上，是否遵守专家组的调查结果是由有关缔约方自行决定的。⑥

第二，美国在劳工问题和贸易制裁措施之间建立起联系，如《北美劳工合作协定》设定的罚款机制和中止利益机制均在劳工问题与贸易制裁措施之间建立起直接联系，具体体现为罚款数额和中止利益的数额均与贸易量挂钩，这显示出特定劳工标准的可执行性。《美墨加协定》劳动争端的救济措施更加多样化，不仅包括消除不符合协定或使利益丧失、

---

① 参见 James Harrison, Ben Richardson and Adrian Smith, "Working Beyond the Border? A New Research Agenda for the Evaluation of Labour Standards in EU Trade Agreements," (2015) *International Labour Review*, p. 6。

② 参见 Council Conclusions of October 1999 on Trade and Labour。

③ 参见 James Harrison, Ben Richardson and Adrian Smith, "Working Beyond the Border? A New Research Agenda for the Evaluation of Labour Standards in EU Trade Agreements," (2015) *International Labour Review*, p. 6。

④ 参见《欧盟与加拿大全面经济贸易协定》第 23.11.1 条。

⑤ 参见《欧盟与加拿大全面经济贸易协定》第 29.14.1 条。

⑥ 参见 Aneta Tyc, *Global Trade, Labour Rights and International Law: A Multilevel Approach*, London: Routledge, 2021, p. 163。

减损的情形，或者提供双方可接受的赔偿，或者争端方可能同意的任何其他补救措施，① 还包括中止利益。②

第三，除与韩国签署的自由贸易协定等少数协定外，加拿大主要通过附属劳工合作协定建立单独的劳动争端解决机制，对因违反协定而产生的任何不利影响造成的后果施以罚款，不过罚款数额设有上限，并排除适用中止利益措施。③ 但《欧盟与加拿大全面经济贸易协定》不允许使用制裁措施解决劳工问题。

总的来说，在劳动义务的实施方面，欧盟和加拿大都与美国有重大不同。欧盟解决劳动争端的方法是通过政治压力进行协商和说服。如果无法达成一致从而解决问题，则交由第三方进行独立审查。虽然不能诉诸制裁，但有制度安排使当事方参与纠正违反协定的情形。④ 而目前美国和加拿大的实践是建立一种劳动争端解决机制，包括政府间的磋商程序、专家组审查的程序，以及在不遵守协定对当事方之间的贸易或投资产生影响时实施制裁。但是并非所有自贸协定都包括制裁措施，制裁可能意味着中止利益或罚款。贸易制裁主要是美国的做法。加拿大通常使用罚款，但在《全面与进步跨太平洋伙伴关系协定》下，加拿大已接受该协定中的中止利益措施。⑤ 美国对自贸协定中劳动义务的实施是根据其立法谈判目标（legislative negotiating objective）来推进的，即"确保

---

① 参见《美墨加协定》第 31.18.2 条。

② 参见《美墨加协定》第 31.19 条。

③ 例见 Canada-Korea Free Trade Agreement（n 34）Annex 18 - E，para 3。概述参见 ILO，*Assessment of Labour Provisions in Trade and Investment Arrangements*，Geneva：ILO，2016，pp. 47 - 52。

④ 参见 Marva Corley and Elizabeth Echeverria Manrique，*Labour Provisions in G7 Trade Agreements：A Comparative Perspective*，Geneva：International Labour Office，2019，pp. 41 - 42。

⑤ 参见 Marva Corley and Elizabeth Echeverria Manrique，*Labour Provisions in G7 Trade Agreements：A Comparative Perspective*，Geneva：International Labour Office，2019，p. 5。

可执行的劳动义务与协定下其他可执行义务适用相同的争端解决机制和救济措施"。①

5. 在自贸协定劳工标准权利内容方面,欧盟采取最低纲领主义模式,而美国和加拿大采取最低纲领主义和统一劳工标准并存模式

自由贸易区劳工标准建立的最低纲领主义模式,是指把缔约方层面已有的法律原则复制到区域层面法律中,② 这可以从欧盟自由贸易区劳工标准与北美自由贸易区劳工标准中得到启示。前者大多援用国际劳工组织 1998 年《宣言》载明的基本原则与权利,这主要与欧盟所有成员国都批准了 8 项基本劳工公约有关。而后者确立了 11 项劳工原则,但仅要求缔约方实施与 11 项劳工原则相关的各缔约国国内劳动法,没有为各缔约国建立共同的最低劳工标准。在这种模式下,缔约国不必对其国内法律作出太多修改,这在现实中符合出口导向企业的需求并得到了它们的支持,因为这些企业绝大多数长期在国内环境中经营,它们欢迎自由贸易区开放市场但并不希望相关法律作出改变。如《北美劳工合作协定》明确承认罢工与组织工会权,因为三个缔约国都已经在国内法律制度中赋予工人这种权利。在加拿大,罢工和组织工会权早在 1967 年《公共机构工作人员关系法》和 1971 年《劳工法典》中就已经存在,在省一级的法律中也有平行的或更具体的规定。而墨西哥则通过 1917 年《宪法》(第 123 条)承认罢工与组织工会权,并于 1931 年通过《联邦劳动法》对该项权利作出具体规定。在美国,1935 年《国家劳工关系法》(《瓦格

---

① 19 USC 4201 (b) (10) (H). 参见 Lorand Bartels, "Human rights, Labour Standards, and Environmental Standards in CETA," in Stefan Griller, Walter Obwexer and Erich Vranes (eds.), *Mega-Regional Trade Agreements: CETA, TTIP, and TISA*, Oxford: Oxford University Press, 2017, p. 208。

② 参见〔美〕弗朗切斯科·迪纳《自由贸易的社会建构——欧洲联盟、北美自由贸易协定及南方共同市场》,黄胜强、许铭原译,中国社会科学出版社,2009,第 6、84~88、201 页。

纳法》）对罢工和组织工会权予以承认。^① 然而，三个缔约国在这些措施的范围和实施情况上差别较大，^② 如美国法律允许永久替代罢工工人或歧视性解雇工会积极分子。^③ 但《北美劳工合作协定》并没有去协调这些差别，只要求各缔约国承诺遵守其国内现行法律。

最低纲领主义模式在欧盟、美国和加拿大自由贸易区劳工标准的构建上都有体现。此外，美国和加拿大采用统一劳工标准模式的趋势在明显加强。如《美国与秘鲁自由贸易协定》和《加拿大与韩国自由贸易协定》都规定，缔约国应保证其各自国内劳动法"包含并保护"（embody and protect）国际上承认的劳动权利，对劳工标准提出统一要求。

二 欧盟、美国和加拿大自由贸易区劳工标准模式的共性特征

欧盟、美国和加拿大自由贸易区劳工标准虽然显示出上述差异性，但从宏观层面看也表现出一些共性。其一，欧盟、美国和加拿大自由贸易区劳工标准的建立有其各自的政策或法律或指导性原则依据。其二，援用国际劳工组织1998年《宣言》的基本劳工权利的趋势明显加强。其三，自由贸易区劳工标准保护水平的差异性凸显灵活的制度安排。如北美自由贸易区劳工标准保护水平为实施与该协定规定的11项劳工原则相

---

① 参见〔美〕弗朗切斯科·迪纳《自由贸易的社会建构——欧洲联盟、北美自由贸易协定及南方共同市场》，黄胜强、许铭原译，中国社会科学出版社，2009，第138页。

② 如美国和加拿大关于罢工权的规定（尤其是公共部门职员享有的罢工权），以及墨西哥在这一领域存在的限制。参见〔美〕弗朗切斯科·迪纳《自由贸易的社会建构——欧洲联盟、北美自由贸易协定及南方共同市场》，黄胜强、许铭原译，中国社会科学出版社，2009，第138页。

③ 参见 Lance Compa, "Enforcing Worker Rights Under the NAFTA Labor Side Accord," (1994) 88 *Proceedings of the Annual Meeting* (*American Society of International Law*), p. 537。

关的各缔约国国内劳动法，而《加拿大与秘鲁劳工合作协定》则明确要求，缔约国在劳工标准保护方面的义务仅仅与贸易问题相关。① 然而，判定劳动争端与贸易相关，在实践中难度较大，主观性较强，已成为缔约国现实中规避协定义务的借口。以下详述主要共性。

1. 欧盟、美国和加拿大已将劳动政策视为其贸易政策的一个基本层面

欧盟、美国和加拿大或是通过制定全球贸易战略，或是通过制定国内法，或是通过建立指导性原则，对其各自自由贸易区劳工标准的建立进行规制或提供政策指引。欧盟关于自由贸易协定劳工标准的新要求，成为新一代自由贸易协定劳工标准范式化的形成依据。美国在国内法中明确要求在其签订的自由贸易协定中纳入劳工标准，为其自由贸易协定劳工标准提供法律依据。加拿大在实践中逐渐形成了构建自由贸易区劳工标准的相关原则，为其自由贸易协定纳入劳工标准提供了国家层面的政策支撑。无论是欧盟关于新一代自由贸易协定劳工标准的要求，还是美国国内法上的要求，抑或是加拿大在实践中发展出的指导性原则，都是在宏观层面或法律层面发展出的定型的政策原则或法律要求，能够为自由贸易协定纳入劳工标准提供国家层面的政策支撑或法律依据。对此，国际劳工组织的一项研究指出，欧盟、美国和加拿大已将促进实施和保护劳工标准作为其贸易政策的一个基本层面（an underlying dimension of trade policy），这既体现在贸易政策战略文件中，也反映在越来越多自贸协定纳入劳工标准上。② 自贸协定中纳入的劳工标准的发展演变，反映了各经济体通过协定更全面地促进劳工权利实现的意图，同时，与劳工

---

① 参见《加拿大与秘鲁劳工合作协定》第26条。

② 参见 ILO，*Assessment of Labour Provisions in Trade and Investment Arrangements*，Geneva：ILO，2016，p.57。

问题有关的目标的深度和范围也随着时间的推移拓展。① 此外，欧盟、美国和加拿大将自贸协定劳工条款既视为治理工具，又视为合作框架，要求缔约国遵循劳工标准，并运行利益相关方参与和促进对话、监督和交流劳工问题信息的机制。②

2. 不同程度地援用国际劳工组织 1998 年《宣言》的基本劳工权利界定协定义务

基本劳工权利是指国际劳工组织 1998 年《宣言》载明的工作中的基本原则与权利，它们是国际劳工标准的重要组成部分。相关研究结果显示，已有越来越多的自由贸易协定援用部分或全部基本劳工权利内容。2013 年，在自由贸易协定纳入的劳工条款中，约有 4/5 援用基本劳工权利，1/5 左右援用其他劳工公约的相关标准。③ 此外，近年来欧盟、美国和加拿大签署并实施的纳入劳工标准的自贸协定，均包含基本劳工权利，这些自贸协定如 2017 年《欧盟与加拿大全面经济贸易协定》（临时生效）、2018 年《全面与进步跨太平洋伙伴关系协定》和 2020 年《美墨加协定》。这表明，国际劳工组织 1998 年《宣言》的基本劳工权利已成为自由贸易协定援用频次最多的国际劳工标准，影响也最大，逐步被自由贸易协定缔约方广泛接受，这种趋势体现在欧盟、美国、加拿大的自由贸易协定中。

第一，在欧盟纳入劳工标准的自由贸易协定中，虽然劳工标准的实

① 参见 Marva Corley and Elizabeth Echeverria Manrique, *Labour Provisions in G7 Trade Agreements: A Comparative Perspective*, Geneva: International Labour Office, 2019, p. 19, footnote 1。

② 参见 Marva Corley and Elizabeth Echeverria Manrique, *Labour Provisions in G7 Trade Agreements: A Comparative Perspective*, Geneva: International Labour Office, 2019, p. 9。

③ 参见 Jordi Agustí-Panareda, Franz Christian Ebert and Desirée LeClercq, Labour Provisions in Free Trade Agreements: Fostering their Consistency with the ILO Standards System, ILO, Background Paper, Social Dimensions of Free Trade Agreements, 2014, pp. 8 – 9。

体性权利各不相同，但它们大都不同程度地援用国际劳工组织 1998 年
《宣言》的基本劳工权利。如欧盟新一代自由贸易协定（2011 年临时生
效的《欧盟与韩国自由贸易协定》① 和 2013 年生效的《欧盟与哥伦比
亚/秘鲁综合贸易协定》②）都援用国际劳工组织 1998 年《宣言》载明的
基本劳工权利。再如 2017 年临时生效的《欧盟与加拿大全面经济贸易协
定》在其第 23 章也援用基本劳工权利。③ 这一方面体现了欧盟在对外贸
易关系中要求各方遵守国际劳工组织 1998 年《宣言》的基本劳工权利的
政治意愿，另一方面也与欧盟所有成员国都批准了 8 项基本劳工公约
有关。④

第二，美国纳入劳工标准的自由贸易协定，都不同程度地援用了国
际劳工组织 1998 年《宣言》的基本劳工权利，这主要是因为美国国内法
关于自由贸易协定必须纳入基本劳工权利的要求，而在深层次上当然有
其政治、经济和价值观方面的考量。比如，美国《2002 年贸易法》通过
"贸易促进授权"，并明确要求在其对外签订的自由贸易协定中纳入劳工
条款，⑤ 其劳工标准谈判目标包括与国际劳工组织基本劳工权利相一致
等。⑥ 这些关于劳工标准的要求体现在美国与智利、新加坡、澳大利亚、

---

① 参见《欧盟与韩国自由贸易协定》第 13. 4. 3 条。
② 参见《欧盟与哥伦比亚/秘鲁综合贸易协定》第 269. 3 条。
③ 参见《欧盟与加拿大全面经济贸易协定》第 23. 3. 1 条。
④ 参见国际劳工组织网站，http://www.ilo.org/dyn/normlex/en/f? p = 1000；11200；0：：
NO：11200：P11200_COUNTRY_ID：102582，最后访问日期：2016 年 4 月 13 日。
⑤ 参见陈功《美国"贸易促进权"研究》，博士学位论文，西南政法大学，2009，第 3
页；Jean-Marc SIROËN，"Labour Provisions in Preferential Trade Agreements：Current Prac-
tice and Outlook，"（2013）152（1）*International Labour Review*，p. 88。
⑥ 参见 David A. Gantz，C. Ryan Reetz，Guillermo Aguilar-Alvarez and Jan Paulsson，"Labor
Rights and Environmental Protection Under NAFTA and Other US Free Trade Agreements [with
Comments]，"（2011）42（2）*The University of Miami Inter-American Law Review*，pp. 330 -
331。

摩洛哥、巴林和阿曼等签订的自由贸易协定中。① 虽然这一组自由贸易协定没有使用"基本劳工权利"概念（使用的是"国际上承认的劳工权利"），但都包含基本劳工权利的内容，其根本原因在于《2002 年贸易法》的相关限制性规定的模糊措辞，② 使布什政府能将劳工问题纳入自由贸易协定中而无须承担将基本劳工权利纳入国内法中的约束性义务。

不过，2007 年《两党贸易协定》则明确要求自贸协定缔约国在其国内法律和实践中"采纳和维持"国际劳工组织 1998 年《宣言》的基本劳工权利，并使其成为一项强制性义务。这一关于劳工标准的要求，体现在美国与秘鲁、韩国、哥伦比亚、巴拿马签订的自由贸易协定以及《美墨加协定》中。这揭示出美国通过自由贸易协定加强实施国际劳工组织 1998 年《宣言》的基本劳工权利的意图和力度，这一要求意味着未能把基本劳工权利纳入国内法将构成事实上的违反协定，缔约国可以根据协定的争端解决机制请求对方履行该义务，这表明了基本劳工权利的可强制执行性。

第三，在加拿大纳入劳工标准的自由贸易协定中，除 1994 年《北美劳工合作协定》③ 与 1997 年《加拿大与智利劳工合作协定》④ 这两个协定外，加拿大其他自由贸易协定中的劳工标准趋于援用国际劳工组织 1998 年《宣言》中的核心劳工标准界定与缔约国国内劳动法相关的协定

---

① 参见 David A. Gantz, C. Ryan Reetz, Guillermo Aguilar-Alvarez and Jan Paulsson, "Labor Rights and Environmental Protection Under NAFTA and Other US Free Trade Agreements [with Comments]," (2011) 42 (2) *The University of Miami Inter-American Law Review*, pp. 330, 340。

② 参见 David A. Gantz, C. Ryan Reetz, Guillermo Aguilar-Alvarez and Jan Paulsson, "Labor Rights and Environmental Protection Under NAFTA and Other US Free Trade Agreements [with Comments]," (2011) 42 (2) *The University of Miami Inter-American Law Review*, pp. 332 – 333。

③ 参见《北美劳工合作协定》附录 1。

④ 参见《加拿大与智利劳工合作协定》第 1 条和附录 1。

义务，如 2002 年《加拿大与哥斯达黎加劳工合作协定》① 和 2011 年
《加拿大与哥伦比亚劳工合作协定》中的劳工标准。尽管《全面与进步
跨太平洋伙伴关系协定》纳入劳工标准的实体性权利与上述协定有所不
同，但其仍是援用国际劳工组织 1998 年《宣言》的核心劳工标准界定相
关协定义务。

由此可见，欧盟、美国和加拿大自由贸易协定不同程度地援用核心
劳工标准的部分或全部内容，以界定缔约国在协定下关于劳工议题的义
务，且这一状况呈现加强的趋势。

**3. 自由贸易区劳工标准保护水平的差异性体现出各缔约方的特殊
制度**

欧盟、美国和加拿大自由贸易区劳工标准的保护水平均存在较大的
差异性，凸显出各缔约方的特殊制度和灵活的制度安排。首先，自由贸
易区劳工标准可以设定为缔约国国内劳动标准，如《北美劳工合作协
定》中的劳工标准，被界定为实施与 11 项劳工原则有关的各缔约国国内
劳动法律和法规，而没有设定共同的最低劳工标准。② 其次，可界定为
缔约国在法律、法规及实践中"包含并保护"国际上公认的劳工权利，
如《加拿大与秘鲁劳工合作协定》要求缔约国在法律、法规及实践中
"包含并保护"国际劳工组织 1998 年《宣言》载明的基本劳工原则和权
利。③ 最后，明确保留缔约方建立其各自劳动保护水平之权，如《欧盟
与韩国自由贸易协定》承认各缔约方有权确定其各自的劳动保护水平。④

总体上看，欧盟、美国和加拿大近年来签订的自贸协定中的可持续

---

① 《加拿大与哥斯达黎加劳工合作协定》附录 1 明确规定，尊重和促进实现国际劳工组织
  1998 年《宣言》中的基本劳工权利。
② 参见《北美劳工合作协定》附录 1。
③ 参见《加拿大与秘鲁劳工合作协定》第 1 条。
④ 参见《欧盟与韩国自由贸易协定》第 13.3 条。

发展章节、劳动章节或附属劳工合作协定在框架内容方面具有类似特征：
（1）规定劳工权利内容和劳动保护的义务；（2）开展对话、合作和/或
监督机制或程序；（3）建立投诉和争端解决机制。尽管从广义上讲，欧
盟、美国和加拿大遵循上述框架，但事实上，其或是通过制定全球贸易
战略，或是通过制定国内法，或是通过形成指导性原则，对其自由贸易
区劳工标准的构建进行规制或指引，且每一经济体都有其特殊性（这种
特殊性是根据各自经济体的原则和目标随着时间的推移而演变的），[①] 由
此也形成了各自独特的发展特征。

第五节　自由贸易区劳工标准建立的启示意义

如上分析所示，世贸组织法排除了劳工标准议题，而且迄今为止尚
未建立自由贸易区劳工标准的国际规制体系，这使欧盟、美国和加拿大
能够利用自贸协定机制，在国际贸易与劳工标准之间建立起不同程度的
联系。换言之，就国际贸易领域内的劳工标准而言，多边贸易体制已让
位给区域经贸规则，并正在对国际贸易与劳工标准的实施产生重大影响。
有鉴于此，在加快实施我国自由贸易区战略进程中，应妥善处理国际贸
易与劳工标准的关系问题，构建有利于我国的自由贸易区劳工标准。基
于以上考虑，本章探讨的欧盟、美国和加拿大自由贸易区劳工标准建立
的相关实践具有以下启示意义。

---

① 参见 Marva Corley and Elizabeth Echeverria Manrique, *Labour Provisions in G7 Trade Agreements: A Comparative Perspective*, Geneva: International Labour Office, 2019, pp. 21 – 22.

一 制定指导性原则，提供政策指引

从上述分析看，对于自由贸易协定纳入劳工标准，欧盟制定对贸易与可持续发展（新一代自贸协定劳工标准）达成新的承诺的全球贸易战略，美国在其国内贸易法中提出明确要求，加拿大则在实践中形成指导性原则。这些或在区域层面或在国家层面形成了定型的政策原则（欧盟和加拿大）或法律要求（美国），为自由贸易区劳工标准的构建提供政策支撑或国内法依据或指导性原则指引。

一直以来，我国对国际贸易与劳工标准的关系问题多采取回避的态度。[①] 不过，在我国自由贸易区建设进程中，我国政府采取谨慎积极的态度，已在 5 个自贸协定中纳入劳动条款，2020 年完成《中欧全面投资协定》谈判，2021 年正式申请加入《全面与进步跨太平洋伙伴关系协定》，可见我国在此领域有重大进展。总体上看，相关劳动条款繁简不一，各不相同，尚未形成一个基本的框架或范式，均依据与签字国的谈判情势作个案处理。如我国把与秘鲁和瑞士分别签订的双边劳务合作协议和备忘录纳入《中国与秘鲁自由贸易协定》和《中国与瑞士自由贸易协定》，对劳动与社会保障进行规定；而《中国与冰岛自由贸易协定》只有简单的一个劳动合作条款；规定最为详细的当数中国与新西兰的劳工合作备忘录。[②] 而《中欧全面投资协定》和《全面与进步跨太平洋伙伴关系协定》分别属于欧盟自贸协定劳工标准模式和美国自贸协定劳工标准模式，规定了较高水平的劳工规则，如能批准实施或顺利加入两协

[①] 参见林燕玲《TPP 中劳工标准对中国劳动关系的影响和对策研究》，中国社会法研究会 2016 年年会论文，第 404 页。

[②] 《中国与智利自由贸易协定》提到了劳工合作备忘录，但至今没有可获得的正式资料，因而无从研究和评述。

定，我国将在国际贸易与劳工标准领域建立高水平劳工规则，加强我国参与全球劳动治理的话语权。

我国自贸协定劳工标准尚未形成一个基本的模式，这一方面是因为我国对自由贸易协定纳入劳工标准没有国内法上的依据，2022 年修正的《对外贸易法》规定，国家鼓励采取劳务合作等多种形式发展对外贸易，[①] 并对从事对外劳务合作的单位的资质提出要求，[②] 但没有规定具体劳工权利；另一方面是由于没有制定国家层面的相关政策。这导致现实中自由贸易协定劳工标准谈判没有法律或政策可依，不利于落实党的十八大提出的加快实施自由贸易区战略。鉴于此，笔者认为，在立法程序短时间内难以启动的情形下，目前宜在国家层面制定我国自由贸易区劳工标准构建的指导性原则，为建立有利于我国的自由贸易区劳工标准提供国内政策指引，以使劳工标准问题不致成为阻碍我国自由贸易区发展的障碍性因素。

二 建立有利于我国的自由贸易区劳工标准

目前，国际层面尚未对自由贸易协定劳工标准作出统一规制，因此从国际法视角看，在自由贸易协定中纳入何种程度的劳工标准取决于各缔约方的意愿，是主权国家或单独关税区协商和谈判的结果，体现的是各缔约方的意志，也是国际法上的国家同意原则和缔约自由原则的运用。换言之，一经济体在其国际贸易领域内可以有选择地设置劳工标准，如欧盟、美国和加拿大在其自由贸易协定中纳入不同的劳工标准权利内容，保护水平也存在差异。

---

① 参见《对外贸易法》第 54 条。
② 参见《对外贸易法》第 9 条。

这种缔约实践提示我们，要依据国家层面的指导性原则以及现实国情和现行法律法规，与不同协定方协商并主张对我国有利的劳工标准。具体应包括两方面的考虑。首先，依据我国的政治经济制度与现行法律法规，提出我国可接受的自由贸易区劳工标准。就此而言，尤其要注意区别对待我国已批准的国际劳工公约中的劳工标准和我国尚未批准的国际劳工公约中的劳工标准，以使我国自贸协定中的劳工标准和已批准的国际公约保持一致。其次，将我国自由贸易协定劳工标准的保护水平界定为实施国内劳动法律和法规。就此而言，我国缔约实践中于 2001 年批准《经济、社会及文化权利国际公约》时对该公约第 8 条第 1 款（甲）项发表的声明具有示范作用。① 不过，我国申请加入的《全面与进步跨太平洋伙伴关系协定》，要求成员国在国内法律、法规及实践中纳入国际劳工组织 1998 年《宣言》的基本劳工权利，突破了实施国内劳动法律和法规的保护水平，这有待我们更好地统筹推进劳动法领域的国内法治和涉外法治。

三 拒绝采用与贸易争端相同的解决机制和贸易制裁措施解决劳动争端

关于劳动争端的解决，欧盟拒绝采用强制性争端解决机制，并排除贸易制裁措施；美国则允许采用与贸易争端相同的解决机制和贸易制裁措施解决劳动争端；加拿大通过制度性安排避免劳动争端与贸易争端适

---

① "中华人民共和国政府对《经济、社会及文化权利国际公约》第八条第一款（甲）项，将依据《中华人民共和国宪法》、《中华人民共和国工会法》和《中华人民共和国劳动法》等法律的有关规定办理。"《全国人民代表大会常务委员会关于批准〈经济、社会及文化权利国际公约〉的决定》，2001 年 2 月 28 日，中国人大网，http://www.npc.gov.cn/wxzl/gongbao/2001－06/01/content_5136874.htm，最后访问日期：2019 年 3 月 6 日。

用同一解决机制，制裁措施主要依赖罚款，排除适用中止利益措施，不过加拿大新近出现了例外情况，这主要是指《全面与进步跨太平洋伙伴关系协定》的相关规定。考察我国自由贸易协定劳工条款的相关规定，多为在劳动和社会保障领域进行合作的促进性条款，对劳动争端均主张采取友好协商方式解决。因此，允许劳动争端适用贸易争端的解决机制并采用贸易制裁措施，对中国来说是一个巨大的挑战。然而，我国如果能够顺利加入《全面与进步跨太平洋伙伴关系协定》，那么也应该接受该协定中的劳动争端解决机制和救济措施。不过，应该将相关制度作为一个例外安排。从总体上看，我国或可参照欧盟模式，坚持构建劳工标准的目的在于保护劳动者权利，提倡通过缔约方之间的友好协商解决劳动争端，拒绝劳动争端与贸易争端适用同一解决机制，并拒绝采用贸易制裁措施解决劳工问题；或可参照加拿大模式，通过附属劳工合作协定设立单独的劳动争端解决机制，通过制度性安排避免劳动争端与贸易争端适用同一解决机制，进而阻却劳工标准与贸易制裁措施直接挂钩。

第六节 结语

综上所述，在过去近 30 年里，欧盟、美国和加拿大这三个主要经济体突破世界贸易组织既有规则，在一系列自由贸易协定中纳入劳工标准，实现了劳工问题与国际贸易不同程度的挂钩。在此领域，我国已有重大进展，如正式申请加入《全面与进步跨太平洋伙伴关系协定》。这对于落实党的十八大提出的加快实施自由贸易区战略，构建我国的劳工标准具有战略意义和积极影响。同时，欧盟、美国和加拿大自贸协定劳工标准的缔约实践也显示，不同的模式和制度差异是存在的，因此我国应依据现实国情和现行法律法规，与不同协定方协商并主张对我国有利的劳工标准。最后需要强调的是，虽然前述研究显示有越来越多的自由贸易协定纳入劳工条款，但国际贸易与劳工问题挂钩仍非常敏感。发展中国家之间签订的自由贸易协定通常会把社会政策置于其中，多数情况下都拒绝将国际贸易与劳工问题挂钩（智利等国除外）；少数情况下虽援用核心劳工标准，但对其并不作出有约束力的承诺，反而强调其国内法律法规的优先地位。① 而澳大利亚等一些发达国家，对在自由贸易区建立劳工标准也持较为消极的态度。

---

① 参见 Christian Häberli, Marion Jansen and José-Antonio Monteiro, *Regional Trade Agreements and Domestic Labour Market Regulation*, Geneva：ILO, 2012。

第七章

国际劳动法

国际劳动法在国外已形成一个专门的研究领域，涉及具有国际法渊源的劳动法律规定，如《国际劳工组织章程》、国际劳工公约和建议书、其他国际组织或区域组织通过的处理劳动问题的国际文件、国际劳动法的法律冲突的解决规则，以及监督机构就所涉劳工标准在适用过程中作出的法理解释与判例。我国实施国际劳工公约，加入高劳工标准的《全面与进步跨太平洋伙伴关系协定》，加强参与全球劳动治理的话语权等，这些均涉及国际劳动法，因此亟须对其进行深入研究。此外，还应重视国际劳动法在国内法律体系中的地位的问题，它应被视为与国内劳动法相对的独立法律分支，就像国际私法与民法和家庭法的关系。

第一节　国际劳动法概述

一　国际劳动法概念的使用

　　"国际劳动法"这一术语，是英文"international labour law"的中文译文。我国较早研究该主题的文献使用"国际劳工法"的中文译文，[①]近期研究文献多采用"国际劳动法"。[②] 考虑到与国内劳动法相对应的关系，本书采用"国际劳动法"这一中文译文，但在特定语境下选择使用"国际劳工法"，二者语义相同。

　　国际劳动法，是指具有国际法渊源的劳动法律规定，涵盖国际层面确立的实体法规范及程序性规则；而那些确定哪一国内法适用于特定的

---

① 如刘有锦编译《国际劳工法概要》，劳动人事出版社，1985。
② 如陈一峰《跨国劳动法的兴起：概念、方法与展望》，《中外法学》2016 年第 5 期，第 1385～1387 页；田思路主编《外国劳动法学》，北京大学出版社，2019，第 477～483 页。

劳动关系的国际私法规则，则不属于国际劳动法。① 然而，也有研究主张国际劳动法包括国际私法规则，但这一主张现阶段已较为少见。②

此外，需要指出的是，首先，国际劳工组织维持着全球唯一的国际劳工标准体系，因此国际劳动法的研究内容以国际劳工标准为主，同时涉及国际层面与区域层面的其他劳工规制问题。其次，国际劳动法的研究范围与近年来兴起的关于跨国劳动法的研究范围有所差异。跨国劳动法的法律渊源包括国际劳动法和国内劳动法的部分内容，以及国际人权法、国际贸易法、国际组织法、国际私法等相关领域的劳动保护原则、规则和制度，③ 国际劳动法是跨国劳动法的规范核心，在重塑跨国劳动法律结构方面，发挥着至关重要的作用。④

二　国际劳动法的历史起源

在国际层面上，尝试进行劳动立法最早可追溯到 19 世纪。时值工业革命之后，工人的高强度劳动与恶劣的劳动和生活条件引起了罗伯特·欧文（Robert Owen，1771—1853）和丹尼尔·格兰德（Daniel Legrand，1783—1859）等劳动活动家的高度关注，他们首先向欧洲主要国家提出

---

① 参见 Nicolas Valticos and G. von Potobsky, *International Labour Law*, Deventer: Kluwer Law and Taxation Publishers, 1995, p. 17; Franz Christian Ebert and Claire La Hovary, "International Labour Law," *in Max Planck Encyclopedia of Public International Law*, Oxford: Oxford University Press, 2013, p. 1, http://www.mpepil.com，最后访问日期：2021 年 7 月 27 日。

② 参见 Ernest Mahaim, "International Labour Law," (1921) 1 (3) *International Labour Review*, p. 283。

③ 参见 Antonio Ojeda Avilés, *Transnational Labour Law*, Alphen aan den Rijn: Wolters Kluwer, 2015; Adelle Blackett and Anne Trebilcock (eds.), *Research Handbook on Transnational Labour Law*, Cheltenham: Edward Elgar Publishing, 2015；陈一峰《跨国劳动法的兴起：概念、方法与展望》，《中外法学》2016 年第 5 期，第 1383~1389 页。

④ 参见 Adelle Blackett, "Introduction: Transnational Futures of International Labour Law," (2020) 159 *International Labour Review*, p. 455。

倡议，对劳动问题进行国际规制，因为，在国际层面上制定劳工标准，当时被认为是对工作条件较差的国家进行不正当竞争予以抵制的一种保障。① 这一努力以及其他相关活动的结果是，国际劳工立法协会（The International Association for Labour Legislation）于 1900 年在巴塞尔（Basel）成立。在第一次世界大战爆发之前，该协会从事欧洲劳动法的翻译和出版工作，并发起国际上最早的两项劳工公约的制定，这两项公约禁止使用白磷并对妇女的夜间工作进行规制。②

第一次世界大战后成立的国际劳工组织对国际劳动立法提供了制度保障。1918 年 11 月 11 日，第一次世界大战协约国与同盟国宣布停战，之后经过巴黎和会长达半年的谈判，于 1919 年 6 月 28 日签订《凡尔赛条约》（Treaty of Versailles）。在 1919 年巴黎和会上成立的国际劳工立法委员会（Commission on International Labour Legislation）认为，当时的劳动条件使大量的人遭受不公正、苦难和贫困，并对世界和平与和谐造成危害；任何一国不采用合乎人道的劳动条件，都会构成其他国家意图改善其国内劳动条件的障碍。③ 为解决这些问题，它通过了建立国际劳工组织公约的草案，该草案随后被纳入《凡尔赛条约》作为其第 13 部分，包含了《国际劳工组织章程》的主要内容，为制定和实施国际劳工标准建立了一个制度框架：国际劳工大会，国际劳工局作为秘书处，理事会作为执行机构并指导秘书处工作，制定公约和建议书的程序，劳工公约

---

① 参见 Nicolas Valticos and G. von Potobsky, *International Labour Law*, Deventer：Kluwer Law and Taxation Publishers，1995，pp. 17 – 18。
② 参见 Erika de Wet，"Governance Through Promotion and Persuasion：The 1998 ILO Declaration on Fundamental Principles and Rights at Work," (2008) 9 (11) *German Law Journal*，p. 1431。
③ 参见 Erika de Wet，"Governance Through Promotion and Persuasion：The 1998 ILO Declaration on Fundamental Principles and Rights at Work," (2008) 9 (No) *German Law Journal*，p. 1431。

批准国的义务，劳工标准实施的监督程序。① 依据《凡尔赛条约》的相关规定，国际劳工组织于 1919 年成立，它是唯一一个可以追溯到该条约并运作至今的国际组织。②

三 国际劳动法的研究现状

关于国际劳动法的研究，可追溯到 1921 年，③ 至今已形成专门的研究领域。代表性著作有尼古拉斯·瓦提科斯和 G. 冯·波托布斯基的《国际劳动法》（第二修订版，1995）④、吉恩－米歇尔·塞维斯的《国际劳动法》（第五版，2017）⑤、吉安尼·阿里戈和朱塞佩·卡萨莱的《国际劳动法手册：从 A 到 Z》（2017）⑥ 和《国际劳动法报告》⑦。这些著

---

① 参见 Klaus Samson，"The Standard-Setting and Supervisory System of the International Labour Organization," in Krzysztof Drzewicki, Catarina Krause and Allan Rosas（eds.），*Social Rights as Human Rights：A European Challenge*，Abo：Institute for Human Rights Abo Akademi University，1994，p. 115。

② 参见 Steve Charnovitz，"International Labour Organization in Its Second Century," in J. A. Frowein and R. Wolfrum（eds.），*Max Planck Yearbook of United Nations Law*，Deventer：Kluwer Law International，2000，p. 183。

③ 参见 Ernest Mahaim，"International Labour Law,"（1921）1（3）*International Labour Review*。

④ 参见 Nicolas Valticos and G. von Potobsky，*International Labour Law*，Second Revised Edition，Deventer：Kluwer Law and Taxation Publishers，1995。

⑤ 参见 Jean-Michel Servais，*International Labour Law*，Fifth Edition，Alphen aan den Rijn：Wolters Kluwer，2017。

⑥ 该手册全面概述了劳动法和劳资关系问题的发展和现状，包括全球化和国际劳工标准，国际劳工组织总干事所作的各种报告中展示的成就、辩论、想法和方案，还交叉引用了国际劳工标准和欧盟指令、决议和条例。参见 Gianni Arrigo and Giuseppe Casale，*International Labour Law Handbook：From A to Z*，Turin：International Training Centre of the International Labour Organization，2017，Foreward，XIII。

⑦ 该报告为系列报告。如 Alan Gladstone（eds.），*International Labour Law Reports*，Volume 22，Leiden Boston：Martinus Nijhoff Publishers，2003。

作主要以国际劳工组织规范体系为研究对象，同时不同程度地涉及国际层面和区域层面关于劳动问题的其他规范。这一研究路径和研究范围在一些专题论文中也得到体现，如厄内斯特·马姆的《国际劳动法》（1921）、拉斯洛·特伊的《国际劳动法》（1970）、格温妮·皮特的《国际劳动法：选定问题》（1995）、弗朗茨·克里斯蒂安·埃伯特和克莱尔·拉·霍瓦里的《国际劳动法》（2013）、M. V. 卢什尼科娃的《国际劳动法：概念、对象》（2013）、尼基塔·柳托夫的《传统的国际劳动法和新的全球劳动法：它们能否共同发挥作用?》（2017）、阿德尔·布莱克特的《导论：国际劳动法的跨国未来》（2020）和《论国际劳动法的过去与未来》（2020）。① 这些研究涵盖国际劳工组织制定的劳工公约、制定程序和规则、国际劳工标准实施的监督机制，同时涉及相关国际层面与区域层面的劳工规制问题，这些问题均关涉成员国的义务。

在我国国内，以"国际劳动法"为主题的专门研究比较有限，目前较为系统的研究只有《国际劳工法概要》②，它从国际劳工组织的标准和其他国际标准两个视角对选定的国际劳动法内容（如结社自由、就业歧视等），以及国际劳工标准的制定、实施与监督进行探讨。但该书是以尼

---

① Ernest Mahaim, "International Labour Law," (1921) 1 (3) *International Labour Review*; Laszlo Trocsanyi, "International Labour Law," (1970) 12 *ACTA JURIDICA*; Gwyneth Pitt, "International Labour Law: Selected Issues," (1995) 24 (3) *Industrial Law Journal*; Franz Christian Ebert and Claire La Hovary, "International Labour Law," *in Max Planck Encyclopedia of Public International Law*, Oxford: Oxford University Press, 2013; M. V. Lushnikova, "International Labour Law: Concept, Object," (2013) 21 *PERM U. HERALD JURID. Sci.*; Nikita Lyutov, "Traditional International Labour Law and the New Global Kind: Is There a Way to Make Them Work Together," (2017) 67 *ZBORNIK PFZ*; Adelle Blackett, "Introduction: Transnational Futures of International Labour Law," (2020) 159 (4) *International Labour Review*; Adelle Blackett, "On the Presence of the Past in the Future of International Labour Law," (2020) 43 (2) *The Dalhousie Law Journal*.
② 刘有锦编译《国际劳工法概要》，劳动人事出版社，1985。

古拉斯·瓦提科斯和 G. 冯·波托布斯基的《国际劳动法》（1979）和国际劳工局的《国际劳工标准》（1978）两本书为主，并参照国外其他文献编译而成的，① 其研究方法和研究范围基本上沿用原著体例。国内其他著作则在不同方面对国际劳动法相关内容进行探讨，主要包括：《国际劳动公约概要》侧重研究国际劳工公约确立的国际劳工标准、实施和监督机制；② 《国际劳工标准概述》主要介绍国际劳工标准的相关内容（如基本权利、就业、社会保障、产业关系、工作条件等）及实施和监督机制；③ 《国际劳工标准：演变与争端》则以国际政治经济学的基本概念为框架，对国际劳工标准进行层次分析和个案分析；④ 《全球化背景下的国际劳工标准分析》主要论述了经济全球化与国际劳工标准之间的内在关系与作用机理；⑤ 《国际劳工标准与中国劳动法比较研究》从比较法的视角出发，研究国际劳工标准与中国劳动法；⑥ 《自由贸易协定中的劳工标准》则主要探讨自由贸易协定中的劳工标准；⑦ 《劳动法学》⑧ 和《外国劳动法学》⑨ 分别设专章对国际劳动法的相关内容进行研究，如对国际劳动法的概念和性质进行阐述，并侧重研究选定的国际劳工标准（如基本劳工标准、劳动就业等）。此外，国内论文也从不同的视角程度不一地论及国际劳动法问题，如对国际劳工组织的专题研究有《全球劳工治理：议题、机制与挑战》⑩ 和《国际劳工组织缔约国报告制度研

---

① 参见刘有锦编译《国际劳工法概要》，劳动人事出版社，1985，"前言"第 1 页。
② 参见王家宠《国际劳动公约概要》，中国劳动出版社，1991。
③ 参见刘旭《国际劳工标准概述》，中国劳动社会保障出版社，2003。
④ 参见佘云霞《国际劳工标准：演变与争端》，社会科学文献出版社，2006。
⑤ 参见杜晓郁《全球化背景下的国际劳工标准分析》，中国社会科学出版社，2007。
⑥ 参见林燕玲《国际劳工标准与中国劳动法比较研究》，中国工人出版社，2015。
⑦ 参见李西霞《自由贸易协定中的劳工标准》，社会科学文献出版社，2017。
⑧ 参见贾俊玲主编《劳动法学》，北京大学出版社，2009，第 39~44 页。
⑨ 参见田思路主编《外国劳动法学》，北京大学出版社，2019，第 477~562 页。
⑩ 参见汪仕凯《全球劳工治理：议题、机制与挑战》，《世界经济与政治》2015 年第 8 期。

究》① 等。

从中外研究现状看，国外研究较多以国际劳动法为主题进行系统研究，研究内容不仅包括国际层面确立的劳动实体法规范及程序性规则，而且涉及国际劳动法的渊源、法律冲突的解决，以及监督机构就所涉标准在适用过程中作出的法理解释和判例。而国内研究除编译著作外，其他研究均是在不同方面对国际劳动法相关内容进行介绍，体系化研究有待进一步发展。

第二节　新发展背景下国际劳动法研究的必要性和紧迫性

一　以国际劳工标准为主体框架的国际劳动法对中国的影响

在现行国际体系中，国际劳工组织作为联合国的专门机构，承担一定的国际职责，包括制定劳工公约和建议书并对其实施建立监督机制，这构成国际劳动法的主体内容。国际劳工标准作为国际劳动法的渊源之一，可资成员国政府利用并可作为国内立法指引，无论其条件或发展阶段如何，它都或多或少影响了大多数国家在劳动与社会保障领域的立法进程。② 换言之，成员国政府在起草和实施国内劳动与社会保障法律和

---

① 参见郭曰君、沈慧琳《国际劳工组织缔约国报告制度研究》，《人权研究》2021 年第 1 期。

② 参见 Nicolas Valticos and G. von Potobsky, *International Labour Law*, Deventer: Kluwer Law and Taxation Publishers, 1995, p. 289。

政策时，都会考虑国际上承认的劳工标准。具体而言，如果决定批准劳工公约，必要时要修改其法律和政策以便遵守拟批准的公约；如果决定不批准公约，也要考虑尽量使其国内法与劳工公约保持一致。除此之外，国际劳工标准还可为制定国家和地方政策（如就业、工作和家庭政策）提供指导，并用于改善各种行政结构，如劳动行政管理、劳动监察、社会保障和就业服务。①

中国作为国际劳工组织成员国，在劳动和社会保障立法和实践进程中，在立法理念、制度设计、立法技术和法律实施等方面，均不同程度地受到国际劳工标准的影响。② 主要体现在以下三个方面。

其一，中国在劳动和社会保障领域，以国际劳工组织劳动治理理念和原则为指引开展立法和实践工作。这体现在如下方面：遵守《国际劳工组织章程》义务，改善劳动条件，③ 明确规定工时制度，实行最低工资制度，对工人因工患病和因工负伤予以救济，保护儿童、青年和妇女，提供养老金和残疾抚恤金，保护工人在外国受雇时的利益，承认同工同酬原则，承认参加工会的权利，等等。中国已逐步建立了全面的社会保障制度，初步实现了基本医疗保险和基本养老保险的全覆盖。这些在不同程度上体现了国际劳工标准的基本原则和精神。④ 此外，中国改革开

① 参见 ILO, *Rules of the Game: An Introduction to the Standards-related Work of the International Labour Standards*, Fourth Edition, Geneva: Internationd Labour Office, 2019, p. 26。
② 参见田野、林菁《国际劳工标准与中国劳动治理——一种政治经济学分析》，《世界经济与政治》2009 年第 5 期；刘冬梅《论国际机制对中国社会保障制度与法律改革的影响——以联合国、国际劳工组织和世界银行的影响为例》，《比较法研究》2011 年第 5 期；林燕玲《国际劳工组织的历史贡献及其对中国劳动社会保障法制建设的影响——纪念国际劳工组织成立 100 周年》，《中国劳动关系学院学报》2019 年第 6 期。
③ 参见《国际劳工组织章程》序言；ILO, *Work for a Brighter Future-Global Commission on the Future of Work*, Geneva: International Labour Office, 2019, p. 39。
④ 参见《国际劳工组织柯凯琳：让贫困成为历史》，中国扶贫在线网站，http://f. china. com. cn/2018 - 10/17/content_66628807. htm，最后访问日期：2020 年 4 月 15 日。

放 40 多年来，数亿人摆脱了既有标准意义上的绝对贫困，这在很大程度上可归因于转移就业扶贫政策的实施和就业率的提高以及社会保障制度的发展。中国摆脱绝对贫困为世界范围内消除贫困、实现社会正义与和平发展作出历史性贡献，并为国际减贫合作提供有益经验。[①]

其二，批准相关劳工公约，[②] 积极实施国际劳工标准。我国男女同工同酬、最低工资制度参照适用已批准的相关劳工公约中的国际劳工标准，注重构建基于三方结构原则的劳动关系。1990 年，我国批准 1976 年《三方协商促进实施国际劳工标准公约》（第 144 号公约），[③] 并将三方结构原则纳入我国相关法律中，如 2018 年修正的《劳动法》明确规定劳动争端仲裁委员会组成的三方结构，[④] 再如 2021 年修正的《工会法》第 35 条第 2 款规定，"各级人民政府劳动行政部门应当会同同级工会和企业方面代表，建立劳动关系三方协商机制，共同研究解决劳动关系方面的重大问题"。此外，值得指出的是，我国作为国际劳工组织成员国，即使尚未批准相关劳工公约，所涉国际劳工标准也可能对我国立法产生影响。如我国尚未批准 2000 年《生育保护公约》（修订）（第 183 号公约），但《女职工劳动保护特别规定》（2012 年 4月 28 日发布实施）参照该国际劳工公约的规定，[⑤] 将我国女职工生育

---

① 参见《国际劳工组织柯凯琳：让贫困成为历史》，中国扶贫在线网站，http://f. china. com. cn/2018 – 10/17/content_66628807. htm，最后访问日期：2020 年 4 月 15 日。

② 截至 2022 年 4 月 19 日，中国已签署并批准 26 项国际劳工公约。参见 ILO，"Ratification for China," https://www. ilo. org/dyn/normlex/en/f? p = 1000；11200；0：：NO；11200；P11200_COUNTRY_ID：103404，最后访问日期：2022 年 4 月 19 日。

③ 1990 年 9 月 7 日，第七届全国人民代表大会常务委员会第十五次会议决定批准国际劳工组织于 1976 年第六十一届大会通过的《三方协商促进实施国际劳工标准公约》。

④ 《劳动法》第 81 条规定："劳动争端仲裁委员会由劳动行政部门代表、同级工会代表、用人单位方面的代表组成。劳动争端仲裁委员会主任由劳动行政部门代表担任。"

⑤ 生育妇女享有不少于 14 周的产假。参见 2000 年《生育保护公约》（修订）（第 183 号公约）第 4 条。

产假从 90 天①延长至 14 周②，从而与国际劳工标准保持一致。

其三，在国家层面，国际劳工组织一直支持成员国的政策法律制定和能力建设，帮助其建立强有力的劳动行政制度，有效实施劳动法，协助成员国实施国际劳工标准等。③ 在此过程中，国际劳工组织与中国进行了卓有成效的合作。基本养老保险是中国政府与国际劳工组织之间的一个重要合作领域。20 世纪 90 年代，国际上个人账户改革成为一种潮流，但中国并没有跟随这种潮流，而是建立了统账结合的养老金模式，即通过现收现付制度保障基本养老金，以个人账户提供补充，这与国际劳工组织建议的原则基本一致。统账结合的模式在我国一直沿用至今。④基本医疗保险是另一个合作领域。2000 年以后，中国进入社会保障发展的新阶段，向城乡居民提供医疗保障福利，并基本实现了基本医疗保险全民覆盖。2010 年中国颁布的《社会保险法》体现了相关国际劳工标准的基本原则，国际劳工组织在这部法律起草的过程中从专业角度提出了建议。目前，国际劳工组织继续在基本医疗保险领域与中国人力资源和社会保障部开展合作，提供医疗保险支付方式改革方面的技术支持。⑤

---

① 1988 年 7 月 21 日国务院发布的《女职工劳动保护规定》第 8 条规定，"女职工产假为九十天"。

② 《女职工劳动保护特别规定》第 7 条规定，"女职工生育享受 98 天产假"。

③ 参见胡文娟、李思楚《国际劳工组织柯凯琳专访：实现所有人体面劳动的下一个 100 年》，《可持续发展经济导刊》2019 年第 4 期，第 20 页。

④ 参见《国际劳工组织柯凯琳：让贫困成为历史》，中国扶贫在线网站，http://f.china.com.cn/2018 - 10/17/content_66628807.htm，最后访问日期：2020 年 4 月 15 日。

⑤ 参见《国际劳工组织柯凯琳：让贫困成为历史》，中国扶贫在线网站，http://f.china.com.cn/2018 - 10/17/content_66628807.htm，最后访问日期：2020 年 4 月 15 日。

二　我国进入新发展阶段，构建新发展格局，亟须加强国际劳动法研究

当今世界处于百年未有之大变局，全球劳动世界治理格局也正发生重大变化。我国进入新发展阶段，着力贯彻新发展理念，构建新发展格局。"十四五"规划提出，推进要素市场化配置改革，健全统一规范的人力资源市场体系，实施就业优先战略，完善再分配机制，健全多层次社会保障体系，以满足人民日益增长的美好生活需要为根本目的。同时，立足新发展阶段，继续推进"一带一路"建设，倡议构建人类命运共同体，目前已完成《中欧全面投资协定》谈判并正式申请加入《全面与进步跨太平洋伙伴关系协定》。实施我国批准的国际劳工公约和其他涉及劳务问题的人权公约等，均关涉国际交往中的国际劳动法议题。统筹推进我国劳动和社会保障领域的国内法治和涉外法治，亟须加强国际劳动法研究。

首先，要深入理解和掌握现行有效的国际法律文件及其关于劳动问题与国家义务范围的规定。虽然主权国家的批约是其承担国际义务的前提，但批约并不是唯一的因素。即使在有关公约没有获得批准的情况下，立法者起草的法律草案、政府制定的社会政策、雇主组织和工会的集体谈判立场、公司的行为守则以及司法机构的裁决，也都可能援用国际劳工公约和建议书中的国际劳工标准，这种价值和影响力要远超其固有的法律效力。

其次，要将国际劳工标准作为比较法研究的基准。当对外国劳动法律制度进行比较研究时，尤其是研究不同社会制度的国家的劳动与社会保障法律制度时，国际劳工标准既是有用的分析工具，也是确定共同点的最佳标准。它们甚至可以用来衡量某一特定法律体系在多大程度上符

合国际上普遍接受的一般原则。① 这些对我国在新的国际治理格局下，增强在国际劳动领域的治理能力，加强影响力和话语权，进而对全球劳动治理体制的发展与重构产生影响，具有重要的理论与现实意义。

再次，相较于国际上 1921 年已出现国际劳动法专门研究，我国国内对国际劳动法的研究相对晚且有限。直到 1985 年我国才出现以"国际劳工法"为主题的研究，② 其后的相关研究则是在特定方面涉及国际劳动法内容，虽然在某些领域已有深入探索，但都没有对国际劳动法进行系统和全面研究。因此，我国对国际劳动法的体系化研究有待深入发展。

最后，还有一个重要的方面，就是国际劳动法在国内法律体系中的地位问题。国际劳动法学在我国尚未发展成一个专门学科，但从学科建设和发展状况来看，与我国国内劳动法相对的国际劳动法的研究相对有限的现状，不利于我国劳动法学学科的发展，同时也会给劳动法领域的国际学术交流和学术发展带来困难和障碍。本研究认同有学者提出的观点，即国际劳动法应被视为与国内劳动法相对的独立法律分支。③ 因此，应从学科建设的高度对国际劳动法给予重视。

第三节　国际劳动法的渊源

从规范的角度研究国际劳动法，涉及国际劳动法的法律渊源、实体法规范及程序性规则。本节探讨国际劳动法的法律渊源及它们之间的关

---

① 参见 Jean-Michel Servais, *International Labour Law*, Fifth Edition, Alphen aan den Rijn: Wolters Kluwer, 2017, Preface, p. 19。

② 参见刘有锦编译《国际劳工法概要》，劳动人事出版社，1985。

③ 参见 Laszlo Trocsanyi, "International Labour Law," (1970) 12 *ACTA JURIDICA*, p. 439。

系，第四节研究实体法规范及程序性规则。

从广义上讲，国际劳动法的渊源主要包括国际劳工组织制定的章程、劳工公约、建议书、宣言，以及联合国等其他国际组织或区域组织通过的从劳动视角或人权角度处理劳动问题的各种国际文件。这些国际文件的法律性质有所不同，一些文件如劳工公约、联合国人权公约旨在为批准国创设法律义务（欧盟条例甚至具有直接适用性，一经颁布生效，即对欧盟成员国产生直接效力）；而其他一些文件如建议书、宣言等没有强制性，但可为国家政策和行动提供指南。此外，监督国际劳工标准适用的机构作出的法理解释和逐步确立的判例，也是国际劳动法的一个重要渊源。而旨在规范缔约一国对其他缔约国公民在其领土上设置的资格和工作条件的双边条约和自由贸易协定，也是国际劳动法渊源的组成部分。①

一　国际劳工组织通过的国际文件

国际劳工组织通过的国际文件是国际劳动法渊源的主体内容，包括《国际劳工组织章程》、劳工公约、建议书、宣言，以及由监督机构作出的法理解释与判例。

1. 《国际劳工组织章程》

1919 年《国际劳工组织章程》是国际劳工组织建立和运行的国际法依据，它规定了该组织的组织机构（国际劳工大会、理事会和国际劳工

---

① 参见 Nicolas Valticos and G. von Potobsky, *International Labour Law*, Deventer: Kluwer Law and Taxation Publishers, 1995, pp. 17, 49 – 78; Jean-Michel Servais, *International Labour Law*, Fifth Edition, Alphen aan den Rijn: Wolters Kluwer, 2017, pp. 51 – 96; ILO, "Labour Law (International)," https://www.ilo.org/inform/online-information-resources/research-guides/labour-law/lang--en/index.htm, 最后访问日期: 2021 年 6 月 26 日。

局）、职能及运行程序等。

2. 国际劳工公约及监督机构的解释和判例

国际劳工标准的载体之一为国际劳工公约。国际劳工公约是一经批准即产生法律约束力的国际条约，开放供国际劳工组织成员国批准；它规定的是批准国应实施的基本原则，旨在为批准国政府设立具有约束力的法律义务并使其履行承诺的义务和接受监督。截至 2021 年，国际劳工组织已通过 190 项国际劳工公约。① 鉴于篇幅有限，以下对劳工公约的制定作简要介绍。

在国际劳工组织成立初期，与制定劳工公约有关的问题通常被列入国际劳工大会议程，并由国际劳工大会根据其一般的决策程序进行讨论和决定。1921 年，国际劳工大会委托理事会就公约制定程序的修改是否会导致更多批约这一问题进行审查，其结论之一就是有必要建立一个制定公约的特殊程序。② 经过多次磋商和讨论，1926 年第八届国际劳工大会通过了两次性讨论程序（double-discussion procedure），③ 该程序经过修改，现载于《国际劳工大会议事规则》第 E 节。除理事会已另有决定外，计划对已列入国际劳工大会议程的议题制定国际劳工标准（国际劳工公约）时，应视为已提交大会进行两次性讨论程序。但在特别紧急或其他特殊情况下，理事会可以 3/5 多数票决定将某一问题提交大会进行一次性讨论程序（single-discussion procedure）。④

---

① 参见 ILO, https://www.ilo.org/dyn/normlex/en/f? p = NORMLEXPUB：1：0：：NO：：：，最后访问日期：2021 年 1 月 6 日。

② 参见 Ebere Osieke, *Constitutional Law and Practice in the International Labour Organization*, Dordrecht：Martinus Nijhoff Publishers, 1985, p. 148。

③ 参见 ILC, 8th Session, (1926) Record of Proceedings, pp. 200, 357 – 363。

④ 参见 ILO, "Standing Orders of the Governing Body," in *Compendium of Rules Applicable to the Governing Body of the International Labour Office*, Geneva：International Labour Office, 2019, paras. 5.1.4, 5.1.5。

无论采用的是两次性讨论程序，还是一次性讨论程序，国际劳工大会就通过公约进行最后表决时，都必须经出席大会代表的 2/3 多数票通过。①

若国际劳工公约通过，监督机构就这些公约所涉国际劳工标准在适用过程中作出的法理解释和判例，也构成国际劳动法的法律渊源。②

3. 建议书和宣言

如上所述，在国际劳工组织框架内，建议书和宣言从广义上讲也属于国际劳动法的渊源，但它们属于软法，不具有法律约束力。建议书旨在为成员国制定政策、立法和实践提供指导，以及提供关于如何适用公约的更详细的指引。截至 2020 年，国际劳工组织已通过 206 项建议书。③宣言则强调内容的重要性，对国际劳工组织的目标、宗旨和工作中的基本权利等作出宣誓性规定。目前，国际劳工大会已通过 4 个宣言：1944年《费城宣言》、国际劳工组织 1998 年《宣言》及其后续措施、2008 年《国际劳工组织关于争取公平全球化的社会正义宣言》、2019 年《国际劳工组织关于劳动世界的未来百年宣言》。不过，1944 年《费城宣言》于1946 年作为附件成为《国际劳工组织章程》的组成部分。

二 联合国文件和区域性文件

在联合国系统内，其他国际组织制定的国际公约，如联合国大会通过的 1966 年《公民权利及政治权利国际公约》和 1966 年《经济、社会及文化权利国际公约》等，也对劳动问题进行规制。此外，区域性文件

---

① 参见《国际劳工组织章程》第 19.1 条和第 19.2 条。

② 参见 Nicolas Valticos and G. von Potobsky, *International Labour Law*, Deventer：Kluwer Law and Taxation Publishers，1995，pp. 67 - 68；Jean-Michel Servais, *International Labour Law*, Fifth Edition, Alphen aan den Rijn：Wolters Kluwer，2017，pp. 55 - 70。

③ 参见 ILO, https://www.ilo.org/dyn/normlex/en/f? p = NORMLEXPUB：1：0：：NO：：：，最后访问日期：2020 年 2 月 24 日。

如 1950 年《欧洲人权公约》，也涉及对劳动问题的规制,① 不过它们主要适用于区域层面。

三 双边条约和自由贸易协定

劳动领域的双边条约旨在规范缔约一国对其他缔约国公民在其领土上设置的资格和工作条件，依据的主要是同化原则。关于劳动问题的双边条约绝大多数涉及社会保障，还有涉及移徙工人、人员流动和季节性工人流动、社会政策、海员和技术合作等问题。②

此外，自 1994 年《北美自由贸易协定》纳入劳工标准以来，美国、加拿大和欧盟等主要经济体在其自由贸易协定中纳入劳工标准，已在劳工标准与国际贸易之间建立起不同程度的联系。③ 截至 2019 年，已有 85 个区域自贸协定（双边或多边）纳入劳工标准。④ 在此意义上，自贸协定劳工标准既被视为治理工具，又被视为合作框架。⑤

四 国际劳动法不同渊源之间的关系

不同的国际组织有时会制定涉及同一事项的国际文件，虽然在国际层面存在协调机制，但其规定的标准仍可能存在差异。这种差异并不一

---

① 1950 年《欧洲人权公约》对强迫劳动（第 4 条）作出规定。

② 参见 Nicolas Valticos and G. von Potobsky, *International Labour Law*, Deventer: Kluwer Law and Taxation Publishers, 1995, pp. 75 – 77。

③ 参见李西霞《自由贸易协定中的劳工标准》，社会科学文献出版社，2017。

④ 参见 Marva Corley and Elizabeth Echeverria Manrique, *Labour Provisions in G7 Trade Agreements: A Comparative Perspective*, Geneva: International Labour Office, 2019, pp. 15 – 16。

⑤ 参见 Marva Corley and Elizabeth Echeverria Manrique, *Labour Provisions in G7 Trade Agreements: A Comparative Perspective*, Geneva: International Labour Office, 2019, p. 9。

定意味着相关标准之间必然发生冲突。只有在下列情形下，才会发生真正的冲突：其一，所涉文件能够产生国际义务（如公约、条约），而非建议书和宣言等（其只是向政府提供政策指南）；其二，一个国家受到规定相互矛盾的标准的不同国际法律文件的约束。然而，从一般的角度来看，制定不同标准的国际法律文件越多，引起的冲突也就越多，尤其是对于尚未决定批准和实施哪一项国际法律文件的国家而言。[①]

解决国际层面关于劳动问题的法律冲突，应基于国际劳动法的"进步"性质，即促进社会进步的性质。因此，解决国际劳工组织建立的劳工标准之间的冲突，应该基于目的的实质性标准，即如果发生冲突，原则上必须优先考虑对工人最有利的标准。《国际劳工组织章程》明确承认，在任何情况下都不得影响到那些保证使有关工人获得较公约或建议书之规定更为优越的条件的法律、裁决书、惯例或协议。[②] 换言之，相较于国际劳工标准，应优先考虑可为工人提供更有利条件的标准。在国际层面的不同劳工标准之间的关系方面，冲突的解决在逻辑上可适用同样的原则。也就是说，如果两项国际文件中有一项规定了更高的标准，那么它们之间就不会有真正的不相容性，较高标准的执行必然包括较低标准的执行。这一情况也符合并行条约的独立性原则，根据这一原则，受两项（或多项）就同一事项规定了不同标准的国际法律文件约束的国家，受每项文件规定的标准的约束，因此必须履行这两项（或多项）国际文件所产生的义务。[③]

在考虑解决法律冲突时，还应考虑到这样一个事实，即不同的国际

---

① 参见 Nicolas Valticos and G. von Potobsky, *International Labour Law*, Deventer: Kluwer Law and Taxation Publishers, 1995, p. 80。
② 参见《国际劳工组织章程》第 19.8 条。
③ 参见 Nicolas Valticos and G. von Potobsky, *International Labour Law*, Deventer: Kluwer Law and Taxation Publishers, 1995, pp. 80 - 81。

标准在一般情况下并不以同样的详细程度规定其主题事项。比如，与国际劳工公约或双边条约的具体规定相比，国际人权公约和1950年《欧洲人权公约》的措辞更为笼统。因此，只要对工人有利，也可以适用一般法律原则。此外，如果两项相关国际文件的实施不能确保兼容性，且最有利原则不能解决问题，则有必要适用在一般条约之间发生冲突的情况下所建议的普遍适用的原则，即1969年《维也纳条约法公约》可在一定程度上解决这一问题。①

第四节　国际劳动法的实体性规范和程序性规则

一　国际劳动法的实体性规范

1. 国际劳工标准

国际劳动法实体性规范的主体内容为国际劳工组织建立的国际劳工标准。自1919年以来，国际劳工组织建立了一套国际劳工标准体系，经发展其内容逐步扩展，目前涉及劳动者权利保护的诸多方面，按照其涵盖的主题的不同，大致可划分出22类：结社自由和集体谈判，废除强迫劳动，禁止童工，机会和待遇平等，三方协商，劳动行政管理和劳动监察，就业政策和就业促进，职业指导和培训，就业保障，工资，工作时间，职业安全与卫生，社会保障，生育保护，社会政策，移徙工人，艾滋病毒携带者和艾滋病人，海员，渔民，内河航运工人，土著和部落群

---

① 参见 Nicolas Valticos and G. von Potobsky, *International Labour Law*, Deventer：Kluwer Law and Taxation Publishers，1995，p. 81。

体，其他特殊类型群体如种植园工人、护理人员、家政工人。① 在当今经济全球化背景下，国际劳工标准已成为确保全球经济增长惠及所有人的国际框架中的一个重要组成部分。②

依据所涉权利性质的不同，国际劳工标准可划分为基本劳工标准、治理劳工标准和技术劳工标准。

基本劳工标准，也称基本劳工权利或核心劳工标准，是指国际劳工组织 1998 年《宣言》载明的 4 项劳工权利，即结社自由和有效承认集体谈判权、消除一切形式的强迫或强制劳动、有效废除童工、消除就业和职业歧视。③ 它们体现在 8 项基本劳工公约中，具体参见本书第五章。

基本劳工标准是劳动者争取改善其工作条件的根本手段。作为体面工作议程的策略性目标，基本劳工标准对于促进社会正义的发展，确保公平稳定的经济全球化的实现，起着至关重要的作用。④ 当然，基本劳工标准的重要性并不意味着其他劳工标准不重要。依据国际劳工组织 1998 年《宣言》及其后续措施，国际劳工组织通过年度报告（成员国提交）和综合报告（国际劳工局编制）这两种后续措施，确定成员国基本劳工标准的实施进展，发现问题并界定需要提供技术援助的方面，为国际劳工组织的资源和活动用于充分实现该宣言确定的目标提供支持。需

---

① 参见 ILO，"Subjects Covered by International Labour Standards，" https：//www. ilo. org/global/standards/subjects-covered-by-international-labour-standards/lang--en/index. htm，最后访问日期：2020 年 2 月 24 日。

② 参见 ILO，*Rules of the Game*：*An Introduction to the Standards-related Work of the International Labour Standards*，Fourth Edition，Geneva：International Labour Office，2019，p. 7。

③ 参见国际劳工组织 1998 年《宣言》第 2 条。

④ 参见林燕玲《国际劳工组织的历史贡献及其对中国劳动社会保障法制建设的影响——纪念国际劳工组织成立 100 周年》，《中国劳动关系学院学报》2019 年第 6 期，第 8 页。

要指出的是，国际劳工组织 1998 年《宣言》及其后续措施的年度报告并不引入新的义务，而是澄清了履行源于《国际劳工组织章程》第 19.5 (e) 条的义务的方式，[1] 即成员国有义务按照理事会的要求，每隔适当时期，向国际劳工局局长报告其与未批准公约所涉事项有关的法律及实践情况。因而，后续措施不是既有监督机制的替代，在严格意义上属于促进性质，以促进方式补充国际劳工组织的既有监督机制。[2] 截至 2021 年，在国际劳工组织 187 个成员国中，批准所有 8 项基本劳工公约的成员国数目为 146 个，批准其中 7 项基本劳工公约的成员国数目为 14 个，批准其中 6 项基本劳工公约的成员国数目为 11 个，批准其中 5 项基本劳工公约的成员国数目为 5 个，批准其中 4 项基本劳工公约的成员国数目为 4 个，批准其中 3 项基本劳工公约的成员国数目为 1 个，批准其中 2 项基本劳工公约的成员国数目为 2 个，批准其中 1 项基本劳工公约的成员国数目为 4 个。[3] 该宣言促进成员国普遍批准所有基本劳工公约的目标，已取得明显成效。截至目前，中国已批准 7 项基本劳工公约，包括：1951 年《对男女工人同等价值的工作付予同等报酬公约》（第 100 号公约）、1958 年《（就业和职业）歧视公约》（第 111 号公约）、1973 年《准予就业最低年龄公约》（第 138 号公约）、1999 年《禁止和立即行动消除最恶劣形式的童工劳动公约》（第 182 号公约）、1930 年《强迫劳动公约》（第 29 号公约）、1957 年《废除强迫劳动公约》（第 105 号公约）、

---

① 参见 Erika de Wet, "Governance Through Promotion and Persuasion: The 1998 ILO Declaration on Fundamental Principles and Rights at Work," (2008) 9 (11) *German Law Journal*, pp. 1444 – 1445。

② 参见 Yossi Dahan, Hanna Lerner & Faina Milman-Sivan, "Shared Responsibility and the International Labour Organization," (2013) 34 *Michigan Journal of International Law*, p. 732。

③ 参见 ILO, "Ratifications of Fundamental Conventions by Number of Ratifications," https://www.ilo.org/dyn/normlex/en/f? p = 1000: 10011::: NO: 10011: P10011_DISPLAY_BY, P10011_CONVENTION_TYPE_CODE: 2, F, 最后访问日期：2021 年 1 月 4 日。

1981年《职业安全与卫生公约》（第155号公约）。① 不过，全国人大常务委员会于2022年4月20日决定批准的1930年《强迫劳动公约》（第29号公约）和1957年《废除强迫劳动公约》（第105号公约），应按《国际劳工组织章程》第19.5（d）条将正式批准书送请国际劳工局局长登记，这两项公约将在其批准书交存于国际劳工组织一年后在中国生效。

治理劳工标准体现在4项治理劳工公约中：1947年《劳动监察公约》（第81号公约）、1964年《就业政策公约》（第122号公约）、1969年《（农业）劳动监察公约》（第129号公约）、1976年《三方协商促进实施国际劳工标准公约》（第144号公约）。② 这4项公约的有效实施，不仅对整个国际劳工标准体系的运行至关重要，而且对成员国劳动政策和法律制度的形成也有重要影响，因此国际劳工组织鼓励成员国尽早批准这4项治理劳工公约。此外，2008年《〈国际劳工组织关于争取公平全球化的社会正义宣言〉的后续措施》强调从治理的角度看待治理劳工公约的重要性。③

技术劳工标准也称一般劳工标准，体现在除上述基本劳工公约和治理劳工公约以外的其他一些劳工公约中，涉及劳动与社会保障的诸多方面，涵盖的劳动者权利内容也十分广泛，并随着经济社会的发展而逐渐拓展。目前有178项技术公约，④ 在此不作赘述。

---

① 参见 ILO, "Ratifications for China," https://www.ilo.org/dyn/normlex/en/f? p = 1000：11200：0：：NO：11200：P11200_ COUNTRY_ ID：103404, 最后访问日期：2023年1月18日。

② ILO, "Conventions," https://www.ilo.org/dyn/normlex/en/f? p = 1000：12000：：：NO：：：, 最后访问日期：2020年2月24日。

③ 2008年《〈国际劳工组织关于争取公平全球化的社会正义宣言〉的后续措施》第Ⅱ部分第A（Ⅵ）条。

④ 参见 ILO, "Conventions," https://www.ilo.org/dyn/normlex/en/f? p = 1000：12000：：：NO：：：：, 最后访问日期：2020年2月24日。

2. 国际劳工标准的主要特征

就国际劳工组织建立的劳工标准而言，它们具有以下主要特征。

第一，国际劳工标准具有灵活性。前文已有详述，在此不赘。

第二，建立国际劳工标准并不是向成员国推广统一的法律模式，而是将其作为一些成员国的努力目标或过渡标准，使成员国可以通过与国际劳工标准进行比较来改进国内法律。① 对此，有研究指出，纵观国际劳工组织的发展历史，其主要职能之一就是致力于对劳动条件进行国际规制，因而劳工公约和建议书涵盖了国际社会关注的大多数领域的劳工标准，这一事实增强了劳工标准的影响力。即使不承担因批准劳工公约而产生的国际义务，政府、雇主组织和工人组织在考虑新的政策或立法时，或在集体谈判的过程中，也可从国际上承认的劳工原则和规则中寻找指引。②

第三，国际劳工标准的国家主义责任模式。尽管国际劳工组织具有明显的三方结构特征，但国际劳工标准的制定过程及性质体现的仍是国家主义责任模式。如劳工公约是具有约束力的国际协定，为批约国创设法律义务。就此而言，国家是保护劳工权利的唯一法律责任承担者，也是监督程序下唯一受监督的法律主体，因为其是批准和遵守劳工公约的唯一行为体。③

3. 国际层面上的其他劳工标准

除国际劳工组织建立的劳工标准外，国际劳动法的实体性规范还包

---

① 参见 Nicolas Valticos and G. von Potobsky, *International Labour Law*, Deventer: Kluwer Law and Taxation Publishers, 1995, p. 30。

② 参见 Klaus Samson, "The Standard-Setting and Supervisory System of the International Labour Organization," in Krzysztof Drzewicki, Catarina Krause and Allan Rosas (eds.), *Social Rights as Human Rights: A European Challenge*, Abo: Institute for Human Rights Abo Akademi University, 1994, p. 119。

③ 参见 Yossi Dahan, Hanna Lerner & Faina Milman-Sivan, "Shared Responsibility and the International Labour Organization," (2013) 34 *Michigan Journal of International Law*, p. 695。

括联合国等其他国际组织或区域组织制定的劳工标准，如 1966 年《公民权利及政治权利国际公约》对强迫或强制劳动（第 8 条）、结社自由（第 22 条）和非歧视（第 26 条）的规定，1966 年《经济、社会及文化权利国际公约》对同工同酬（第 7 条）和工会（第 8 条）的规定，1950 年《欧洲人权公约》对强迫劳动（第 4 条）的规定。在此不作详述。

二　国际劳动法实施的监督机制

1. 国际劳工标准实施的监督机制

第一，就实施已批准劳工公约建立的国际劳工标准而言，国际劳工组织规定了两种监督机制。① 一是基于成员国政府定期报告的常规监督机制，即根据成员国就其实施已批准公约而采取的措施提交的定期报告，系统地审查相关成员国的法律和实践，以监督这些已批准公约的实施;② 二是特别监督机制，涉及对成员国未能切实遵守其已批准公约的行为提起的申诉和控诉程序。③ 这两种监督机制都以《国际劳工组织章程》为基础，适用于成员国已批准相关劳工公约的情况。

第二，依据理事会通过的《国际劳工组织关于审查指控违反结社自由之控诉的特别程序》④ 建立的结社自由委员会程序，则针对结社自由的控诉问题，相关成员国无论是否批准相关劳工公约，均适用该程序。

---

① 参见 ILO, "Applying and Promoting International Labour Standards," https://www.ilo.org/global/standards/applying-and-promoting-international-labour-standards/lang--en/index.htm, 最后访问日期: 2019 年 8 月 12 日。

② 参见《国际劳工组织章程》第 22 条。

③ 参见《国际劳工组织章程》第 24 条和第 26 条。

④ 参见 ILO, *Rules of the Game: A Brief Introduction to International Labour Standards*, Third Revised Edition, Geneva: International Labour Office, 2014, p. 110。

此外，在控诉程序中，相关政府若不接受调查委员会（Commission of In-
quiry）报告中的建议，有权根据《国际劳工组织章程》第 29 条在收到
报告后的 3 个月内通知国际劳工局局长，将该案提交国际法院，即在国
际劳工组织框架下，可诉诸国际法院解决问题。

第三，为促进实现国际劳工组织1998年《宣言》及其后续措施确立
的工作中的基本权利，基于上述已确立的监督机制，国际劳工组织建立
了两方面的"后续措施"，① 一是有关未批准的基本劳工公约的年度报
告，针对尚未批准一项或多项基本劳工公约的成员国设置，② 要求它们
每年就其对尚未批准的基本劳工公约所作的努力提交报告。就此而言，
成员国应根据《国际劳工组织章程》第19.5（e）条报告与其尚未批准
的基本公约所涉事项有关的国内法律及惯例发生任何变化的信息。③ 其
目的是为每年审查存在未批准的基本劳工公约的成员国在国际劳工组织
1998年《宣言》规定的基本原则和权利的四个方面所作的努力提供机
会。④ 二是综合报告，前文已作充分讨论，此处不赘。⑤

2. 国际劳工组织监督机制的特征

国际劳工组织监督机制的运行基于成员国对劳工标准的适用，具有
以下特征。

---

① 参见1998年《〈国际劳工组织关于工作中基本原则和权利宣言〉的后续措施》第二
部分。
② 参见1998年《〈国际劳工组织关于工作中基本原则和权利宣言〉的后续措施》第二部
分第A.1条。
③ 参见1998年《〈国际劳工组织关于工作中基本原则和权利宣言〉的后续措施》第二部
分第B.1条。
④ 参见1998年《〈国际劳工组织关于工作中基本原则和权利宣言〉的后续措施》第二部
分第A.1条。
⑤ 参见1998年《〈国际劳工组织关于工作中基本原则和权利宣言〉的后续措施》第三部
分第B.1条。

　　第一，国际劳工组织的问责机制，主要依赖公共宣传、道德压力和技术援助，这些方法基于以下假设，即提高认识、知识和专业水平是改变政府政策和行为的关键途径。换句话说，在考虑国际劳工组织监督机制能够在多大程度上对其监督事项作出回应时，需谨记尽管它们具有某些准司法特征，但它们并不能作出具有法律约束力的裁决。到目前为止，在没有国际法院帮助的情况下，国际劳工组织必须依靠道德压力来获得政府的自愿合作。因此，国际劳工组织监督机构的结论在本质上与欧洲人权法院等机构的裁决有所不同。①

　　第二，在监督过程的不同阶段，国际劳工组织监督机构均可采用一种非正式的"直接接触"程序，即国际劳工组织应所涉成员国政府要求或经其同意，派代表访问所涉成员国，举行必要的会议和讨论，以解决特定成员国在适用国际劳工组织标准方面的困难。因此，"直接接触"在某种意义上具有调解、事实调查或技术援助的性质，其目的在于解决问题。"直接接触"程序没有严格的规则，自 20 世纪 70 年代末以后得到广泛适用。②

　　第三，与 1966 年《经济、社会及文化权利国际公约》和 1966 年《公民权利及政治权利国际公约》等国际文件规定的申诉程序不同，国际劳工组织的申诉程序不向声称为缔约国侵害相关劳工公约所载劳工权利的受害者个人开放。两者的启动方式和审查程序均不相同：启动后一种程序的主体没有必要证明他们对所涉事项有利害关系，也不要求事先

① 参见 Klaus Samson，"The Standard-Setting and Supervisory System of the International Labour Organization," in Krzysztof Drzewicki, Catarina Krause and Allan Rosas（eds.），*Social Rights as Human Rights: A European Challenge*, Abo: Institute for Human Rights Abo Akademi University, 1994, p. 147。

② 参见 Yossi Dahan, Hanna Lerner & Faina Milman-Sivan，"Shared Responsibility and the International Labour Organization,"（2013）34 *Michigan Journal of International Law*, p. 701。

用尽国内补救办法。①

3. 国际层面其他劳工标准实施的监督机制

国际层面其他劳工标准的实施，也受到相关监督机制的约束，如1966年《经济、社会及文化权利国际公约》对同工同酬和工会规定的实施也建立了监督机制，包括国家报告程序、个人来文和国家间来文程序以及调查程序。1966年《公民权利及政治权利国际公约》和1950年《欧洲人权公约》也建有各自的监督机制。

第五节　国际劳动法研究展望

上述研究显示，我国全面推进高水平改革开放，在诸多领域关涉国际劳动法议题，亟须加强对国际劳动法的系统研究，目前尤其应加大对以下三个具体问题的研究。

一　国际劳工组织与其他国际监督机制的关系

自国际劳工组织1919年成立至今，多次进行改革与制度创新，近年来进行的一次重要改革发生于1998年。当时，为了应对全球化给劳动世界带来的严峻挑战，国际劳工组织重新界定其作用和优先事项，决定改变力推成员国普遍批准劳工公约的策略，将其活动重点集中于工作中的

---

① 参见 Klaus Samson, "The Standard-Setting and Supervisory System of the International Labour Organization," in Krzysztof Drzewicki, Catarina Krause and Allan Rosas (eds.), *Social Rights as Human Rights: A European Challenge*, Abo: Institute for Human Rights Abo Akademi University, 1994, p. 133。

基本原则和权利。① 国际劳工组织内部和外部②的共同努力，最终促成了国际劳工组织 1998 年《宣言》的通过。

该宣言的通过，标志着 4 项基本劳工权利的确立，即结社自由和集体谈判权、消除强迫劳动、废除童工、消除就业和职业歧视。③ 基本劳工权利的确立对国际劳动法的发展具有里程碑意义，一方面，相关工作从普遍促进实施国际劳工公约转向聚焦于核心劳工标准；④ 另一方面，随着全球化的发展，基本劳工权利的适用范围得到极大扩张。因此在适用基本劳工权利的过程中，国际劳工组织面临其监督机制与其他国际监督机制的关系问题，尤其是与人权监督机制的关系问题。

如前所述，与基本劳工权利类似的标准已被纳入一些国际人权文件中，如 1966 年《经济、社会及文化权利国际公约》。对于国际劳工组织成员国来说，如果其加入了这类国际人权公约，在适用基本劳工权利过程中，将面临国际劳工组织监督机制与人权监督机制冲突的问题。其一，存在对在不同国际文件中得到保障的标准进行不一致解释的风险。虽然前述已指明解决法律冲突的原则与考量因素，如对工人最有利原则，但人权监督机构根本不受《国际劳工组织章程》和劳工公约的约束。因此，不能保证它们以符合国际劳工组织设想的方式进行解释。⑤ 其二，解释上的不一致可能导致对权利定性不同，从而引起适用不同监督程序

---

① 参见 Erika de Wet，"Governance Through Promotion and Persuasion：The 1998 ILO Declaration on Fundamental Principles and Rights at Work，"（2008）9（11）*German Law Journal*，p. 1434，footnote 16。

② 如 1995 年《哥本哈根社会发展问题宣言》、1996 年《新加坡部长宣言》。

③ 参见国际劳工组织 1998 年《宣言》第 2 条。

④ 参见〔德〕安科·哈塞尔《全球劳动治理体制的演化》，聂子涵译，《国外理论动态》2016 年第 10 期，第 122 页。

⑤ 参见 Erika de Wet，"Governance Through Promotion and Persuasion：The 1998 ILO Declaration on Fundamental Principles and Rights at Work，"（2008）9（11）*German Law Journal*，p. 1441。

的风险。对此，前文已有详述，在此不赘。①

因此，如强迫劳动问题是劳工标准问题还是人权问题，关涉国家是在劳工公约下还是在人权公约下承担国际义务，也关涉适用不同的监督机制的可能性，其判定在国际法上有着重要的意义，需要进行深入研究。

二　结社自由委员会程序

在国际劳工组织框架内，结社自由委员会程序是为解决特定领域的问题而设立的，主要在成员国政府、雇主组织或工人组织就结社问题提出指控时发挥作用，即使相关成员国尚未批准相关劳工公约，也可以针对其适用这一程序。②

结社自由是国际劳工组织的基本原则之一。1919 年《国际劳工组织章程》序言明确承认结社自由原则；1944 年《费城宣言》进一步重申结社自由这一基本原则，并宣称它"是不断进步的必要条件"；③ 同时，国际劳工组织将结社自由原则以公约的形式法定化，即 1948 年《结社自由与保护组织权公约》（第 87 号公约）和 1949 年《组织权与集体谈判权公约》（第 98 号公约）。在通过这两项劳工公约后不久，国际劳工组织就发现，为确保尚未批准这两项劳工公约的成员国遵守结社自由原则，

---

① 参见 Klaus Samson, "The Standard-Setting and Supervisory System of the International Labour Organization," in Krzysztof Drzewicki, Catarina Krause and Allan Rosas (eds.), *Social Rights as Human Rights: A European Challenge*, Abo: Institute for Human Rights Abo Akademi University, 1994, p. 133。

② 参见 Klaus Samson, "The Standard-Setting and Supervisory System of the International Labour Organization," in Krzysztof Drzewicki, Catarina Krause and Allan Rosas (eds.), *Social Rights as Human Rights: A European Challenge*, Abo: Institute for Human Rights Abo Akademi University, 1994, p. 139。

③ 1944 年《费城宣言》第 1 条。

需要进一步建立监督程序。为此，依据理事会通过的《国际劳工组织关于审查指控违反结社自由之控诉的特别程序》，① 结社自由委员会于1951年成立，其职责是审查与成员国违反结社自由有关的控诉。

结社自由委员会是一个三方委员会，由1名独立主席、9名理事（3名政府代表、3名雇主代表和3名工人代表）组成，每名理事都以个人身份参加。② 依据《国际劳工组织关于审查指控违反结社自由之控诉的特别程序》的相关规定，提出控诉的主体是符合条件的成员国政府、工人组织或雇主组织（无论是国内还是国际），控诉的对象是成员国政府，而不论该成员国是否批准第87号公约和第98号公约。③

结社自由委员会自1951年成立以来，审查了多起侵犯工会权利的控诉。五大洲60多个国家已实施其相关建议，并向其报告了在结社自由方面的积极进展。④ 尽管结社自由委员会的建议不具有约束力，但其结论仍然有相当大的影响，而且它对工会问题的解决方法常常受到赞扬：一方面，该程序通过"点名羞辱"的方式，披露特定国家对工会具体权利的侵犯，以施加道德压力；另一方面，它也具有促进性，致力于寻找解决问题的具体办法。⑤

---

① 参见 ILO, *Rules of the Game: A Brief Introduction to International Labour Standards*, Third Revised Edition, Geneva: International Labour Office, 2014, p. 110。

② 参见 ILO, *Handbook of Procedures Relating to International Labour Conventions and Recommendations*, Centenary Edition, Geneva: International Labour Office, 2019, para. 91。

③ 参见 ILO, *Handbook of Procedures Relating to International Labour Conventions and Recommendations*, Centenary Edition, Geneva: International Labour Office, 2019, para. 92；《国际劳工组织关于审查指控违反结社自由之控诉的特别程序》（附件2），载国际劳工组织《国际劳工组织理事会适用规则汇编》，国际劳工局，2019，第31段。

④ 参见 ILO, *Rules of the Game: An Introduction to the Standards-related Work of the International Labour Standards*, Fourth Edition, Geneva: International Labour Office, 2019, p. 114。

⑤ 参见 Erika de Wet, "Governance Through Promotion and Persuasion: The 1998 ILO Declaration on Fundamental Principles and Rights at Work," (2008) 9 (11) *German Law Journal*, p. 1448, footnote 80。

这一程序针对第 87 号公约和第 98 号公约，即使相关成员国尚未批准这两项基本劳工公约，也可以对其适用这一程序，因此对该监督程序的运行机制及作出的建议应给予高度关注。

三 自由贸易协定中的劳工标准

关于劳工标准与国际贸易的关系，一直是一个存在很大争议的议题，且涉及劳动、贸易、经济、政治等多个方面，因此主要国际组织对这一问题的不同主张，曾在不同程度上影响了对这一问题的国际规制。然而，从实践层面看，在整个 20 世纪，两者一直都有不同程度的联系，即使在最早的劳动和贸易多边条约中，这种联系也在某些方面有所体现。① 而自 1994 年以来，美国、加拿大和欧盟等主要经济体在其自由贸易协定中纳入劳工标准，在劳工标准与国际贸易之间建立起不同程度的法律联系。② 因此，劳工标准与国际贸易关系问题再一次成为人们关注的焦点。

相关信息显示，自 1994 年《北美自由贸易协定》首次纳入劳工条款起至 2019 年，已有 85 个区域自贸协定（双边或多边）纳入劳工条款，在加拿大 14 个生效的区域自贸协定中，有 12 个纳入劳工条款；在美国 14 个生效的区域自贸协定中，有 13 个纳入劳工条款；欧盟有 18 个区域自贸协定纳入劳工条款；在日本 18 个生效的区域自贸协定中，有 6 个纳入劳工条款。③ 对此，需要注意的是，首先，在 85 个纳入劳工条款的区

---

① 参见 Steve Charnovitz, "The International Labour Organization in Its Second Century," in J. A. Frowein and R. Wolfrum (eds.), *Max Planck Yearbook of United Nations Law*, Deventer: Kluwer Law International, 2000, p. 157。

② 参见李西霞《自由贸易协定中的劳工标准》，社会科学文献出版社，2017。

③ 参见 Marva Corley and Elizabeth Echeverria Manrique, *Labour Provisions in G7 Trade Agreements: A Comparative Perspective*, Geneva: International Labour Office, 2019, pp. 15 – 16。

域自贸协定中，半数以上或确切地说有45个区域自贸协定的缔约一方是七国集团成员国，可以说纳入劳工条款已成为七国集团成员国区域自贸协定的一个共同特点。这45项协定覆盖12亿名工人，约占世界工人总数的30%，故这些区域自贸协定的规制框架（regulatory frameworks）与劳动世界的治理机制已产生深层次联系。① 其次，自贸协定劳工条款既被视为治理工具，又被视为合作框架，要求缔约国遵循劳工标准，运行利益相关方参与和促进对话、监督和交流劳工问题信息的机制。② 最后，发展中国家和新兴国家纳入劳工条款的区域自贸协定也越来越多，约占纳入劳工条款的区域自贸协定总数的1/4。③

中国在此领域也有最新突破，主要体现在两个方面。其一，2021年9月16日，中国正式申请加入《全面与进步跨太平洋伙伴关系协定》。④ 该协定是一个纳入高劳工标准的自由贸易协定，加入该协定意味着要接受该协定中有执行力的劳工标准。其二，2020年12月30日，中欧领导人共同宣布如期完成《中欧全面投资协定》谈判。⑤ 依据2021年1月22日欧盟理事会发布的《中欧全面投资协定》文本，劳工条款规定在该协定第4部分"投资与可持续发展"中。虽然《中欧全面投资协定》不属

---

① 参见 Marva Corley and Elizabeth Echeverria Manrique, *Labour Provisions in G7 Trade Agreements: A Comparative Perspective*, Geneva: International Labour Office, 2019, p. 1。

② 参见 Marva Corley and Elizabeth Echeverria Manrique, *Labour Provisions in G7 Trade Agreements: A Comparative Perspective*, Geneva: International Labour Office, 2019, p. 9。

③ 参见 Marva Corley and Elizabeth Echeverria Manrique, *Labour Provisions in G7 Trade Agreements: A Comparative Perspective*, Geneva: International Labour Office, 2019, p. 18, footnote 1。

④ 参见中华人民共和国商务部《中方正式提出申请加入〈全面与进步跨太平洋伙伴关系协定〉（CPTPP）》，中华人民共和国商务部网站，http://bn.mofcom.gov.cn/article/jmxw/202109/20210903200092.shtml，最后访问日期：2021年9月23日。

⑤ 《中欧领导人共同宣布如期完成中欧投资协定谈判》，中国政府网，http://www.gov.cn/xinwen/2020-12/30/content_5575538.htm，最后访问日期：2021年4月16日。

于自由贸易协定，但它是一项国际协定，其中涉及的劳工标准问题无疑也属于国际劳动法的研究范畴。上述两个协定均包含国际劳工组织建立的核心劳工标准内容，我国若加入或有效实施这两个协定，将在事实上承认劳工标准与国际贸易或投资的关系，对此，应做好对相关理论和制度进行完善和调整的准备。

参考文献

一 英文期刊文章

Adelle Blackett, "Introduction: Transnational Futures of International Labour Law," *International Labour Review*, Vol. 159, No. 4, 2020.

Adelle Blackett, "On the Presence of the Past in the Future of International Labour Law," *The Dalhousie Law Journal*, Vol. 43, No. 2, 2021.

Alvaro Santos, "Reimagining Trade Agreements for Workers: Lessons from the USMCA," *AJIL Unbound*, Vol. 113, 2019.

Anke Hassel, "The Evolution of a Global Labor Governance Regime," *Governance: An International Journal of Policy, Administration, and Institutions*, Vol. 21, No. 2, 2008.

Cleopatra Doumbia-Henry and Eric Gravel, "Free Trade Agreements and Labour Rights: Recent Developments," *International Labour Review*, No. 3, 2006.

David A. Gantz, C. Ryan Reetz, Guillermo Aguilar-Alvarez and Jan Paulsson, "Labor Rights and Environmental Protection Under NAFTA and Other US Free Trade Agreements [with Comments]," *The University of Miami Inter-American Law Review*, Vol. 42, No. 2, 2011.

Erika de Wet, "Governance Through Promotion and Persuasion: The 1998 ILO Declaration on Fundamental Principles and Rights at Work," *German Law*

Journal, Vol. 9, No. 11, 2008.

Ernest Mahaim, "International Labour Law," *International Labour Review*, Vol. 1, No. 3, 1921.

Francisco E. Campos Ortiz, "Labor Regimes and Free Trade in North America: From the North American Free Trade Agreement to the United States-Mexico-Canada Agreement," *Latin American Policy*, Vol. 10, 2019.

Hilary Kellerson, "The ILO Declaration of 1998 on Fundamental Principles and Rights: A Challenge for the Future," *International Labour Review*, Vol. 137, No. 2, 1998.

James Harrison, Ben Richardson and Adrian Smith, "Working Beyond the Border? A New Research Agenda for the Evaluation of Labour Standards in EU Trade Agreements," *International Labour Review*, 2015.

Jean-Marc SIROËN, "Labour Provisions in Preferential Trade Agreements: Current Practice and Outlook," *International Labour Review*, Vol. 152, No. 1, 2013.

Jonas Aossi, Rafael Peels and Daniel Samaan, "Evaluating the Effectiveness of Labour in Trade Agreement: An Analytical and Methodological Framework," *International Labour Review*, Vol. 157, No. 4, 2018.

Lance Compa, "Enforcing Worker Rights Under the NAFTA Labor Side Accord," *Proceedings of the Annual Meeting (American Society of International Law)*, Vol. 88, 1994.

Lance Compa, "Trump, Trade, and Trabajo: Renegotiating NAFTA's Labor Accord in a Fraught Political Climate," *Indiana Journal of Global Legal Studies*, Vol. 26, 2019.

Maria Anna Corvaglia, "Labour Rights Protection and Its Enforcement Under the USMCA: Insights from a Comparative Legal Analysis," *World Trade*

Review, 2021.

Nikolaus Hammer, "International Framework Agreements: Global Industrial Relations Between Rights and Bargaining," *Transfer*, Vol. 11, No. 4, 2005.

Philip Alston and James Heenan, "Shrinking the International Labor Code: An Unintended Consequence of the 1998 ILO Declaration on Fundamental Principles and Rights at Work," *New York University Journal of International Law and Politics*, Vol. 36, 2004.

Tamara Kay, "Legal Transnationalism: The Relationship Between Transnational Social Movement Building and International Law," *Law and Social Inquiry*, Vol. 36, Issue 2, 2011.

Yossi Dahan, Hanna Lerner & Faina Milman-Sivan, "Shared Responsibility and the International Labour Organization," *Michigan Journal of International Law*, Vol. 34, 2013.

二 英文著作及析出文章

Adelle Blackett and Anne Trebilcock (eds.), *Research Handbook on Transnational Labour Law*, Cheltenham: Edward Elgar Publishing, 2015.

Alvaro Santos, "The Lessons of TPP and the Future of Labor Chapters in Trade Agreements," in Benedict Kingsbury et al. (eds.), *Megaregulation Contested Global Economic Ordering After TPP*, Oxford: Oxford University Press, 2019.

Aneta Tyc, *Global Trade, Labour Rights and International Law: A Multilevel Approach*, London: Routledge, 2021.

Antonio Ojeda Avilés, *Transnational Labour Law*, Alphen aan den Rijn: Wolters Kluwer, 2015.

Ebere Osieke, *Constitutional Law and Practice in the International Labour Organization*, Dordrecht: Martinus Nijhoff Publishers, 1985.

Eric Gravel, "Is the Appropriation of International Labour Standards by New Actors Replacing or Complementing the ILO's Traditional Standards-related Work?" in *Governance, International Law and Corporate Social Responsibility*, Research Series, No. 116, Geneva: International Institute for Labour Studies, 2008.

Francis Maupain, *The Future of the International Labour Organization in the Global Economy*, Oxford: Hart Publishing, 2013.

Gianni Arrigo and Giuseppe Casale, *International Labour Law Handbook: From A to Z*, Turin: International Training Centre of the International Labour Organization, 2017.

ILO, *Assessment of Labour Provisions in Trade and Investment Arrangements*, Geneva: ILO, 2016.

ILO, *Handbook of Procedures Relating to International Labour Conventions and Recommendations*, Centenary Edition, Geneva: International Labour Office, 2019.

ILO, "Introductory Note," in *Compendium of Rules Applicable to the Governing Body of the International Labour Office*, Geneva: International Labour Office, 2019.

ILO, *Rules of the Game: An Introduction to the Standards-related Work of the International Labour Standards*, Fourth Edition, Geneva: International Labour Office, 2019.

Jean-Michel Servais, *International Labour Law*, Fifth Edition, Alphen aan den Rijn: Wolters Kluwer, 2017.

Klaus Samson, "The Standard-Setting and Supervisory System of the International Labour Organization," in Krzysztof Drzewicki, Catarina Krause and Allan Rosas (eds.), *Social Rights as Human Rights: A European Challenge*, Abo: Institute for Human Rights Abo Akademi University, 1994.

Kofi Addo, *Core Labour Standards and International Trade: Lessons from the Regional Context*, Berlin: Springer-Verlag, 2015.

Marva Corley and Elizabeth Echeverria Manrique, *Labour Provisions in G7 Trade Agreements: A Comparative Perspective*, Geneva: International Labour Office, 2019.

Mathieu Arès and Charles Bernard, "Make America Great Again: A New Auto Pact for the North American Car Industry?" in Gilbert Gagné and Michèle Rioux (eds.), *NAFTA 2.0: From the First NAFTA to the United States-Mexico-Canada Agreement*, London: Palgrave Macmillan, 2022.

Nicolas Valticos and G. von Potobsky, *International Labour Law*, Deventer: Kluwer Law and Taxation Publishers, 1995.

OECD, *Trade, Employment and Labour Standards: A Study of Core Workers' Rights and International Trade*, Paris: OECD Publishing, 1996.

Sandra Polaski, Kimberly A. Nolan García and Michèle Rioux, "The USMCA: A 'New Model' for Labor Governance in North America?" in Gilbert Gagné and Michèle Rioux (eds.), *NAFTA 2.0: From the First NAFTA to the United States-Mexico-Canada Agreement*, Cham: Palgrave Macmillan, 2022.

Steve Charnovitz, "International Labour Organization in Its Second Century," in J. A. Frowein and R. Wolfrum (eds.), *Max Planck Yearbook of United Nations Law*, Deventer: Kluwer Law International, 2000.

三　英文网络资源

Arbitral Panel, in the Matter of Guatemala—Issues Relating to the Obligations Under Article 16. 2. 1 (a) of the CAFTA-DR (June 14, 2017), Final Report of the Panel, https://www. trade. gov/sites/default/files/2020 – 09/Guatemala%20%E2%80%93%20 Obligations%20Under%20Article %2016 – 21%28a%29%20of%20the%20CAFTADR%20%20June%2014%202017_1_0. pdf, 最后访问日期: 2020 年 7 月 21 日。

Bureau of International Labor Affairs of U. S. DEPARTMENT OF LABOR, "USMCA Cases," https://www. dol. gov/agencies/ilab//our-work/trade/labor-rights-usmca-cases#Tridonex, 最后访问日期: 2022 年 6 月 3 日。

"Canada-United States-Mexico Agreement: Economic Growth & Prosperity," https://www. international. gc. ca/trade-commerce/trade-agreements-accords-commerciaux/agr-acc/cusma-aceum/index. aspx? lang = eng, 最后访问日期: 2019 年 10 月 6 日。

Christian Häberli, Marion Jansen and José-Antonio Monteiro, *Regional Trade Agreements and Domestic Labour Market Regulation*, Geneva: ILO, 2012, http://www. ilo. org/wcmsp5/groups/public/@ ed_ emp/documents/publication/wcms_180616. pd, 最后访问日期: 2021 年 6 月 15 日。

European Commission, "The EU's Free Trade Agreements—Where are We?" MEMO, 25 March 2013, http://europa. eu/rapid/press-release_MEMO – 13 – 282_ en. htm, 最后访问日期: 2015 年 10 月 6 日。

Franz Christian Ebert and Claire La Hovary, "International Labour Law," *in Max Planck Encyclopedia of Public International Law*, Oxford: Oxford University Press, 2013, http://www. mpepil. com, 最后访问日期: 2021

年 7 月 27 日。

IFC，IFC Sustainability Framework，https：//www. ifc. org/wps/wcm/connect/topics_ ext_ content/ifc_ external_ corporate_ site/sustainability-at-ifc/policies-standards/sustainability + framework，最后访问日期：2022 年 7 月 6 日。

ILO，"Applying and Promoting International Labour Standards,"https：//www. ilo. org/global/standards/applying-and-promoting-international-labour-standards/lang--en/index. htm，最后访问日期：2019 年 8 月 12 日。

ILO，"International Framework Agreements：A Global Tool for Supporting Rights at Work,"31 January 2007，https：//www. ilo. org/about-the-ilo/newsroom/news/WCMS_080723/lang--en/index. htm，最后访问日期：2022 年 5 月 26 日。

ILO，International Labour Standards on Forced labour，https：//www. ilo. org/global/standards/subjects-covered-by-international-labour-standards/forced-labour/lang--en/index. htm，最后访问日期：2023 年 1 月 16 日。

Labour Chapter Summary，https：//ustr. gov/trade-agreements/free-trade-agreements/trans-pacific-partnership/tpp-full-text，最后访问日期：2016 年 7 月 19 日。

OECD，OECD Guidelines for Multinational Enterprises，2011 Edition（Chinese version），OECD Publishing，http：//dx. doi. org/10. 1787/9789264204881 - zh，最后访问日期：2022 年 4 月 23 日。

UN，"Global Compact,"www. unglobalcompact. org，最后访问日期：2021 年 3 月 25 日。

"What is the CPTPP,"https：//www. international. gc. ca/trade-commerce/trade-agreements-accords-commerciaux/agr-acc/cptpp-ptpgp/index. aspx？lang = eng，最后访问日期：2019 年 10 月 6 日。

White House, Donald J. Trump Inaugural Address, 20 January 2017, https://
www. whitehouse. gov/briefings-statements/the-inaugural-address/, 最后
访问日期：2022 年 3 月 23 日。

World Bank, World Bank Environmental and Social Framework, https://projects.
shihang. org/zh/projects-operations/environmental-and-social-framework,
最后访问日期：2022 年 7 月 6 日。

四 中文期刊文章

〔德〕安科·哈塞尔：《全球劳动治理体制的演化》，聂子涵译，《国外理
论动态》2016 年第 10 期。

鲍传健：《全球劳动治理引论》，《国外理论动态》2016 年第 10 期。

常凯：《WTO、劳工标准与劳工权益保障》，《中国社会科学》2002 年第
1 期。

车丕照：《是"逆全球化"还是在重塑全球规则?》，《政法论丛》2019
年第 1 期。

陈一峰：《跨国劳动法的兴起：概念、方法与展望》，《中外法学》2016
年第 5 期。

陈一峰：《世界银行与全球管理主义——对世界银行〈环境与社会框架〉
的思考》，《北京大学学报》（哲学社会科学版）2016 年第 6 期。

陈志阳：《多双边贸易协定中的国际核心劳工标准分析》，《国际贸易问
题》2014 年第 2 期。

刁大明、宋鹏：《从〈美墨加协定〉看美国特朗普政府的考量》，《拉丁
美洲研究》2019 年第 2 期。

樊勇明、沈陈：《TPP 与新一轮全球贸易规则制定》，《国际关系研究》
2013 年第 5 期。

傅明、张讷：《论〈北美自由贸易协定〉之分散型争端解决机制》，《国际经济法学刊》2006 年第 2 期。

郭曰君、沈慧琳：《国际劳工组织缔约国报告制度研究》，《人权研究》2021 年第 1 期。

何蓉、连增、郭正琪：《美墨加协定（USMCA）对原产地规则的修订及其影响分析》，《区域与全球发展》2019 年第 6 期。

何志鹏：《国际法在新时代中国的重要性探究》，《清华法学》2018 年第 1 期。

洪朝伟、崔凡：《〈美墨加协定〉对全球经贸格局的影响：北美区域价值链的视角》，《拉丁美洲研究》2019 年第 2 期。

胡文娟、李思楚：《国际劳工组织柯凯琳专访：实现所有人体面劳动的下一个 100 年》，《可持续发展经济导刊》2019 年第 4 期。

黎建飞、阿梅娜·阿布力米提：《美国不当劳动行为裁决机制评析》，《政法论丛》2013 年第 3 期。

李西霞：《〈美墨加协定〉劳工标准的发展动向及潜在影响》，《法学》2020 年第 1 期。

李西霞：《欧盟自由贸易协定中的劳工标准及其启示》，《法学》2017 年第 1 期。

李西霞：《试论 TPP 劳工标准、其影响及中国的应对策略》，《法学杂志》2017 年第 1 期。

李西霞：《自由贸易协定中劳工标准的发展态势》，《环球法律评论》2015 年第 1 期。

林黎：《USMCA 原产地规则变化对中国的影响及其启示》，《对外经贸实务》2020 年第 7 期。

林燕玲：《国际劳工组织的历史贡献及其对中国劳动社会保障法制建设的影响——纪念国际劳工组织成立 100 周年》，《中国劳动关系学院学报》2019 年第 6 期。

刘冬梅：《论国际机制对中国社会保障制度与法律改革的影响——以联合国、国际劳工组织和世界银行的影响为例》，《比较法研究》2011 年第 5 期。

缪剑文：《世贸组织劳工标准之争及其法律评析》，《国际贸易问题》1998 年第 12 期。

佘云霞：《自由贸易与劳工标准问题》，《广东社会科学》2009 年第 1 期。

沈静之：《基于原产地规则的〈美墨加协定〉对中国产品出口美国影响研究》，《海关与经贸研究》2019 年第 3 期。

沈子华：《我国条约批准的运作机制——以〈宪法〉和〈缔结条约程序法〉的规定为依据》，《国家行政学院学报》2012 年第 3 期。

孙丽、图古勒：《国际经贸规则重构对我国汽车产业的影响及对策——基于 USMCA、CPTPP 和 RCEP 的分析》，《亚太经济》2021 年第 3 期。

唐锋、谭晶荣：《美国贸易立法中的劳工条款研究》，《现代经济探讨》2011 年第 7 期。

陶涛：《全球经贸规则变化新趋势研究》，《中国高校社会科学》2016 年第 2 期。

田野、林菁：《国际劳工标准与中国劳动治理——一种政治经济学分析》，《世界经济与政治》2009 年第 5 期。

万军：《〈美墨加协定〉对北美三国投资的影响》，《拉丁美洲研究》2019 年第 2 期。

汪培、佘云霞：《从中国与新西兰〈劳动合作谅解备忘录〉看国际贸易与国际劳工标准问题》，《中国劳动关系学院学报》2009 年第 1 期。

汪仕凯：《全球劳工治理：议题、机制与挑战》，《世界经济与政治》2015 年第 8 期。

王全兴、汪敏：《经济与社会断裂的法律修复路径》，《湘潭大学学报》

（哲学社会科学版）2006 年第 4 期。

吴曼嘉：《美国自由贸易协定中的劳工条款评析——以北美自由贸易协定为例》，《中共贵州省委党校学报》2013 年第 6 期。

叶斌：《欧盟贸易协定政策的变化和影响——法律的视角》，《欧洲研究》2014 年第 3 期。

曾令良、陈卫东：《论 WTO 一般例外条款（GATT 第 20 条）与我国应有的对策》，《法学论坛》2001 年第 4 期。

曾令良：《区域贸易协定的最新趋势及其对多哈发展议程的负面影响》，《法学研究》2004 年第 5 期。

郑丽珍：《劳动标准纳入区域自由贸易协定的机制分析》，《国际经济法学刊》2013 年第 1 期。

钟立国：《从 NAFTA 到 AUSFTA：区域贸易协定争端解决机制的晚近发展及其对两岸经济合作框架协议的启示》，《时代法学》2009 年第 6 期。

朱瑜：《争论与妥协：美国"贸易促进授权"新探》，《亚太经济》2008 年第 5 期。

五　中文著作

《北大法律评论》（第 19 卷·第 2 辑），北京大学出版社，2020。

《北美自由贸易协定》，叶兴国、陈满生译，法律出版社，2011。

〔澳〕本·索尔、戴维·金利、杰奎琳·莫布雷：《〈经济社会文化权利国际公约〉评注、案例与资料》，孙世彦译，法律出版社，2019。

杜晓郁：《全球化背景下的国际劳工标准分析》，中国社会科学出版社，2007。

〔美〕弗朗切斯科·迪纳：《自由贸易的社会建构——欧洲联盟、北美自由贸易协定及南方共同市场》，黄胜强、许铭原译，中国社会科学出版社，2009。

贾俊玲主编《劳动法学》，北京大学出版社，2009。

李西霞：《国际劳工组织》，社会科学文献出版社，2022。

李西霞：《自由贸易协定中的劳工标准》，社会科学文献出版社，2017。

林燕玲：《国际劳工标准与中国劳动法比较研究》，中国工人出版社，2015。

刘华：《美欧社会倾销论实质研究——反倾销实践的新动向》，中国商务出版社，2014。

刘文军、王祎主编《国际劳工标准案例评析》，中国劳动社会保障出版社，2009。

刘旭：《国际劳工标准概述》，中国劳动社会保障出版社，2003。

刘有锦编译《国际劳工法概要》，劳动人事出版社，1985。

佘云霞：《国际劳工标准：演变与争端》，社会科学文献出版社，2006。

沈四宝、王军主编《国际商法论丛》（第10卷），法律出版社，2010。

〔意〕斯特凡诺·伊那马：《国际贸易中的原产地规则》，海关总署关税征管司译，中国海关出版社，2012。

唐青阳主编《国际法学讲演录》（第一卷），法律出版社，2010。

田思路主编《外国劳动法学》，北京大学出版社，2019。

王家宠：《国际劳动公约概要》，中国劳动出版社，1991。

王铁崖主编《国际法》，法律出版社，2000。

《武大国际法评论》（第1卷），武汉大学出版社，2003。

曾令良主编《21世纪初的国际法与中国》，武汉大学出版社，2005。

张乃根：《国际法原理》，复旦大学出版社，2012。

张玉卿：《张玉卿WTO案例精选 WTO热点问题荟萃》，中国商务出版社，2015。

赵维田：《世贸组织（WTO）的法律制度》，吉林人民出版社，2000。

郑丽珍:《跨国劳动监管制度的重构》,社会科学文献出版社,2014。

六　中文网络资源

国际劳工组织:《关于多国企业和社会政策的三方原则宣言》,http://oit. org/wcmsp5/groups/public/---ed_ emp/---emp_ ent/documents/publication/wcms_579898. pdf,最后访问日期:2021 年 7 月 23 日。

国际劳工组织:《关于将安全和卫生的工作环境纳入国际劳工组织工作中基本原则和权利框架的决议》,https://www. ilo. org/ilc/ReportsavailableinChinese/WCMS_ 848704/lang--en/index. htm,最后访问日期:2022 年 7 月 28 日。

《国际劳工组织柯凯琳:让贫困成为历史》,中国扶贫在线网站,http://f. china. com. cn/2018 – 10/17/content_ 66628807. htm,最后访问日期:2020 年 4 月 15 日。

《没有美国的 TPP 要扩容 中国要不要加入?》,新浪财经网,http://finance. sina. com. cn/roll/2019 – 01 – 09/doc-ihqhqcis4633371. shtml,最后访问日期:2019 年 8 月 8 日。

《全国人民代表大会常务委员会关于批准〈经济、社会及文化权利国际公约〉的决定》,2001 年 2 月 28 日,中国人大网,http://www. npc. gov. cn/wxzl/gongbao/2001 – 06/01/content_ 5136874. htm,最后访问日期:2019 年 3 月 6 日。

世界银行"组织机构",https://www. shihang. org/zh/who-we-are,最后访问日期:2022 年 7 月 3 日。

《特朗普急于对欧英日启动贸易谈判 欧盟:准备都没开始》,新浪财经网,http://finance. sina. com. cn/roll/2018 – 10 – 17/doc-ihmhafis2944604. shtml,最后访问日期:2019 年 8 月 8 日。

中华人民共和国国务院新闻办公室：《关于中美经贸摩擦的事实与中方立
　　场》，中国政府网，http：//www. gov. cn/xinwen/2018 – 09/24/content_
　　5324957. htm#allContent，最后访问日期：2020 年 12 月 21 日。

中华人民共和国商务部"协定专题"，中国自由贸易区服务网，http：//
　　fta. mofcom. gov. cn，最后访问日期：2022 年 6 月 5 日。

中华人民共和国商务部：《中方正式提出申请加入〈全面与进步跨太平
　　洋伙伴关系协定〉（CPTPP)》，中华人民共和国商务部网站，http：//
　　bn. mofcom. gov. cn/article/jmxw/202109/20210903200092. shtml，最后
　　访问日期：2021 年 9 月 23 日。

《中欧领导人共同宣布如期完成中欧投资协定谈判》，中国政府网，ht-
　　tp：//www. gov. cn/xinwen/2020 – 12/30/content_ 5575538. htm，最后
　　访问日期：2021 年 4 月 16 日。

七　公约或协定

《北美劳工合作协定》

《北美自由贸易协定》

《对男女工人同等价值的工作付予同等报酬公约》

《废除强迫劳动公约》

《关于 1930 年强迫劳动公约的 2014 年议定书》

《国际劳工组织关于工作中基本原则和权利宣言》

《国际劳工组织章程》

《美国与巴拿马自由贸易协定》

《美国与哥伦比亚自由贸易协定》

《美国与韩国自由贸易协定》

《美国与秘鲁自由贸易协定》

《结社自由与保护组织权公约》

《禁止和立即行动消除最恶劣形式的童工劳动公约》

《（就业和职业）歧视公约》

《美墨加协定》

《加拿大与韩国自由贸易协定》

《欧盟与加拿大全面经济贸易协定》

《强迫劳动公约》

《全面与进步跨太平洋伙伴关系协定》

《维也纳条约法公约》

《准予就业最低年龄公约》

《组织权与集体谈判权公约》

图书在版编目（CIP）数据

自由贸易协定劳工标准的最新发展／李西霞著. --

北京：社会科学文献出版社，2023.3

ISBN 978 - 7 - 5228 - 1735 - 4

Ⅰ.①自…　Ⅱ.①李…　Ⅲ.①自由贸易 - 贸易协定 -

国际法 - 劳动法 - 标准体系 - 研究　Ⅳ.①D998.2

中国国家版本馆 CIP 数据核字（2023）第 067912 号

自由贸易协定劳工标准的最新发展

著　　者／李西霞

出 版 人／王利民
责任编辑／芮素平
文稿编辑／齐栾玉
责任印制／王京美

出　　版／社会科学文献出版社·联合出版中心（010）59367281
　　　　　地址：北京市北三环中路甲 29 号院华龙大厦　邮编：100029
　　　　　网址：www. ssap. com. cn
发　　行／社会科学文献出版社（010）59367028
印　　装／三河市尚艺印装有限公司

规　　格／开　本：787mm × 1092mm　1/16
　　　　　印　张：19.25　字　数：251 千字
版　　次／2023 年 3 月第 1 版　2023 年 3 月第 1 次印刷
书　　号／ISBN 978 - 7 - 5228 - 1735 - 4
定　　价／128.00 元

读者服务电话：4008918866